Heinz Meyer

Luftangriffe zwischen Nordsee Harz und Heide

Heinz Meyer

Luftangriffe zwischen Nordsee Harz und Heide

Buchverlag Sünteltal · Hameln 9

Buchverlag Sünteltal
Friedrich W. Linkenheil · Hameln 9

Printed in Germany
Herstellung: Grandt Werbedruck GmbH · Hameln 1

ISBN 3-9800912-0-1

Inhaltsverzeichnis

Vorwort

Die Bevölkerung in den Städten von der Nordseeküste bis in den niedersächsischen und hessischen Raum hat während des Krieges am häufigsten in Bunkern aushalten müssen. Die Einflüge von der britischen Insel kamen in der Mehrzahl über See oder Holland. Auch wenn Berlin auf dem Plan stand, wurde Nordwestdeutschland überflogen. Die Bevölkerung hatte beim Hin- und Rückflug Ängste zu überstehen.

Dieses Buch soll keine Feindseligkeit gegen frühere Gegner entfachen. Die Städte sind längst wieder aufgebaut und unsere einstigen Gegner sind jetzt Verbündete. Dennoch sollte man Mut haben, wahre Geschichte zu schreiben.

Bei der Vielzahl der Angriffe kann in diesem Werk nur auf die bedeutungsvollsten eingegangen werden. Das möge man mir nachsehen. Diejenigen, die diese Zeit miterlebt haben, werden Daten und Fakten wiederfinden, die sie an eigene Erlebnisse erinnern. Der Jugend aber jedoch soll vor Augen geführt werden, wie erbarmungslos der Luftkrieg gegen die Zivilbevölkerung geführt werden kann. Etwa 650.000 Tote im Deutschen Reich haben die Terrorangriffe hinterlassen. — Es war ein Krieg, der auch gegen Frauen und Kinder geführt wurde.

Folgende Generationen mögen unsere Erde vor einem schlimmeren, dem Atomkrieg, bewahren.

Der Verfasser

Krieg gegen die Zivilbevölkerung

Fortgeschrittene Technik ermöglichte es, im zweiten Weltkrieg Krieg aus der Luft zu führen. Aus dem ersten Weltkriege waren beabsichtigte Bombenwürfe auf die Bevölkerung nicht bekannt. Während im Jahre 1939 nur nordwestdeutsches Gebiet von britischen Fliegern überflogen wurde, um Rüstungsbetriebe zu erkunden und um Einrichtungen der Kriegsmarine zu bombardieren, begann der Luftkrieg gegen die Zivilbevölkerung im Jahre 1940. Seit dem Einmarsch deutscher Truppen in Belgien und Holland drangen britische Flieger weit in das Reichsgebiet ein.

Regelrechte Terrorangriffe gegen die deutsche Bevölkerung begannen erst nach der Ernennung von Sir Arthur Harris zum Luftmarschall. In seiner Hand lag es, Flächenbombardierungen in Großstädten anzuordnen. Der Krieg gegen die Zivilbevölkerung sollte mit dazu beitragen, das deutsche Volk kriegsmüde zu machen. Das gewünschte Ergebnis blieb zunächst aus. Die Menschen, die sich am Krieg unschuldig fühlten, hielten zusammen, es wurde nur der Haß durch fortdauernde Angriffe gegen die todbringenden Feinde gesteigert.

Eine Gesamtbetrachtung ergibt, daß im Küstengebiet in erster Linie die Groß- und Hafenstädte zu leiden hatten. Kleinere Städte blieben dort verschont. Dazu gehört auch Stade. Lediglich am Ende des Krieges, am 9. und 24. April 1945 fielen zwei Angriffen noch 60 Menschen zum Opfer. Auch weitere kleine Städte wie Norden, Meppen, Brake/Unterw. erlitten keine gezielten Angriffe, obgleich vereinzelt Bomben nur geringen Schaden anrichteten. Nordhorn hat nur in der Nacht vom 15./16. September 1943 Ängste überstehen müssen. Ein angeschossenes Flugzeug schlug inmitten eines alleinstehenden Bauernhofes auf und explodierte. Das Anwesen wurde eingeäschert. Eine Bäuerin fand den Tod. Offenbar sind auch Bomben explodiert, so daß in der weiteren Umgebung erhebliche Schäden an Dächern und Fenstern entstanden. Einzelabwürfe brachten in den Jahren 1944 und 1945 geringe Zerstörungen.

Die Stadt Aurich war Ziel eines Tagesangriffes am 27. September 1943 um 11.10 Uhr. Es fielen 38 amerikanische 1000 lb-Sprengbomben und etwa 800 - 1000 Brandbomben. Über das ganze Stadtgebiet verteilt hatten sie Verwüstungen angerichtet. Aus den Trümmern mußten 13 Tote und 18 Verwundete geborgen werden.

An diesem Tage wurde auch Esens angegriffen. (s. II. Halbjahr 1943)

Bis auf unbedeutende Angriffe blieb Leer verschont. Erst als die Besetzung der Stadt bevorstand, erreichte sie der größte Angriff durch einen Verband mit 36 Royal-Air-Force-Fliegern. Die Kasernenanlagen am südöstlichen Stadtrand und die auf diesem Gelände befindlichen Barackenlager wurden vollkommen zerstört. Angehörige der Wehrmacht, Zivilangestellte und Passanten, insgesamt etwa 380 - 400 Personen, die getötet worden waren, mußten in einem Gemeinschaftsgrab an der Heisfelder Straße beigesetzt werden. Jagdbomber griffen nochmals die Innenstadt von Leer am 25. April 1945 mit Spreng- und Brandbomben an. Das Viktoria-Hotel und die Umgebung waren dem Erdboden gleichgemacht. Zahlreiche Geschäftshäuser gingen in Flammen auf.

Oldenburg dagegen blieb weitgehend unzerstört.

Neben Bremen war Wilhelmshaven im Küstengebiet die meistangegriffene Stadt. Vorgewarnt war die Bevölkerung bereits einen Tag nach Kriegseintritt mit England am 4. September 1939. Die Zahl der Alarme stieg im Verlauf des Krieges stark an; bereits im Jahre 1943 waren 287 Alarme und 12 Angriffe zu zählen. Am 26. Februar 1943 gab es 19 Tote, am 22. März 1943 sogar 73 Tote. Ein Tagesangriff vernichtete am 21. Mai 1943 die Deutschen Lichtspiele, den Stadtteil Tonndeich und das Roonstraßenviertel. Erneut mußten 14 Tote geborgen werden. Unter den zahlreichen Angriffen im Jahre 1944 soll nur der schwerste genannt werden: Am Frühabend des Sonntags am 15. Oktober 1944 erschienen zahlreiche Bomberverbände über Wilhelmshaven. Es war von über tausend Flugzeugen die Rede. Spreng- und Brandbomben aller Kaliber fielen in die Stadt. Bebautes wie unbebautes Stadtgebiet war wie umgepflügt, Trichter an Trichter. Umgeknickte Bäume hinterließen ein nie dagewesenes Bild. Die Stadtbevölkerung saß in den Bunkern; die traurige Bilanz gibt trotz der Schwere des Angriffs nur 30 Tote und 92 Verletzte an. Der Kern der Stadt bestand nur aus Ruinen. Die Stadtchronik Wilhelmshaven drückt das in Zahlen aus:

> 5600 Wohngebäude, 406 Geschäftshäuser, 11 Industriegebäude, 15 staatliche oder städtische Gebäude und 47 öffentliche Gebäude waren zerstört.

Bis zum Kriegsende überstand Wilhelmshaven 1537 Fliegeralarme und 102 Bombenangriffe. Auch die Gesamtzahl der Bomben ist bekannt: 11.045 Sprengbomben, 72.205 Brandbomben und 35 Luftminen.

Landeinwärts sind die Städte Rheine, Münster, Hamm, Osnabrück, Gütersloh und Bielefeld sehr oft angegriffen worden. Sie lagen auch vor allem in der Einflugschneise. Auf Gütersloh sind 40 Angriffe geflogen worden. Das ist nicht einmal eine hohe Zahl im Verhältnis zu anderen Städten. Laut Statistik ist Gütersloh zu 24,92% zerstört worden, während Paderborn mit 80% und Wesel mit über 90% die höchsten Grade zu verzeichnen haben.

Gefallen sind im Luftkrieg 290 Gütersloher Bürger.

Das Stadtgebiet von Emden war bereits Ende 1943 in seinen Lebensadern getroffen. Bis zum Kriegsende folgten weitere Angriffe, die im Ergebnis einen hohen Zerstörungsgrad ausmachten. Es waren 70% des vorhandenen Wohnraumes und 85% der Einzelhandelsgeschäfte vernichtet.

Die Stadt Esens war zu 11,41% zerstört und zu 39,04% schwer beschädigt worden.

Das unermeßliche Leid, das tausende alliierter Flugzeuge in die Städte gebracht haben, scheint vergessen zu sein. Diejenigen, die die Angriffe miterlebt haben, die dem Tode entronnen sind, die Angehörige verloren haben, werden dann und wann an die Schreckensnächte oder an die Tiefangriffe erinnert. Den Bewohnern der Städte Bremen, Hamburg, Hannover, Braunschweig und Kassel, um im nördlichen Raum zu bleiben, werden bis ans Lebensende einige Geschehnisse aus jener schweren Zeit immer wieder vor Augen geführt. Es werden die nächtlichen Wege mit dem Notkoffer zum Bunker sein, die Flucht aus dem brennenden Haus mit dem Kind auf dem Arm, einstürzende Häuserwände, die den Weg versperren. — Und der Tag nach dem Angriff: Das Mithelfen bei der Bergung von Leichen und Verschütteten und das Suchen nach heilgebliebenem Überbleibsel in den Trümmern. —

Diesen Krieg gegen die Bevölkerung mußten Frauen, Kinder und Greise in jener Zeit mit Verbitterung hinnehmen.

Hannover: Nach dem Krieg blieb ein kleiner Pfad aus dem Chaos.

Bei Beginn des Krieges eingesetzte britische Wellington-Bomber.

Erste feindliche Einflüge

Schon in der ersten Nacht nach der Kriegserklärung Englands an Deutschland mußte der Luftschutz aktiver als bisher in Tätigkeit treten. In den Städten zwischen Nordseeküste und Hannover heulten die Luftschutzsirenen. Am Abend des 4. September 1939 (18.00 Uhr) erschienen erstmals 24 britische Flugzeuge vor Wilhelmshaven, um Schiffsziele im Hafen und Nordostseekanal anzugreifen. Deutsche Jagdflugzeuge hielten aber den Verband zurück; nur ein Flugzeug näherte sich der Stadt, stürzte dann aber nach Abschuß in den Hafen. Insgesamt wurden bei diesen ersten Luftkämpfen mit den Briten 7 Feindflugzeuge abgeschossen.

Die Stadt Osnabrück gab um 0.41 Uhr am 5. September 1939 Fliegeralarm. Das war 12 Stunden nach der englischen Kriegserklärung. Die feindlichen Flugzeuge blieben aber wieder im Küstengebiet. Auch in der nächsten Nacht wurde in den nordwestdeutschen Städten bis Hannover Fliegeralarm gegeben. Schäden sind nicht bekannt geworden. Es war nur ein Vortasten der Royal-Air-Force, die den Beistandspakt mit Polen zunächst hiermit erfüllen wollte.

Die Masse der deutschen Luftwaffe war gegen Polen eingesetzt. In Nordwestdeutschland sollten der Stab des Jagdgeschwaders 1 und die I. Gruppe des Zerstörergeschwaders 76 die Stellung halten.

Der nächste Fliegeralarm folgte in der Nacht zum 9. September 1939 (1.45 Uhr). Er war nur von halbstündiger Dauer. Feindliche Flugzeuge hatten sich genähert, waren aber dann abgedreht.

Die britischen Anflüge machten es erforderlich, größere Städte durch Flakstellungen zu sichern. Nach Beendigung des Polenfeldzuges wurden deutsche Jagdverbände in das Küstengebiet verlegt.

Beisetzung von drei abgestürzten englischen Fliegern auf dem Friedhof in Malgarten am 30.9.1939.

Nachdem im September (Mitte) ein einzelner Aufklärer unbeschädigt nach England zurückkehren konnte, wurde es jetzt für eindringende Flugzeuge schwieriger. Über Osnabrück erschien am 28. September 1939 gegen 10.30 Uhr ein britisches Flugzeug. Deutsche Jagdflieger setzten zum Angriff an und konnten die Maschine etwa 25 km nördlich Osnabrück zwischen Wallenhorst und Engter abschießen. Das Flugzeug stürzte brennend in ein Waldstück. Drei Besatzungsmitglieder wurden tot geborgen. Die Beisetzung fand mit militärischen Ehren in Gegenwart von Soldaten der Luftwaffe statt.

Flugzeugtrümmer bei Engter (28.9.1939)

Luftschutzvorbereitungen

Eine Luftschutzgesetzgebung für den Fall eines Krieges mit Luftangriffen hatte die Reichsregierung bereits 1937 eingeleitet. (Schutzraumbestimmungen v. 4.5.1937) Danach sollten bei Neubauten eine Schutzraumanlage im Kellergeschoß vorhanden sein. Nach Ziff. 10: "Der Schutzraum dient den zu schützenden Personen während eines Luftangriffs." Auch die Verdunkelungsvorrichtungen wurden im Runderlaß des Reichsministers der Luftfahrt vom 4.5.1937 näher ausgeführt. Tatsächlich mußte auf die Einhaltung der Verdunkelung schon bei Kriegsbeginn geachtet werden, da britische Flugzeuge schon 24 Stunden nach Kriegserklärung bei Wilhelmshaven erschienen. Die Bevölkerung verdunkelte ihre Wohnungsfenster gewöhnlich mit schwarzen Papierrollen. Über die Verdunkelung der Kraftfahrzeuge wurden besondere Verordnungen erlassen. Für Kraftwagen waren Tarnscheinwerfer entwickelt worden, Verordnungen über das luftschutzmäßige Verhalten sind im Verlauf des Krieges nach Bedarf erlassen worden. Darunter fällt auch die am 26.2.1942 (RGBl S. 98) erlassene Tarnverordnung. Danach waren Eigentümer und Besitzer von beweglichen und unbeweglichen Sachen verpflichtet, Tarnmaßnahmen durchzuführen oder die Durchführung

Osnabrück: Überdachter Deckungsgraben am Saartreueplatz, 14.9.1939

von Tarnmaßnahmen zu dulden.

Während des Krieges wurden im Auftrag und auf Kosten des Reiches im verstärktem Maße Bunker und Luftschutzräume gebaut. Beispielsweise verfügte die Stadt Osnabrück bereits am 21.10.1939 über 18 öffentliche Luftschutzräume verschiedener Größen. Als größte Luftschutzräume werden genannt:

Herrnteichstraße 18, 480 cbm, Fassungsvermögen 160 Personen,

Kamp 67/69 (Schröder), 680 cbm, Fassungsvermögen 220 Personen (zusammenhängende Weinkeller),

Möserstraße 51, 520 cbm, Fassungsvermögen 174 Personen,

Gertrudenberg 1, 599 cbm, Fassungsvermögen 175 Personen,

Gertrudenberger Höhle, Fassungsvermögen 500 Personen,

Großer Klub, Straße der SA, 580 cbm, Fassungsvermögen 193 Personen.

In Großstädten, insbesondere Bremen und Hannover, wurden in der Folgezeit Hochbunker aus Eisenbeton errichtet. Sie gaben einen sicheren Schutz gegen herkömmliche Bomben.

Für jedermann erreichbare Luftschutz-Deckungsgräben waren erst durch Gesetz im Jahre 1944 vorgesehen, als zahlreiche Tieffliegerangriffe eine große Gefahr wurden. Ab Oktober 1944 hatten die höheren SS- und Polizeiführer in dem jeweiligen Gaugebiet die Fliegerwarnzeichen für den Straßenverkehr angeordnet. Die Zeichen waren bei Fliegeralarm an Ortseingängen in den Farben gelb/blau/gelb als Holz, Pappe oder Stoff an der rechten Straßenseite anzubringen. Die Mindestgröße der Warnzeichen war auf 60 x 80 cm festgelegt.

In den Städten und größeren Dörfern wurde Fliegeralarm durch Sirenen bekanntgegeben. Es waren 3 Warnmeldungen zu unterscheiden: "Luftgefahr" (Voralarm), "Fliegeralarm" und "Entwarnung". Es wurden späterhin Anweisungen erlassen, daß in jedem Hause im Obergeschoß Eimer mit Sand und Wasser zur Löschung von Brandbomben bereitstanden. In vielen Fällen war diese Maßnahme vorteilhaft. Es sind zahlreiche entstehende Brände dadurch gelöscht worden. Zu erwähnen ist ein Angriff vom 11. Februar 1941 im Raum Stadthagen. Dort konnten Bewohner mehrere Brandbomben, die die Wohnungsdecke durchschlagen hatten, löschen und ins Freie werfen. Das geschah in Lüdersfeld und Lindhorst. Hier war in Nr. 118 während des abendlichen Angriffs das Hausbesitzerehepaar abwesend. Eine Brandbombe hatte in diesem Hause bereits Teppich und Fußboden in Brand gesetzt. Der 11-jährige Sohn Georg Kastning warf dennoch die Brandbombe mit einer Kohlenschaufel ins Freie. Dieser Einsatz trotz Abwesenheit der Eltern wurde durch die Landesregierung Schaumburg-Lippe besonders gewürdigt. Das Landesschulamt schrieb: "Ich spreche dem Schüler Georg Kastning namens der Landesregierung wegen seines hervorragenden Verhaltens meine besondere Anerkennung aus und ersuche, ihm diese Anerkennung vor der versammelten Schule durch den Hauptlehrer zur Kenntnis zu bringen".

Bielefeld: Luftschutzbunker an der Neustädter Straße.

Eröffnung der Luftoffensive 1940

Unverändert regelmäßig erschienen über dem deutschen Festland britische Bomber und Aufklärer. In Anzahl und Auswirkung hatte sich im ersten Quartal 1940 nichts geändert. Für die Bevölkerung brachten höchstens die Alarme Aufregung. Ein gemeldeter Einflug feindlicher Flugzeuge war immer wieder abgewiesen worden. So gelang es, am 9. Januar 1940 bei einem Luftgefecht 3 Briten abzuschießen. Diese Erfolgsmeldungen ließen zu diesem Zeitpunkt kaum Zweifel aufkommen, daß die deutsche Luftwaffe Herr der Lage bleiben werde.

Einen größeren Angriff starteten die Briten am 19. März 1940 auf den deutschen Seefliegerhorst Hörsum. Die 50 erschienenen Flugzeuge richteten mäßigen Schaden an.

Nach Beginn des Frankreichfeldzuges trat das britische Kriegskabinett zusammen, diesmal unter Vorsitz von Premierminister Churchill am 11. Mai 1940. Es wurde einstimmig beschlossen, dem Bomberkommando der RAF den Bombenkrieg gegen das deutsche Hinterland freizugeben. Es ist die offizielle Eröffnung der "uneingeschränkten" strategischen Luftoffensive auch gegen zivile Ziele. Die Briten beginnen auch sofort, diesen Plan in die Tat umzusetzen. Schon in der folgenden Nacht fallen Bomben auf Wohnviertel in Mönchengladbach. Es gibt Tote. In folgenden Nächten werden in erster Linie westdeutsche Städte wie Emmerich, Rheyd-Odenkirchen, Duisburg, Zülpich, Gladbach, Krefeld, Bonn, Oberhausen und Remscheid angegriffen. Einzelne Bomben fallen in diesem Monat Mai auch in Großstädten: Hamm, Hannover, Dortmund, Essen und Aachen. Der Luftkrieg nimmt ernstere Formen an. Auch deutsche Flugzeuge bombardieren inzwischen englische Städte. Die bedeutendsten Luftkriegsauswirkungen in Nordwestdeutschland im Jahre 1940 lassen sich aus folgender Aufstellung entnehmen:

25. April 1940: Vier Bomben in Sehnde an der Bahnlinie Lehrte-Hildesheim.

10./11. Mai 1940: Fünf Bomben in Gemeinde Hesslingen (Kr. Rinteln).

14. Mai 1940: Einige Bomben bei Emmerthal (Kr. Hameln) auf den Ohrberg. Nur Flurschaden.

18. Mai 1940: Bei klarem Wetter flogen um 0.45 Uhr etwa 6 - 8 Bomber bei Bremen ein. Es war noch kein Fliegeralarm gegeben worden. Nach Abwurf von Leuchtbomben fielen mehrere Sprengbomben in das Hafengebiet. Auch im Stadtzentrum und in der westlichen Vorstadt entstanden Schäden. Im Hafengebiet waren mehrere Schuppen ausgebrannt.

In Rinteln fielen bei der Schiffswerft 2 Bomben, die 3. in den Weserbergen. Es gab nur Gebäudeschäden.

19. Mai 1940: Drei Sprengbomben in der Gemeinde Hausberge/Porta. (Trichter von 8 m Durchmesser und 3 m Tiefe.)

31. Mai 1940: Einige Bomben in Sehnde/Hannover.

19. Juni 1940: Leuchtbomben erhellten um 1.40 Uhr das Hafengebiet von Bremen. Es fielen 34 Sprengbomben und 14 Brandbomben. Im Hafengebiet wurden einige kleine Schiffe beschädigt. Ohne nennenswerten Schaden wurde das Gelände der Vacuum-Öl, der Norddeutschen Hütte und der AG-Weser getroffen.

20. Juni 1940: Dreißig Bomben zwischen 1.27 und 2.08 Uhr bei Minden. (Ziel: Anlagen des Mittellandkanals.) Ein kleines Wohnhaus total zerstört, sonst geringer Sachschaden. Fünf Sprengbomben in Barkhausen. Flurschaden.

21. Juni 1940: Heute erfolgte der erste Tagesangriff auf Bremen. Die ersten Bomben fielen um 10.02 Uhr, Fliegeralarm wurde aber erst um 10.20 Uhr gegeben. Getroffen wurde das Gelände der Vacuum-Öl. Vier Brandbomben durchschlugen den Deckel eines Öltanks, zündeten aber nicht. Eine Brandbombe, die auf dem Deckel eines anderen Tanks fiel und Feuer sprühte, konnte entfernt

Briten-Bomber durch Flak abgeschossen

Erneuter Einflugsversuch – Im Sperrfeuer auseinandergetrieben

Der starke konzentrische Feuerhagel der Flakabwehr Hannovers, der bei dem Angriff britischer Kampfflugzeuge auf unsere Stadt in der vergangenen Nacht dem Feind einen warmen Empfang bereitete, war erneut erfolgreich. Während ein Teil der Angreifer durch das schnelle Sperrfeuer des um Hannover gezogenen Feuerriegels sofort zum Abdrehen gezwungen wurde, der bald darauf sein Heil in der Flucht suchen mußte, konnte ein britisches Bombenflugzeug neuester Bauart zum Absturz gebracht werden. Etwa zehn Kilometer von Hannover entfernt, in der Nähe der Ortschaft Rethen, schlug das Feindflugzeug auf freiem Felde auf und wurde vollkommen zertrümmert, die einzelnen Maschinenteile weit verstreut. Die gesamte Besatzung fand dabei den Tod. Die Leichen der britischen Flieger konnten bereits geborgen werden. Das Flugzeugmuster der abgeschossenen Maschine gehört zu der Bauart, die bevorzugt von den Engländern für nächtliche Einflüge nach Deutschland benutzt werden.

Zu dem nächtlichen Angriff auf Hannover erfahren wir noch nähere Einzelheiten:

Wie auch in voraufgegangenen Nächten, war der Anflug einer Gruppe von Britenbombern längst vorher bekannt geworden, so daß der Feind mit einem starken Feuerhagel der Flakabwehr weit draußen vor der Peripherie der Stadt in Empfang genommen werden konnte. Nur wenigen gelang es, dieser Feuerwand für einige Minuten zu entrinnen und Vororte Hannovers zu erreichen. Ihnen wurde aber durch das Verfolgungsfeuer der Flak so zugesetzt, daß sie vorzeitig und planlos ihre Bomben abwarfen. [illegible] war auch dieses Mal eines der Ziele des Feindes, der hier wiederum nichtmilitärische Objekte mit einer Reihe von Bomben bedachte, die ein Wohnhaus zertrümmerten und vier weitere verhältnismäßig leicht beschädigten. Dank der Disziplin der Einwohnerschaft dieses Ortes und sonstiger Vorsichtsmaßnahmen waren keinerlei Opfer unter der Bevölkerung bei diesem Nachtangriff zu beklagen, weder Tote noch Verletzte.

Einem anderen Britenbomber, der vorübergehend bis in das Weichbild der Stadt Hannover vordringen konnte, gelang es ebenfalls, seine Last auf freiem Felde in der Gemarkung Langenhagen „abzusetzen", allerdings wie gewöhnlich aus größter Höhe, vollkommen planlos und ohne jeden Schaden anzurichten. Im übrigen war es auch in der Nacht zum Donnerstag der heftigen Angriffswirkung der Flakabwehr um Hannover zu verdanken, daß die Angreifer in allen Fällen von den vielleicht vorgesehenen Hauptangriffszielen ferngehalten und verjagt wurden.

Nachrichten aus dem übrigen Gebiet unseres Heimatgaues zufolge, sind auch hier in der Nacht zum 27. Juni keinerlei Schäden durch britische Kampfflugzeuge angerichtet worden. Dagegen gelang es dem Feind in den Vormittagsstunden des Donnerstag unter Ausnutzung größter Höhen erneut bis in die Nähe von Hannover vorzudringen. Es kam auch zu einigen planlosen Bombenabwürfen. Nähere Einzelheiten lagen bei Redaktionsschluß noch nicht vor.

Kloker.

werden, 8 Sprengbomben detonierten auf Ödland. Vier Sprengbomben im Amt Brakel (Kr. Höxter), Telefonleitungen zerstört. Gegen 2.00 erstmals Bomben auf Bielefeld, 5 Sprengbomben im Gebiet der Stadtheiderstraße. Geringer Gebäudeschaden. Zwei Tote.

22. Juni 1940: Ein heutiger Angriff auf Bremen sollte die Flugzeugindustrie und die Ölanlagen treffen. Es fielen in dieser Nacht 24 Brand- und 12 Sprengbomben. Die FW-Flugzeugwerke erlitten nur leichte Schäden. Gegen 1.00 Uhr Abwurf von 30 - 50 Stabbrandbomben auf Bielefeld. Leichte Brandschäden an 8 Häusern. Löschung durch Feuerwehr erfolgt. Kein Personenschaden.

24. Juni 1940: In Hameln (Nähe Reese-Werk) die ersten Brandbomben. Lügde: 1 Sprengbombe. Nur Fensterschäden. Lahde: 18 Bomben. Gebäude des Ziegelei-Besitzers Albert völlig zerstört.

26. Juni 1940: Um 1.50 Uhr flogen 6 - 8 Flugzeuge ins Hafengebiet Bremen ein. Dort abgeworfene Sprengbomben schlitzten 2 Tanks der Vacuum-Öl auf. Aus einem Lagertank flossen nur 160.000 l Öl aus, da Männer des Werkluftschutzes die Löcher mit Holzpflöcken abdichteten. Ein leerer Tank wurde durchsiebt, andere Tanks wurden über dem Ölstand von Splittern durchschlagen.

27. Juni 1940: Um 11.05 Uhr warf ein einzelnes Flugzeug 6 Bomben auf das Gelände zwischen Vacuum-Öl und dem Hafen. Leichter Angriff auf Hannover: Fünf Personen getötet, 13 verletzt.

28. Juni 1940: Wegen dichter Wolkendecke war ein Zielabwurf auf Bremen nicht möglich. Somit wurde das Landgebiet von Seehausen, Hasenbüren und Blockland von 32 Spreng- und 2 Brandbomben getroffen.

3. Juli 1940: Erster Angriff auf Gütersloh: 35 Sprengbomben, 50 Brandbomben. Keine Verluste.

4. Juli 1940: In Paderborn die Häuser Grüner Weg Nr. 1, 3 und 5 zerstört. (4 Sprengbomben.)

5. Juli 1940: In Wever bei Paderborn fallen 4 Spreng- und 40 Brandbomben. Flur- und Waldschaden, 2 Kühe verletzt.

14. Juli 1940: Gegen 1.30 Uhr 5 Sprengbomben und 2 Blindgänger sowie ca. 50 Stabbrandbomben bei den Mielewerken in Bielefeld gefallen. Brandschaden.

15. Juli 1940: Zwischen 1.00 und 3.00 Uhr fallen 27 Leuchtkugeln in der Umgebung von Brakel Kr. Höxter. Keine Bomben. In Bad Lippspringe fallen 111 Spreng- und ca. 300 - 400 Brandbomben, 4 Bauernhäuser eingeäschert. 200 Häuser beschädigt.

19. Juli 1940: Hahlen (Amt Hartum) 9 Bomben, davon 2 Blindgänger. In Sehnde bei Nachtangriff einige Häuser zerstört. Brandbomben fielen sämtlich in Gärten. Wieder Angriff auf die Vacuum-Öl in Bremen. Durch Splittereinwirkung wurden 2 Tanks zerstört, es liefen insgesamt 796.000 l Öl aus. Ein in Brand gesetzter Holzstapel konnte gelöscht werden. Im übrigen erhielt die Transformatorenstation Grambke Treffer, so daß ein Gesamtproduktionsausfall von 24 Stunden entstand. Weitere Bomben, die das Werksgelände verfehlten, beschädigten 22 Wohnhäuser der Hüttenstraße.

20. Juli 1940: Nachts Angriff auf Bremen-Burg, Bremen/Neustadt und Hafengebiet. Im übrigen wurden Schäden auf dem Flugplatz im Neuenlanderfeld gemeldet. Auch das Wasserwerk, die Scharnhorst-Kaserne und die Vacuum-Öl wurden in Mitleidenschaft gezogen.
Zweiter Angriff auf Gütersloh. Ein Flugzeug hat 7 Spreng- und 23 Brandbomben abgeworfen.

24. Juli 1940: Einflüge im Ruhrgebiet, Anflug auf Paderborn und Kassel. Als Hauptziel war Kassel zu erkennen. Dort fielen 44 Spreng- und 200 Brandbomben im Raum Fieseler-Werke und Bettenhausen. Die Montagehalle der Fieseler-Werke wurde getroffen.

1. August 1940: Beim Angriff auf Hannover (Haus Seiler Straße 25) 8 Tote und 5 Schwerverletzte geborgen.

11. August 1940: In Bielefeld Abwurf von Stabbrandbomben in Richtung Herforder Straße. Kein Personenschaden.

12. August 1940: Gegen 0.30 Uhr in Bielefeld Abwurf von Spreng- und Brandbomben. Schäden in Detmolder Straße und Gelände Lauter-Kaserne. Kein Personenschaden.
Löhne: Ein Flugzeug warf 4 Spreng- und 30 Brandbomben. Kein Personenschaden. Stallgebäude des Landwirts Henning in Löhne-Mennighüffen beschädigt. Bei Vlotho 2, bei Pömbsen 8 Sprengbomben.

Nachtaufnahme bei Osnabrück 18./19. Sept. 1940: Abschuß und Leuchtbahn des abstürzenden britischen Flugzeuges zeigt das Bild. Die Unterbrechung dieser Leuchtbahn ist durch das Überschlagen und die starke Rauchentwicklung hervorgerufen. Die geraden Striche sind Leuchtbahnen der Flakgeschosse. Der Lichtschein unten auf dem Bilde zeigt schon den Brand des Flugzeuges.

13. August 1940: In Oppenwehe nachts 5 Sprengbomben (1 Blindgänger) und etwa 20 Brandbomben auf Äcker, 2 km vom Ortskern entfernt.

6. September 1940: Großrühden (Kreis Marienburg) westlich vom Ort 22 Brandbomben. Kein Schaden.
Völziehausen (Kreis Alfeld) 800 m nördlich vom Ort 4 Brandbomben, dadurch 5 Stiegen Hafer vernichtet.
Feldmark Dielmissen (Kreis Holzminden) am Osthang des Tuchtberges 2 Brandbomben. Kein Schaden.

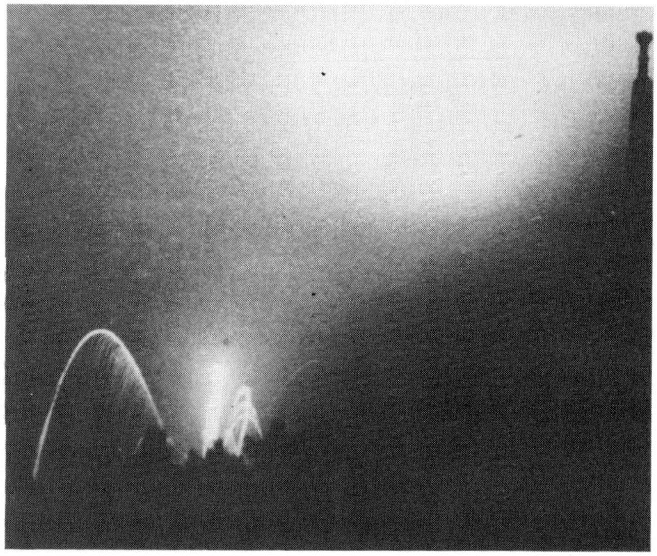

Zwei Minuten später: Rechts sinkt ein Leuchtschirm eines anderen britischen Flugzeuges nieder, während die Bombenlast und die Leuchtmunition der abgeschossenen Maschine explodieren.

18. September 1940: Einflug einzelner feindlicher Flugzeuge im Bereich des Wehrkreises XI. Bei Hämelnerwald 10 Sprengbomben, auf Reichsautobahn 3 Bomben. Fahrzeuge auf der Autobahn wurden mit MG beschossen, ein LKW beschädigt (nachts)! Straße zwischen Rahden und Levern 10 Sprengbomben.

23. September 1940: Bei Groß Gießen (Hildesheim) 6 Sprengbomben.

Start eines Seeflugzeuges. Auf der Insel Norderney befand sich eine Seerettungsstation. Außerdem hatten Flakbatterien in den Dünen Stellung genommen.

Trümmer des bei Rethen abgeschossenen Bombers. (16.6.1940)

29. September 1940: In Hannover fielen 3 Spreng- und 35 Brandbomben. Im übrigen sind betroffen die Kreise Fallingbostel, Uelzen, Lüneburg und Neustadt/Rbge. Auf Frauenheim Lindenhof in Himmelsthür/Hildesheim 4 Sprengbomben. Eine Person schwer und eine leicht verletzt. Bei Bokel (Kreis Gifhorn) fielen mehrere Sprengbomben, darunter 2 Blindgänger und 30 Brandbomben.

30. September 1940: Vier Bomben auf Cuxhavener Gebiet. In Vlotho 1 Bombe auf abgeerntetes Grundstück.

11. Oktober 1940: Feldmark Westenholz Kreis Lüneburg: 7 Sprengbomben, nördlich Stelle Kreis Burgdorf 8 Sprengbomben auf eine Weide. Rind verletzt. Neuwarmbüchen Kreis Burgdorf: 8 Sprengbomben. Hannover: Einige Brandbomben. Keine Schäden.

13. Oktober 1940: 23.15 Uhr in Hille bei Minden geriet der Stall des Landwirts Heinrich Wilhelmi in Brand. Löschversuch erfolglos. 20 bis 25 Brandbomben. In Hüllhorst Kr. Lübbecke 6 Sprengbomben um 23.10 Uhr.

16. Oktober 1940: In Exter bei Herford fiel um 23.00 Uhr auf das Grundstück Albrecht Meise (Haus Nr. 22) 1 Bombe. Brandplättchen und wenige Brandbomben fielen in den Gemeinden Egge (Kr. Hameln), Seelze, Bockenem (Kr. Hildesheim).

24. Oktober 1940: Nachts stärkerer Einflug feindlicher Flugzeuge. Teils bedeckt, teils mondhell. Einzelne Bomben in den Kreisen Magdeburg, Hildesheim, Wolfenbüttel und Burgdorf. Zwischen Brockensen und Hajen 4 Sprengbomben und 31 Brandbomben.

11. November 1940: Stärkere Ein- und Durchflüge. Angriffe in Regierungsbezirken Lüneburg und Magdeburg. In den Landkreisen Hameln, Springe, Rinteln und Neustadt/Rbge. wurden nur Brandplättchen in Größe von 10 x 10 cm gefunden. Schäden werden hier nicht verzeichnet.

15. Dezember 1940: Um 23.40 Uhr fielen in Herford 3 Sprengbomben. An 11 Gebäuden entstanden Schäden, an 15 Gebäuden Dachschäden, 15 Schaufenster waren zertrümmert, zwei Männer tot.

16. Dezember 1940: In dieser Nacht gab die Stadt Hannover dreimal Fliegeralarm. Das Wetter war mondhell, wolkenlos. Angriffe erfolgten im Raum Magdeburg. Hannover erlitt nur geringe Schäden durch 2 Sprengbomben im Hof der Celler Straße 108 und 109.

21. Dezember 1940: Zwischen 21.39 und 7.57 Uhr mehrfach Fliegeralarm in Hannover. Es fielen in Hannover 2 Sprengbomben auf freies Feld. In den Kreisen Alfeld und Rinteln Flugblätter abgeworfen.

Abgeschossener britischer Bomber. (Nov. 1940)

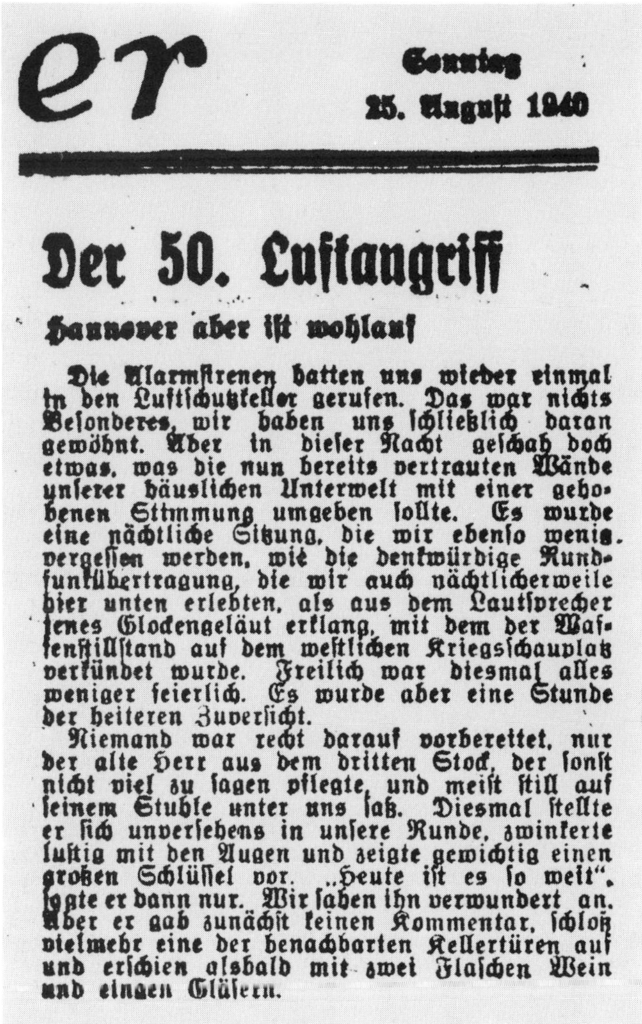

er — Sonntag 25. August 1940

Der 50. Luftangriff

Hannover aber ist wohlauf

Die Alarmsirenen hatten uns wieder einmal in den Luftschutzkeller gerufen. Das war nichts Besonderes, wir haben uns schließlich daran gewöhnt. Aber in dieser Nacht geschah doch etwas, was die nun bereits vertrauten Wände unserer häuslichen Unterwelt mit einer gehobenen Stimmung umgeben sollte. Es wurde eine nächtliche Sitzung, die wir ebenso wenig vergessen werden, wie die denkwürdige Rundfunkübertragung, die wir auch nächtlicherweile hier unten erlebten, als aus dem Lautsprecher jenes Glockengeläut erklang, mit dem der Waffenstillstand auf dem westlichen Kriegsschauplatz verkündet wurde. Freilich war diesmal alles weniger feierlich. Es wurde aber eine Stunde der heiteren Zuversicht.

Niemand war recht darauf vorbereitet, nur der alte Herr aus dem dritten Stock, der sonst nicht viel zu sagen pflegte, und meist still auf seinem Stuhle unter uns saß. Diesmal stellte er sich unversehens in unsere Runde, zwinkerte lustig mit den Augen und zeigte gewichtig einen großen Schlüssel vor. „Heute ist es so weit", sagte er dann nur. Wir sahen ihn verwundert an. Aber er gab zunächst keinen Kommentar, schloß vielmehr eine der benachbarten Kellertüren auf und erschien alsbald mit zwei Flaschen Wein und einigen Gläsern.

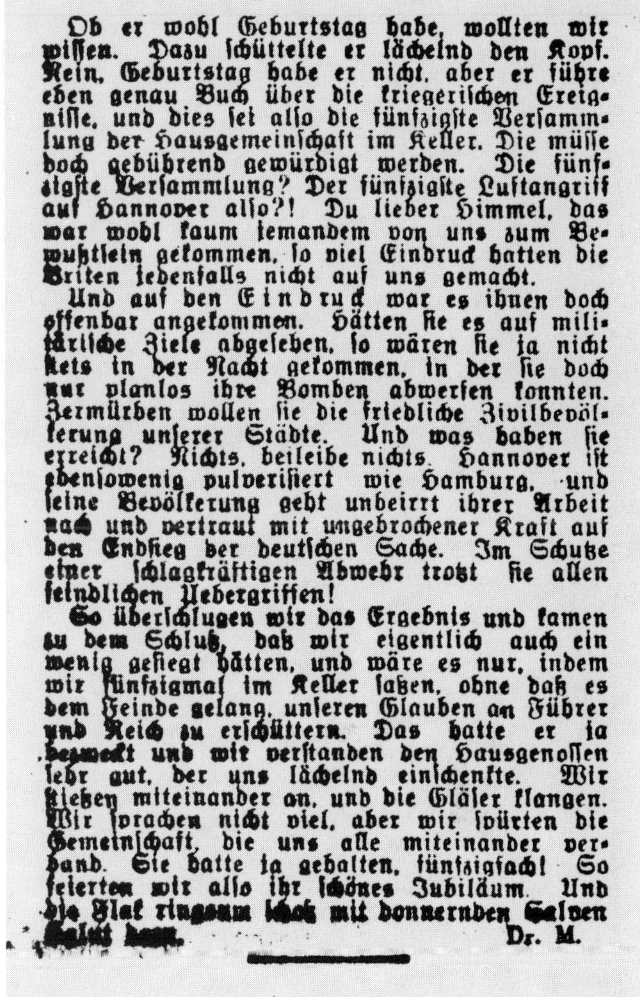

Ob er wohl Geburtstag habe, wollten wir wissen. Dazu schüttelte er lächelnd den Kopf. Nein, Geburtstag habe er nicht, aber er führe eben genau Buch über die kriegerischen Ereignisse, und dies sei also die fünfzigste Versammlung der Hausgemeinschaft im Keller. Die müsse doch gebührend gewürdigt werden. Die fünfzigste Versammlung? Der fünfzigste Luftangriff auf Hannover also?! Du lieber Himmel, das war wohl kaum jemandem von uns zum Bewußtsein gekommen, so viel Eindruck hatten die Briten jedenfalls nicht auf uns gemacht.

Und auf den Eindruck war es ihnen doch offenbar angekommen. Hätten sie es auf militärische Ziele abgesehen, so wären sie ja nicht stets in der Nacht gekommen, in der sie doch nur planlos ihre Bomben abwerfen konnten. Zermürben wollen sie die friedliche Zivilbevölkerung unserer Städte. Und was haben sie erreicht? Nichts, beileibe nichts. Hannover ist ebensowenig pulverisiert wie Hamburg, und seine Bevölkerung geht unbeirrt ihrer Arbeit nach und vertraut mit ungebrochener Kraft auf den Endsieg der deutschen Sache. Im Schutze einer schlagkräftigen Abwehr trotzt sie allen feindlichen Uebergriffen!

So überschlugen wir das Ergebnis und kamen zu dem Schluß, daß wir eigentlich auch ein wenig gesiegt hätten, und wäre es nur, indem wir fünfzigmal im Keller saßen, ohne daß es dem Feinde gelang, unseren Glauben an Führer und Reich zu erschüttern. Das hatte er ja bemerkt und wir verstanden den Hausgenossen sehr gut, der uns lächelnd einschenkte. Wir stießen miteinander an, und die Gläser klangen. Wir sprachen nicht viel, aber wir spürten die Gemeinschaft, die uns alle miteinander verband. Sie hatte ja gehalten, fünfzigfach! So feierten wir also ihr schönes Jubiläum. Und die Flak ringsum [illegible] mit donnernden Salven [illegible].

Dr. M.

Luftangriffe 1941

In den Abendstunden des Neujahrstages gab es bereits Fliegeralarm. Ziel war wieder einmal die Stadt Bremen. Die ersten Brandbombenabwürfe setzten um 20.20 Uhr ein, nachdem die Bomber den Flakgürtel trotz heftigster Gegenwehr durchflogen hatten. Das Industriegebiet Bremen-Hemelingen wurde in Brand gesetzt. Neuartige Brandbomben, Kanister von 100 kg Gewicht mit Petroleum und Textilgewebe gefüllt, setzten auch die Lagerschuppen in der Nähe der FW-Werke (Produktionsstätte der Focke-Wulf 190-Jagdflieger) in Brand. Der Schaden war beträchtlich.

Ein leichter Angriff bei sternenklarer Nacht galt am 27.1. der Stadt Hannover. Vier Privathäuser wurden durch Brandbomben zerstört. Eine Autogarage mit einer Anzahl von Kraftfahrzeugen war vernichtet worden.

Erst im Februar häuften sich die Luftangriffe. In der Nacht zum 11.2. war Hannover wieder auser-

Die Krankenanstalten in Bethel bei Bielefeld wurden am 31. März 1941 getroffen. (23.30 Uhr)

sehen. Vorwiegend Brandbomben fielen in die Stadtmitte. 98 Tote und 99 Verletzte sind zu beklagen. Etwa 250 gefallene Sprengbomben und 6.000 Brandbomben haben Schäden angerichtet im Verwaltungsgebäude von Continental, Tierärztliche Hochschule, Villenviertel Kleefeld und Verwaltungsgebäude Preussag. Ein Großbrand entstand in der Ferdinand-Wallbrecht-Straße. Volltreffer auch auf einen D-Zug im Hauptbahnhof. Weitere Schäden werden in den Kreisen Burgdorf und Hildesheim gemeldet. In den Gemeinden Lüdersfeld, Lindhorst, Volksdorf, Nordsehl und Vornhagen im Kreis Schaumburg/Lippe sind etwa 15 Häuser beschädigt bzw. zerstört worden. In Stadthagen ist ein Haus völlig zerstört, 33 Häuser sind stark beschädigt.

Hannover wird in den Nächten zum 14. März und zum 24. März ebenfalls angegriffen. Die Schäden sind jedoch geringfügig. Zehn Tote sind am 14.3. 1941 gemeldet worden. Der Bahnhof Fischerhof wurde am 14.3. getroffen.

In Bielefeld werden zum zweitenmal innerhalb weniger Wochen in der Nacht zum 1. April 1941 die Krankenanstalten von Bethel bombardiert. Ein Volltreffer zerstörte ein Krankenhaus. Dabei wurden zahlreiche Personen getötet und verletzt.

Im Monat April werden nur Störflüge gemeldet.

Dabei fallen bei Stadthagen am 10.4.1941 drei Sprengbomben. Der Ort Börry im Kreis Hameln erlitt in der Nacht zum 18.4.1941 Schäden an 25 Dächern.

Ein weiterer bedeutender Bombenangriff findet am 3. Mai auf das Reichsbahnausbesserungswerk Bremen-Seebaldsbrück statt. Auch die Schleuse am Industriehafen wird in Mitleidenschaft gezogen. Schon am 8. Mai erfolgt ein weiterer Angriff auf Bremen. Sechs Bomber haben mit 30 Spreng- und 36 Brandbomben die AG-Weser angegriffen. Der Sachschaden ist bedeutungsvoll, während sonst nur 1 Toter und 16 Verletzte zu beklagen sind. Am nächsten Tag haben sich die Briten das gleiche Ziel vorgenommen. 56 Bomber warfen 279 Spreng- und 12.840 Brandbomben ab. Das Hafengebiet wurde wieder einmal getroffen. Fliegeralarm für die Gauhauptstadt Hannover gab es in der Nacht zum 16. Mai 1941 von 0.19 bis 3.05 Uhr. In diesem Zeitraum warfen fünfzig feindliche Flieger 125 Sprengbomben mittleren Kalibers. Schäden wurden an 95 Wohnhäusern, 4 Fabriken und 7 weiteren Gebäuden gemeldet. Einzelabwürfe im Großraum Hannover:

Trümmergrundstück Bielefeld, Horst-Wessel-Straße (13.6.1941)

In Lemie 6 Sprengbomben, Laatzen 7 Sprengbomben, Alvesrode 200 m nordöstlich Jagdschloß 2 Sprengbomben, weitere Bomben bei Gestorf und Eldagsen. Hannover hatte 19 Tote zu beklagen. Die Trauerfeier fand am 20.5.1941 auf dem Stöckener Friedhof statt.

Der Monat Juni verlief ruhig, wenn auch oftmals Einflüge zu verzeichnen waren. Luftkämpfe gab es an der Kanalküste.

Bedeutungsvoll ist der Angriff auf Bielefeld am 13. Juni 1941. Es fielen 237 Spreng- und ca. 2.000 Stabbrandbomben. Es wurden 27 Tote geborgen. In der Nacht zum 16. Juni stießen die britischen Flieger in die folgenden Landkreise vor: Hannover, Rinteln, Hameln, Neustadt/Rbge., Hildesheim, Alfeld, Fallingbostel und Lüneburg. Auch in Lahde (Kr. Minden) fielen 8 Sprengbomben. In der Gemarkung Grupenhagen und Posteholz (Kr. Hameln) sowie in Goldbeck fielen 2 Spreng- und 9 Brandbomben. Schaden war nicht entstanden. In Hameln jedoch wurden 4 Wohnhäuser zerstört und 3 schwer beschädigt. Es waren 29 Tote und 8 Verletzte zu beklagen.

Die letzten bedeutungsvollen Angriffe im 1. Halbjahr 1941 erfolgten am 19. Juni und am 23. Juni auf Bremen. Wohnviertel wurden getroffen. Im 2. Halbjahr sind folgende Daten erwähnenswert:

Kranzniederlegung an den Särgen der Toten vom Angriff am 12./13. Juni 1941 in Bielefeld. Es waren 19 Zivilisten und 6 Soldaten getötet worden.

Ein Haus am "Holzdamm" in Bremen ist nach dem Angriff vom 19.6.1941 unbewohnbar geworden. Bewohner bringen ihre Habe in Sicherheit.

6. Juli 1941: Alarm von 0.35 bis 3.33 Uhr. Bombenwurf auf Bielefeld: Etwa 100 Spreng- und 800 Stabbrandbomben. Großfeuer bei den Dürkopp-Werken. Das Lagerhaus brannte im Werk II. Sieben Tote.
In den Gemarkungen Thal (Kr. Hameln), Grünenplan bei Alfeld, Kirchbrak (Kr. Holzminden), fielen je 1 Sprengbombe. Geringer Gebäudeschaden.

13. Juli 1941: Mittlerer Luftangriff auf die Stadt Bremen.

14./15. Juli 1941: Alarm von 1.02 bis 3.27 Uhr. Nachts Angriff auf Hannover. Etwa 40 - 50 Flugzeuge haben 141 Spreng- und etwa 1.800 Brandbomben abgeworfen. (500 Kg-Bomben) Es wurden 10 Häuser völlig zerstört, 58 schwerbeschädigt, 247 leichtbeschädigt. Durch Brandbomben sind 2 Häuser vernichtet, 9 Häuser schwerbeschädigt. Fünfzehn Tote wurden aus den Trümmern geborgen.
Um 2.05 Uhr fallen bei Neuenknick (Amt Lahde) einige Sprengbomben. Nur Flurschaden.
Einzelne Bombenabwürfe in den Landkreisen Hannover, Springe, Hildesheim.

26. Juli 1941: Nachts um 1.00 Uhr fielen im Landkreis Hameln-Pyrmont einige Sprengbomben. In Hastenbeck wurden durch fünf Sprengbomben Starkstromleitungen beschädigt. In Benstorf geriet durch Brandbomben eine Scheune in Brand; in der Nähe fielen weitere Brandbomben aufs Feld, wo mehrere Stiegen Gerste in Brand gerieten.
Nach Abwurf von Leuchtkugeln fielen in Marienau und Salzburg insgesamt 18 Sprengbomben, davon 3 Blindgänger und 8 Brandbomben. Es gab nur Fenster- und Dachschäden. In den Garten des Grundstücks Dreyer in Salzburg fiel ein Blindgänger, der von einem Sprengkommando nach Freilegung durch Insassen des Zuchthauses Hameln gesprengt wurde. Die übrigen Bomben waren im

Die Wirkung britischer Bomben nach dem Angriff vom 13. Juli 1941 in der Wulfhoopstraße. (Bremen)

Nacht zum 15. 8.41

Ein Feindflugzeug bei Pattensen abgeschossen

Terrorangriff der britischen Luftwaffe auf die Zivilbevölkerung

RPA. In der Nacht zum Freitag griff der Feind Hannover erneut mit stärkeren Luftstreitkräften an. Spreng- und Brandbomben wurden wie üblich wahllos über den Wohnvierteln der Stadt abgeworfen. Dadurch entstanden sowohl Brand- als auch Sachschäden. Erfreulicherweise ist es nicht zu irgendwelchen größeren Bränden gekommen, da der zivile Selbstschutz, die einzelnen Hausgemeinschaften, die feindlichen Brandbomben sofort nach dem Abwurf energisch bekämpften.

Der Feind versuchte auch einige wehrwirtschaftliche Ziele anzugreifen. Der dabei entstandene Sachschaden ist nur gering. An Personenschäden sind bisher nur wenige Schwer- und Leichtverletzte zu beklagen, da die Bevölkerung in mustergültiger Disziplin sofort die Schutzräume aufsuchte.

Die sehr starke Abwehr Hannovers durch Flak- und Scheinwerferbatterien konnte auch bei diesem Angriff einen Erfolg erringen, indem eine feindliche Maschine bei Pattensen abgeschossen wurde. Die fünf Mann starke Besatzung des feindlichen Bombers fand dabei den Tod.

Das Grundstück Bischofsholer Damm Nr. 75 nach dem Angriff vom 15. Juli 1941.

Nach dem Luftangriff auf Gütersloh am 8. August 1941: Brandstelle in Firma W. Ruhenstroh, Schälplattenwerk.

Reihenwurf auf die anschließenden Ackerflächen in südwestlicher Richtung gefallen.
Etwa 400 m östlich des Dorfes Dörpe (Kr. Hameln) fielen 2 Sprengbomben in ein Getreidefeld.
In Eldagsen wurden 4 Spreng- und 10 Brandbomben gezählt. Auch die Bewohner von Marienhagen (Kr. Alfeld) waren durch 4 Sprengbomben aus dem Schlaf gerissen worden.

13. August 1941: In den Landkreisen Hannover, Springe, Rinteln, Salzwedel, Lüneburg, Celle und Hildesheim Bombenabwürfe.
In Hannover wurde der Abwurf von 65 Spreng- und 200 Brandbomben gemeldet. 15 Häuser und 2 Fabriken waren zerstört.
Geringen Flurschaden richteten 2 Sprengbomben ca. 1.200 m westlich Eldagsen an der Straße Eldagsen/Coppenbrügge an. Auch 2,5 km nördlich Springe fielen 2 Sprengbomben und 1 Blindgänger.

14./15. August 1941: In dieser Nacht sind 300 britische Bomber unterwegs, die Hannover, Braunschweig und Magdeburg angreifen.
In Lehrte wurden Wohnhäuser getroffen. Nahe der Schleuse bei Sehnde 5 Bomben. In Valdorf/Lippe um 2.15 Uhr 8 Spreng- und 27 Brandbomben. An 13 Gebäuden Schäden.

18. August 1941: Sechs Sprengbomben auf Wesermünde. Getroffen wurden reine Wohnviertel. Vier Tote, 12 Schwerverletzte und 3 Leichtverletzte sind zu beklagen gewesen.

15./16. September 1941: Die Städte Bremen, Cuxhaven und Wilhelmshaven werden in dieser Nacht angegriffen. Schwache Verbände stoßen in den niedersächsischen Raum vor.
An der Straße zwischen Gestorf und Eldagsen fielen zu beiden Seiten 11 Sprengbomben, Hochspannungsleitung wurde beschädigt, sonst nur Flurschäden.

15 Tote forderte dieser nächtliche Angriff auf Hannover. (15.7.41)

17. September 1941: Drei Bomben auf Bahngleise Nähe Bahnhof Garrel. Der Zugverkehr ruhte einen Tag.

9./10. November 1941: Britische Angriffe auf Hamburg, Cuxhaven und Emden.

Die Angriffstätigkeit der Royal Air Force hat sich im 2. Halbjahr 1941 nur geringfügig verstärkt. England hat die Zahl der strategischen Viermot-Bomber im Jahre 1941 von 141 auf 539 erhöhen können. Eingesetzt waren bisher in erster Linie zweimotorige Bomber. Beängstigend war aber der Eintritt der USA in den Krieg. In diesem Jahr, als dort die größte Arbeitslosigkeit herrscht, wird der Bau von 5.000 Kriegsflugzeugen vorbereitet. Die beachtliche Zahl von 12.000 Flugzeugführern befand sich in der Ausbildung.

Die deutsche Luftwaffe ist infolge des begonnenen Rußlandfeldzuges beansprucht. Sie hat Mühe, im besetzten Frankreich und im Reichsgebiet ihre Aufgaben in der Luftabwehr wahrzunehmen. Nicht zufrieden mit der Entwicklung der Luftwaffe ist Generalluftzeugmeister Ernst Udet. Aus Verzweiflung begeht er am 17. November 1941 Selbstmord.

Bei den Aufräumungsarbeiten im Furnierlager nach dem Angriff vom 8.8.1941 (Fa. W. Ruhenstroh, Gütersloh).

Nach Angriff auf Bielefeld 1942.

Britisches Jagdflieger-As abgeschossen

Wie sich der deutsche Flugleiter eines Militärflughafens gegenüber seinem Gegner verhalten hat, geht aus folgender Darstellung hervor: St. Omer in Frankreich in der Nähe der Küste war nach der Besetzung Militärflughafen für deutsche Jäger und Zerstörer, die die Feindflugzeuge am Einflug nach Nordwestdeutschland hindern sollten. Es gibt kaum ein Geschwader, das nicht auch von dort irgendwann eingesetzt worden wäre. Flugleiter war Major Heinrich Meyer zur Heyde, aus Herford stammend. In der Nähe des Flugplatzes wurde eines Tages eine britische Jagdmaschine vom Typ "Hurricane" abgeschossen. Der Pilot rettete sich mit Fallschirm und wurde gefangengenommen. Die Deutschen staunten: Der Pilot trug zwei Beinprothesen, sie waren aber bei der Landung zerbrochen. Bei der Vernehmung kam heraus, daß es sich um den bekannten britischen Jagdflieger Douglas Bader handelte.

Landwirt Heinrich Meyer zur Heyde besorgte als Fliegermajor in St. Omer für seinen Gefangenen neue Bein-Prothesen.

Die Deutschen bewohnten in der Nähe des Flugplatzes ein Schloß eines französischen Grafen. Der Gefangene kam dort gerade an, als deutsche Jagdflieger den Abschuß feierten. Sie nahmen Bader in ihre Mitte, um ihn an ihrer Siegesfeier teilnehmen zu lassen. Douglas Bader wurde mit großer Achtung von den deutschen Soldaten behandelt. Man wies dem beinamputierten Flieger ein Zimmer im Schloß zu, nachdem Bader den deutschen Offizieren in die Hand versprochen hatte, keinen Fluchtversuch zu unternehmen. Dem behinderten Mann wurde somit die Einweisung in ein Gefangenenlager erspart.

In der Folgezeit entwickelte sich zwischen Major Meyer zur Heyde und dem Briten Bader eine Freundschaft, da sie sich öfter unterhalten hatten. Bader äußerte dabei den Wunsch nach neuen Prothesen. Die Freundschaft ging so weit, daß Meyer zur Heyde über das Rote Kreuz Verbindung von St. Omer nach London knüpfte. Tatsächlich wurden darauf in einer Spezialwerkstatt in London Beinprothesen für Douglas Bader angefertigt.

Für ihren berühmten Jagdflieger riskierten die Briten auch einen Sonderflug. In einer Kiste verpackt wurden die neuen Prothesen am Fallschirm über St. Omer abgeworfen. Die seltsame Fracht landete unversehrt und Douglas Bader war nunmehr beweglicher. Er war so beweglich, daß er sich an aneinandergeknoteten Handtüchern aus dem Fenster abseilte und verschwand und der deutsche Wachposten das Zimmer des Gefangenen leer vorfand. Flugleiter Major Meyer zur Heyde war enttäuscht, daß sein Vertrauen mißbraucht worden war. Douglas Bader ist unbehelligt über den Kanal nach England gekommen. Er soll danach auch wieder Einsätze gegen Deutschland geflogen haben, und zwar mit den Beinprothesen, die ihm sein Herforder Freund auf so abenteuerliche Weise besorgt hatte.

Luftangriffe 1942

Eine Zunahme der Luftangriffe auf das Reichsgebiet ist zwar 1942 zu verzeichnen, für die Bevölkerung des nordwestdeutschen Raumes aber nicht spürbar. Das Jahr 1942 ist noch als ruhig zu bezeichnen, wenn man die Angriffe in folgenden Jahren vergleicht. Es sind mehr oder weniger — mit Ausnahmen — Störangriffe, die im Monat Januar 1942 zu verzeichnen sind. Insbesondere Orte im Küstengebiet erlitten Verluste unter der Zivilbevölkerung. Über das Ausmaß der Angriffe können Zahlen die beste Auskunft geben. Es wurden über dem Reichsgebiet abgeworfen:

Im Jahre 1942	4.100 t Bomben
im Jahre 1943	205.000 t Bomben
im Jahre 1944	1.202.000 t Bomben

Die Beteiligung der USA am Luftkrieg brachte 1943 die Erhöhung der Abwurfmittel mit sich.

Am 16. Januar 1942 griffen nachts britische Bomber die Stadt Emden an. Hier gab es einige Tote. Auch in folgenden Nächten war im gesamten Küstengebiet Fliegeralarm gegeben worden. Es wurden jeweils bei jedem Einflug nur 3 oder 5 Feindflugzeuge abgeschossen.

Am 23. Januar 1942 wurden Wohnviertel und öffentliche Gebäude in Münster getroffen. Der bedeutungsvollste — wenn auch noch leichte — Angriff fand in der Nacht vom 26. zum 27.1.1942 statt. Diesmal erlitt Hannover durch Sprengbomben Gebäudeschäden. Aus den Trümmern wurden 27 Tote geborgen. Im benachbarten Landkreis Springe fielen 3 Sprengbomben 3,5 km nordöstlich von Bad Münder. Die Bahnstrecke bei Bad Münder mußte gesperrt werden, da eine Sprengbombe 800 m ostwärts vom Bahnhof die Gleise zerstört hatte.

In der folgenden Nacht (28.1.1942) wurde der Einflug von 24 britischen Bombern im Osnabrücker Land gemeldet. Zahlreiche Bomben fielen, ohne Schaden anzurichten.

Die Monate Februar, März und April waren verhältnismäßig ruhig verlaufen. Luftangriffe richteten sich in erster Linie auf das Ruhrgebiet. In Nordwestdeutschland wurde nur Fliegeralarm gegeben. Ein Angriff auf die Stadt Emden am 11. Februar 1942 ist noch zu erwähnen: Es wurden dort 10 Häuser völlig zerstört.

Im März 1942 richteten sich Luftangriffe auf Groß-Paris (Renault-Werke, 250 Tote).

Inzwischen war Luftmarschall Sir Arthur Harris am 20. Febr. 1942 zum Chef des Bomberkommandos der RAF ernannt worden (Commander in Chief of Bomber Command). Dieser hatte es sich zum Ziel gesetzt, verstärkt Angriffe gegen deutsche Städte zu fliegen. Das britische Kriegskabinett billigt am 5.3.1942 einstimmig den gezielten Luftterror gegen die deutsche Zivilbevölkerung.

Die deutsche Kriegsindustrie hat inzwischen die Produktion von Jagdfliegern erhöht. Somit kann die Luftwaffe ihren Einsatz über dem Reichsgebiet verstärken. Die entbehrlichen Jagdfliegereinheiten sind auf den Fliegerhorsten in West- und Norddeutschland stationiert. Sie können an der Kanalküste ihre Gegner empfangen und in Luftkämpfe verwickeln. So ermöglichte es klares Fliegerwetter, daß am 5. Mai 1942 von 50 einfliegenden Spitfires 18 abgeschossen wurden. Auch am 18. und 20. Mai 1942 gab es wiederum Luftkämpfe an der Kanalküste mit unseren Jagdfliegern.

Bei Osnabrück hatten am 19. Juni 1942 die Briten Ballone fliegen lassen, die mit Drähten zusammengekoppelt waren. Es sollten sich darin die deutschen Nachtjäger verfangen. Die Flak schoß an diesem Tage die Ballons ab.

Bremen wurde am 14. Juni 1942 angegriffen. Dort fielen 143 Sprengbomben, 5 Minen, 8.560 Brandbomben. Die Bevölkerung hatte 83 Tote und 258 Verletzte zu beklagen.

Der nächste Angriff auf Bremen folgte bereits am 26. Juni 1942. Wohnviertel und öffentliche Gebäude erlitten Schäden. Nachtjäger und Flakartillerie konnten 52 der angreifenden Bomber abschießen. Nach deutschen Angaben wurden 236 Spreng- und 21.488 Brandbomben abgeworfen. (85 Tote,

Terrorangriff auf die Stadt Hannover

Wieder wahllos Bomben auf Wohnviertel! / Todesopfer und Verletzte

KPA. In der Nacht zum Dienstag griffen britische Bombenflugzeuge bei ihrem Einflug in den nordwestdeutschen Raum auch die Stadt Hannover an. Gutliegendes Flakfeuer verhinderte den gezielten Bombenabwurf. Brand- und Sprengbomben wurden wahllos über Wohnviertel der Stadt abgeworfen. Einige Wohnhäuser wurden zerstört, eine größere Anzahl beschädigt. Leider sind nach den bisherigen Feststellungen 21 Tote zu beklagen, außerdem Schwer- und Leichtverletzte. Die Zahl der Toten ist deshalb so hoch, weil sich die meisten der Opfer außerhalb der Schutzräume befanden. Durch den vorbildlichen Einsatz des zivilen Selbstschutzes und der Partei wurden an Ort und Stelle alle Maßnahmen zur Unterbringung der Geschädigten getroffen.

•

Der Angriff, den britische Flieger in der Nacht zum Dienstag auf Hannover unternahmen, hatte offensichtlich den Zweck, die hannoversche Bevölkerung zu terrorisieren! Nicht in einem Falle sind militärische oder wehrwirtschaftliche Ziele angegriffen worden. Wie wir es oft erlebten, so auch in dieser Nacht: Der Gegner warf zwar Leuchtbomben ab und hätte nunmehr unzweifelhaft ernsthafte Ziele erkennen müssen, aber er begnügte sich damit, im Abwehrfeuer seine Bomben wahllos auf Wohnviertel abzuwerfen. Ein Unternehmen, das sich selbst richtet! Und das obendrein immer erfolglos bleiben wird! Die Haltung, die die hannoversche Bevölkerung auch diesmal angesichts der Opfer eingenommen hat, war vorbildlich! Jeder Terror stärkt nur unser Bewußtsein, daß wir es mit einem bedenkenlosen Gegner zu tun haben und daß wir daher alle Kraft zusammenreißen müssen, den Sieg über ihn zu erringen!

Leider muß auch diesmal wieder festgestellt werden, daß sich die meisten Opfer außerhalb des Luftschutzraumes befanden. Es darf hier einmal an das Beispiel von Städten in der Norddeutschen Bucht erinnert werden; die weit häufiger angegriffen werden und bei den einzelnen Angriffen jeweils erheblich geringere Opfer zu beklagen haben. Gleichgültigkeit macht die Gefahr nur größer!

Daß wir dieser Gefahr zu begegnen wissen, hat auch diese Nacht bewiesen. Wo immer ein Schaden entstanden war, wo immer Lücken in unsere Reihen gerissen worden sind, da waren noch während des Angriffs Männer des SHD. und die Selbstschutzkräfte am Werk, da griff die Partei — an der Spitze der Gauleiter — ein. Von zentraler Stelle aus leiteten sie diesen Einsatz. Noch in der Nacht wurden die Obdachlosen verpflegt und untergebracht. Noch in der Nacht auch wurde z. B. eine Aufstellung der Fensterglasschäden gemacht und bereits am frühen Morgen der Glaserinnung zugeleitet, die sofort begann, die Schäden zu beheben.

Wenn Hannover nun abermals an der Bahre seiner Toten steht, die der Gegner mit seinem Terrorunternehmen gefällt hat, so mit dem Ausdruck fester Entschlossenheit, dem Feinde die Stirn zu bieten. Was immer er versuchen sollte, er wird Hannovers Bevölkerung nur willenshärter machen. Alle unsere Liebe und Hilfsbereitschaft aber wendet sich denen zu, die durch diesen Angriff betroffen worden sind. Kein Opfer, zu dem wir uns nicht bekennen und dessen Größe uns nicht Vorbild und Mahnung wäre! Ihrer würdig zu sein, ist die schönste Aufgabe, die uns immer erfüllen wird.

Personenschäden sofort anmelden!

Bei eingetretenem Personenschaden, d. h. Körper- oder sonstigen Gesundheitsschäden, übernimmt die Städtische Kriegerfürsorge in Han-

---

England hat durch einen Luftangriff in der Nacht vom 26. zum 27. Januar 1942 erneut seine Blutschuld bewiesen. Kein einziges militärisches Ziel oder Rüstungswerk wurde bombardiert, dafür sind aber – und die Absicht ist nicht zu verkennen – Wohnhäuser angegriffen worden. Leider sind dabei folgende Volksgenossen ums Leben gekommen:

Fiedler, Franz, Kaufmann	Fromme, Irmgard, Kind
Kirchhoff, Luise, Ehefrau	Fromme, Helmut, Kind
Böcker, Anna, Ehefrau	Gentemann, Martha, Ehefrau
Böcker, Anneliese, Kind	Aust, Klara, Haustochter
Markgraf, Ernst, Vers.-Inspekt.	Lange, Hans, Dreher
Markgraf, Martha, Ehefrau	Lange, Hildegard, Ehefrau
Markgraf, Erika, Kind	Fehsenfeld, Emmi, Ehefrau
Markgraf, Wolfgang, Schlosserlehrl.	Bode, Rio, Kind
Fromme, Wilhelm, Kraftfahrer	Unterberg, Helga, Kind
Fromme, Johanna, Ehefrau	Becker, Natalie, Ehefrau

Döhler, Margarete, Ehefrau

Auch sie sind, wie die Luftkriegsopfer des Vorjahres, nicht umsonst gefallen. An ihren Bahren erkennen wir erneut die Schwere des Kampfes, der um Sein oder Nichtsein unseres Volkes geht und damit unsere Verpflichtung, noch entschlossener und härter zu werden. Den Angehörigen unserer Toten wendet sich unsere ganze Anteilnahme und unser aller Hilfe zu. Wie ein Mann stehen wir in ihrem Schmerz bei ihnen und empfinden ihre Trauer mit.

HARTMANN LAUTERBACHER, Gauleiter
für die Nationalsozialistische Deutsche Arbeiterpartei und die
Volksgemeinschaft des Gaues Südhannover-Braunschweig

Blick in die Großenstraße in Bremen. (26.6.1942)

40 Schwerverletzte). Bereits nach 4 Tagen folgte der nächste Angriff auf die Stadt Bremen und ihre Vororte.

Der Monat Juli 1942 verlief wieder ruhig. Das war offenbar auf den Afrikafeldzug zurückzuführen. Wenn dennoch britische Flugzeuge einflogen, richteten sich die Angriffe auf Industriegebiete in Westdeutschland.

Ein verhältnismäßig geringer Schaden entstand auf dem Rollfeld des Flugplatzes in Rheine am 3. Juli 1942. Es fielen hier 10 Spreng- und 8 Brandbomben. Hauptangriffsziel war an diesem Tage wieder Bremen. Es wurden dort 13 Häuser zerstört. Auch in Delmenhorst fielen Sprengbomben. In dieser Nacht fielen auch in Garrel (Grundstück Zeller Elsens) zahlreiche Brandbomben und eine Luftmine. Es gab 100 Geschädigte. Leicht war der Angriff vom 19.7.1942 auf die Stadt Quakenbrück. Dort fielen 9 Sprengbomben; es wurden 50 Obdachlose gemeldet. Am nächsten Tag fielen 4 schwere Sprengbomben auf das Rollfeld des Flugplatzes Hesepe.

Als bedeutungsvollste Luftangriffe im 2. Halbjahr 1942 werden angeführt:

1.8.1942: Bei Angriff auf Hannover: 22 Tote (2 Ausländer).

10.8.1942: Luftangriff auf die Stadt Osnabrück: 50 Tote. Außerdem erhielt eine Barracke einen Volltreffer, worin 16 Ukrainerinnen getötet wurden. Sie waren nicht mehr zu identifizieren, schauerlich zerfetzt. Ihre Leichen wurden mit Forken auf Lastwagen geworfen. Beteiligt waren ca. 30 bis 50 Flugzeuge, die 180 Sprengbomben abgeworfen haben.

18.8.1942: Dritter Großangriff auf Osnabrück. 23.52 Uhr Alarm. Angriffsrichtung aus Nienburg und Dümmer See. Es wurden abgeworfen: 113 Sprengbomben, 7 Minenbomben, etwa 10.000 Stab- und 500 Phosphorbrandbomben. Es gab 529 Obdachlose. Auch im Kreis Wittlage wurden etwa 500 Stabbrandbomben geworfen.

5.9.1942: Angriff auf Bremen mit 191 Spreng- und 15.591 Brandbomben. 124 Tote, 88 Schwerverletzte.

14.9.1942: Weitere Angriffe auf Bremen: Ca. 200 Spreng- und 21.575 Brandbomben. 70 Tote, 371 Verletzte.

6.10.1942: Vierter Großangriff auf Osnabrück. Es waren etwa 60 Flugzeuge eingesetzt, die etwa 400 Sprengbomben abwarfen. Dieser bisher schwerste Angriff fand zwischen 21.00 und 22.00 Uhr statt. Es waren 62 Tote und 138 Verletzte zu verzeichnen.

Suche nach Verschütteten nach einem Angriff auf Hannover.

Durch Flak abgeschossener Viermot-Bomber im Kreis Lübbecke (10. Nov. 1942).

uftschutzort: Gestringen Kreis Lübbecke i/W.

Landrat Kreises Lübbecke 27. JUN. 1942 Nr. W.2.410/9

ngriff am 26. Juni 1942 gegen 1,5o Uhr.

rt des Angriffs: Luftangriff mit Bombenabwurf

tärke des Feindes: 1 Flugzeug

nzahl der abgeworfenen Bomben: ~~40~~ 44 Spreng-und Brandbomben. ++)

rt der abgeworfenen Bomben: 2 Sprengbomben (113 kg und 225 kg)

42 Phosphor-Flüssigkeits-Brandbomben 14, 5 kg. Einschlagtiefe 2,oo m

Schädenübersicht.

Schäden durch Brandbomben: mässiger Flurschaden

Schäden durch Brisanzbomben: erheblicheErstörungen an Dach und Mauerwerk der Wohn-und Wirtschaftsgebäude des Erbhofes Bartelheimer Nr. 6 Gestringen. Die Gebäude sind etwa zu 50 % zerstört. Schadensumme ca 25000,-RM

Schäden durch Kampfstoffbomben: keine

Verluste:	tot	verletzt	vergiftet
Männer	keine	keine	keine
Frauen	keine	keine	keine
Kinder	keine	keine	keine

Verluste von Gerät des SHD. nichts

Kurze Darstellung der eingetretenen bedeutenden Schäden:

Das in der Ortsmitte der Bauerschaft Gestringen gelegene Gehöft des Erbhofbauern Bartelheimer Nr. 6 wurde von einer Sprengbombe am Stallgiebel getroffen. Eine zweite Sprengbombe detonierte etwa 15 m östlich des Gebäudes. Durch Spreng-und Splitterwirkung sowie durch den Luftdruck wurden die Gebäude fast völlig abgedeckt, die Fenster und Türen zerstört, sowie kleinere Teile des Mauerwerks zum Einsturz gebracht. Die Telefon-und Energieversorgungsanschlüsse wurden abgerissen. Das Mauerwerk wurde von Splittern durchlöchert. Jm Viehstall wurde ein Schwein von einem Bombensplitter getroffen. Auf der Viehweide ganz in der Nähe des Hofes wurde ein Kuh vom Splitter getroffen. Beide Tiere wurden auf Anordnung des Reg. Veterinärrats notgeschlachtet. -Die Brandbomben wurden einige Hundert Meter östlich des Gehöfts in freies Gelände auf Wiesen und Kornfelder geworfen. Sie verursachten nur mässigen Flurschaden.

Die Beseitigung der Schäden am Gehöft Bartelheimer nehmen längere Zeit in Anspruch. Sie müssen als Sofortmassnahme durchgeführt werden.

Erfolgte Flakbeschuss u. in welchem Umfang ? n e i n
Sind feindliche Flugzeuge abgeschossen: neine

Erfahrungen: keine besonderen Es wird vermutet, dass ausser den beiden grossen Sprengbomben noch kleinere Abwurfmittel verwandt worden sind, der Beweis konnte aber noch nicht gefunden werden.

Fiestel, den 26. Juni 1942.
Der Amtsbürgermeister.

.... 3 (sind abgesandt)
Minden 2
at Lübbecke 1

11.10.1942: In den Abendstunden dieses Sonntags warfen feindliche Flugzeuge einige Bomben auf das Stadtgebiet von Hannover und Umgebung. Aus den Trümmern eines Gebäudes wurde eine Frau tot geborgen. Ihre vier Kinder im Alter von zwei bis sechs Jahren waren zunächst noch verschüttet. An ihrer Bergung wurde anschließend mit Einsatz aller Mittel und Kräfte gearbeitet.

9.11.1942: Angriff auf Hannover. Beim Abwurf von 5 Spreng- und 1.100 Brandbomben wurden 16 Wohnungen total zerstört. 21 Wohnungen schwer beschädigt. Es gab 6 Verletzte, keine Toten.

17./18.12.1942: Alarm: 18.59 bis 22.33 Uhr. Abends Einflüge in mehreren Wellen. Feldmark Bennigsen Kr. Springe: 3 Spreng- und 100 Stabbrandbomben. In Eldagsen entstand Gebäudeschaden durch Bordwaffenbeschuß. In der Umgebung Hannovers wurden 3 Flugzeuge abgeschossen. In Misburg bei Hannover brannten durch Splitter beschädigte Kesselwagen aus.

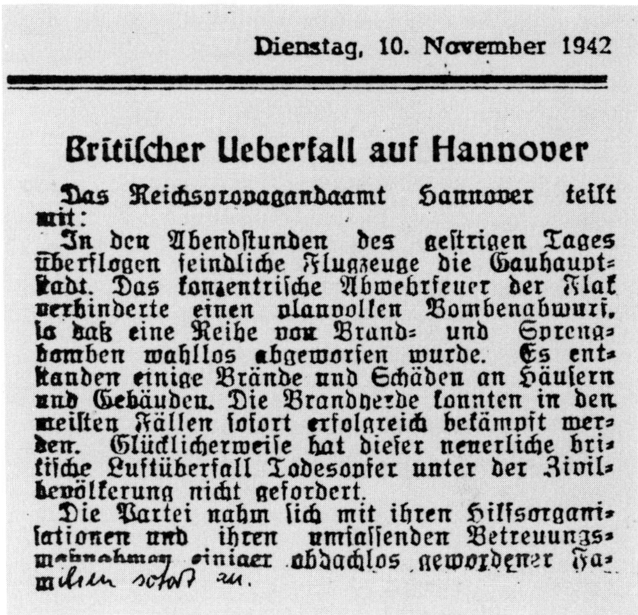

Dienstag, 10. November 1942

Britischer Ueberfall auf Hannover

Das Reichspropagandaamt Hannover teilt mit:

In den Abendstunden des gestrigen Tages überflogen feindliche Flugzeuge die Gauhauptstadt. Das konzentrische Abwehrfeuer der Flak verhinderte einen planvollen Bombenabwurf, so daß eine Reihe von Brand- und Sprengbomben wahllos abgeworfen wurde. Es entstanden einige Brände und Schäden an Häusern und Gebäuden. Die Brandherde konnten in den meisten Fällen sofort erfolgreich bekämpft werden. Glücklicherweise hat dieser neuerliche britische Luftüberfall Todesopfer unter der Zivilbevölkerung nicht gefordert.

Die Partei nahm sich mit ihren Hilfsorganisationen und ihren umfassenden Betreuungsmaßnahmen einiger obdachlos gewordener Familien sofort an.

Bremen, Fehrfeld. Angriff vom 26.6.1942.

Hannover

Eingesetzte Feuerwehr in Osnabrück nach dem Angriff vom 18.8.1942.

Osnabrück: 18.8.42

Bei diesem Angriff auf Bremen am 5. Sept. 1942 starben 124 Personen. Hier Schäden in der Admiralstraße.

Trümmer eines 4-mot. Bombers, der durch deutsche Flak abgeschossen wurde und im Kreis Lübbecke niederging. (10. Nov. 1942)

Nicht nur Bomben warfen die Anglo-Amerikaner

Die britischen und amerikanischen Gegner haben gegen die Bevölkerung zahlreiche Arten und Größen von Sprengbomben eingesetzt. Als wirkungsvollstes Abwurfmittel galt die Sprengbombe. Bei einer Explosion gab es kein Entfernen mehr. Brandbomben dagegen konnten nach der Entzündung noch gelöscht werden. Sie durchschlugen Betondecken von 10 cm und Eisenplatten von 1 cm Stärke. Bei Häusern durchschlug sie meist das Dachgeschoß und kam im obersten oder zweitobersten Geschoß zur Entzündung. Eine Brandbombe konnte auch ergriffen und aus dem Fenster geworfen werden. Das ist auch oft geschehen. Genannt ist hier die sechskantige Magnesium-Brandbombe, die in den größten Mengen abgeworfen ist. Sie war 54 cm lang und hatte eine Brandzeit von 12 bis 15 Minuten. Um die Wirkung dieser Bombe zu erhöhen, versah man sie mit einer kleinen Sprengladung. Wirkungsvoller war die amerikanische Flüssigkeitsbrandbombe M 47. Sie war 117 cm lang, hatte einen Durchmesser von 20 cm und wog etwa 100 lb. Die Brandmasse bestand aus einem Gemisch von Benzin, Gummilösung und Viskose. Auch sie verfügte über eine Sprengladung. Darüber hinaus gab es eine 6-lb und eine 500 lb-Brandbombe.

Die gebräuchlichsten Sprengbomben hatten das Kaliber von 500 lb oder 1.000 lb.

Der Einsatz von bisher unbekannten feindlichen Abwurfmitteln wurde jeweils durch Rundschreiben der Luftgaukommandos bekanntgegeben. So wies das Luftgaukommando VI (Münster) am 17. März 1944 darauf hin, daß die feindliche Luftwaffe in letzter Zeit eine 9 kg (20 lb) Splitterbombe mit Aufschlagzünder in großem Umfange zum Einsatz gebracht habe. Die Maße lauteten:

Länge der Bombe mit Leitwerk:	41 cm
Länge der Bombe ohne Leitwerk:	26 cm
Durchmesser:	9 cm

Gleichzeitig hatte bei Tagesangriffen die britische Luftwaffe eine Brandbombe 500 Lb mit Nebelwirkung zu Ziel-Bodenmarkierungszwecken eingesetzt. Angegebene Maße:

> Länge ohne Leitwerk: 103 cm, Durchmesser: 34 cm, Gesamtgewicht: ca. 180 kg, Inhalt: 123 kg eingegossener gelber Phosphor. Bombenhülle: 5 mm Stahlblech verschweißt. Nebeldauer bis zu 24 Stunden.

Um Flächenbrände in Wald und Flur zu verursachen, waren Brandplättchen entwickelt worden. Bereits 1940 wurden diese in großem Maße über Deutschland abgeworfen. Sie hatten eine Größe von 10 x 10 cm im Quadrat. Nachstehend einige Fundorte:

15.9.1940: In Osnabrück, nördlicher Stadtteil, zahlreiche Brandplättchen eingesammelt. Kein Schaden entstanden.

29.9.1940: In den Kreisen Fallingbostel, Uelzen, Lüneburg und Neustadt/Rbge. Brandplättchen aufgefunden. Nur 1 Schaden ist bekannt geworden: In Wardböhmen bei Celle soll durch Brandplättchen in den Mittagsstunden eine Heidefläche von 400 Morgen in Brand gesetzt worden sein.

30.9.1940: Bei Vlotho 46 Brandplättchen gefunden. Es wurden noch etwa 50 Plättchenbrände in Wald und Flur beobachtet. Keine Schäden entstanden.

2.10.1940: Im Kreise Celle einige Wald- und Heidebrände, verursacht durch Brandplättchen, und zwar: Staatsforst Miele etwa 200 ha 13-jähriger Kiefernbestand, Gemarkung Sülze-Hassel 3 Morgen Heide, Gemarkung Offen bei Bergen etwa 50 Morgen Heide und Wald mit 20-jährigem Kiefernbestand.

Britisches Flugblatt:

ZUM FALL HESS

England vom Kontinent vertrieben

Luftwaffe bedroht britische Städte mit völliger Vernichtung

Täglich neue Erfolge der U-Boote

Grossbritanniens Verbindungen mit dem überseeischen Weltreich ernstlich bedroht

10. Mai 1941 : Rudolf Hess, Stellvertreter des Führers, fliegt nach England

KÜRZLICH hat die englische Regierung ihre erste ausführliche Schilderung der Ankunft von Rudolf Hess in Grossbritannien gegeben.

Hess legte den Flug in einer Me 110 zurück und landete am Abend des 10. Mai 1941 mittels Fallschirms in Schottland. Hess, der die Uniform eines Hauptmannes der Luftwaffe trug, nannte sich Alfred Horn und verlangte, „in besonderem Auftrag" den Herzog von Hamilton zu sprechen.

Am folgenden Morgen, Sonntag den 11. Mai um zehn Uhr morgens, wurde Rudolf Hess am Orte seiner einstweiligen Internierung dem Oberstleutnant der *Royal Air Force*, Herzog von Hamilton, vorgeführt. Hess, der behauptete, den Herzog von den Olympischen Spielen her zu kennen — woran der Herzog sich allerdings nicht erinnern konnte — erklärte, sein Besuch sei seiner Sorge um das Schicksal der Menschheit entsprungen. Hitler wisse mit Bestimmtheit, er werde früher oder später siegen; Hess aber wolle unnötiges Blutvergiessen vermeiden.

Der Herzog von Hamilton erstattete Bericht über diese Unterhaltung. Darauf flog ein Beamter des Britischen

G.81

Aussenamtes, Kirkpatrick, der Hess von Berlin her kannte, nach Schottland. Er bestätigte, der Kriegsgefangene sei der Stellvertreter des Führers. Während dreier Besprechungen erklärte Hess den Zweck seines Besuches. Er erklärte, Deutschland verfüge über eine gewaltige Luftmacht und eine grosse U-Boot-Flotte, die später noch anwachsen werde: Englands Niederlage durch Bomben und Blockade sei unabwendbar. England könne daher nichts Klügeres tun, als mit Deutschland Frieden zu schliessen. Als Grundlage für einen solchen Frieden schlug Hess folgende Lösung vor:

1. Deutschland hat in Europa freie Hand.
2. England behält sein Weltreich; nur die deutsche Kolonien fallen wieder an Deutschland zurück.
3. Russland soll in Zukunft als Teil des asiatischen Raumes betrachtet werden. Deutschland habe bestimmte Forderungen an Russland zu stellen, die entweder im Verhandlungswege oder durch Waffengewalt durchgesetzt werden müssten. Es sei jedoch nichts Wahres an den Berichten, dass Hitler Russland angreifen wolle.
4. England muss den Irak räumen.
5 Friedensverhandlungen sind mit einer neuen englischen Regierung zu führen. Churchill und seine Minister kommen als Verhandlungsgegner nicht in Frage.

Hess schloss mit der Warnung: Wenn England diese letzte Gelegenheit zu einem Verhandlungsfrieden nicht nütze, so werde Hitler es als seine Pflicht ansehen, Grossbritannien völlig zu zerstören und nach dem Krieg in dauernder Unterwerfung zu halten.

Die Antwort der englischen Regierung an Rudolf Hess lautete:

Mit Hitler oder seiner Regierung wird nicht verhandelt.

★ ★ ★

SEITHER sind zweieinhalb Jahre vergangen. Der schwedische Journalist Gunnar T. Pihl, gerade aus Berlin zurück, berichtet, dass es immer noch Kreise in Deutschland gebe, die sich in der Hoffnung wiegen, Hitler werde den Krieg doch noch mit einem Verhandlungsfrieden beenden können.

11.10.1940: Bei Rodenberg/Deister und Feggendorf mehrere Brandplättchen gefunden.

16.10.1940: Gemeinde Selxen Kr. Hameln Brandplättchen aufgefunden, ebenso in Freden, Ohlenrode, Banteln und Eime Kr. Alfeld. Bei Minden fielen 15 Plättchen nördlich des Kanals in freies Gelände.

24.10.1940: Zwischen Lügde und Bad Pyrmont geringer Forst- und Flurschaden durch Plättchenbrände.

11.11.1940: In den Kreisen Hameln-Pyrmont, Springe, Rinteln und Neustadt/Rbge. Plättchenabwürfe. Kein Schaden.

26.7.1941: Brandplättchen (10 x 10 cm) bei Herford abgeworfen. Nachts 5 brennende Plättchen auf den Feldern zwischen Exter und Solterwisch (Kr. Herford) gefunden.

Hiermit ist nur ein Teil der über Nordwestdeutschland abgeworfenen Plättchen aufgeführt. In den letzten Kriegsjahren wurden offenbar die vorgenannten Brandplättchen nicht mehr verwendet.

Nicht nur Kampfmittel mit zerstörerischer Wirkung wurden gegen Deutschland eingesetzt. Um die Volkswirtschaft zu schädigen, erfolgte der Abwurf von falschen Lebensmittelkarten. In den ersten Augusttagen 1941 wurden im Bezirk Minden/Lübbecke "Reichskleiderkarten für Männer" abgeworfen. Sie waren in der Färbung etwas dunkler (gelblich) als die echten Karten. Auch in den folgenden Kriegsjahren sind immer wieder zahlreiche falsche Lebensmittelkarten aufgefunden worden. Die Fundstücke wiesen jedoch immer geringe Unterscheidungsmöglichkeiten auf, so daß die Versuche, die deutsche Wirtschaft aus dieser Richtung zu schädigen, ergebnislos blieben. Eine Meldung vom 30.1.1944 lautet: Im Kreisgebiet Stadthagen größere Anzahl Fleischmarken abgeworfen. Sie wurden von der Bevölkerung abgeliefert.

Aber die Alliierten hatten noch weitere Einfälle. Um die Ernährung an der Basis zu treffen, sollten Käfer die Pflanzen vernichten. Tatsächlich traten 1943/44 Kartoffelkäfer im Reichsgebiet auf. Die Bevölkerung und die Schulen waren aufgefordert, Kartoffelfelder nach Käferlarven abzusuchen. Eine polizeiliche Meldung vom 29. Juni 1944 lautet: "Im Gaugebiet sackweise Käferlarven abgeworfen. Die Säcke öffneten sich über der Erde."

Im übrigen wurde die Bevölkerung reichlich mit Flugblättern bedacht. Der erforderliche Aufwand zur Herstellung dieser Blätter war größer als der Erfolg. Flugblätter konnten nur ihre Wirkung haben, wenn sie als solche nicht zu erkennen waren. Das war aber nur in wenigen Fällen der Fall. In der Nacht zum 21. Dezember 1940 fielen in den Kreisen Alfeld und Rinteln folgende Flugblätter zu Boden: "Der 8. Hitlerwinter" — Nr. 458 —, "Friede auf Erden" — Nr. 459 — und "Zweimal Neuordnung". In der Gemeinde Sülbeck bei Stadthagen fand man am 10.6.1942 das Flugblatt "Mehr als 1.000 Bomber auf einmal eingesetzt (G 31)". Die deutsche Bevölkerung wußte um den Zweck der Flugblätter; schon aus diesem Grunde wurden sie nicht immer ernst genommen. Fremdarbeiter und Kriegsgefangene versuchten selbstverständlich neue Erkenntnisse zu gewinnen und studierten die Blätter. Die Bevölkerung war angewiesen, aufgefundene Flugblätter bei den Behörden abzugeben.

Luftangriffe wurden durch Zielbeleuchtungs- und Markierungsbomben angekündigt. Die Leuchtbomben dienten zum Aufhellen des Zielgeländes. Bei klarem Wetter beleuchteten die Bomben in weißer Farbe, bei dunstigem oder nebeligem Wetter in gelb oder orangenfarben. Die Leuchtstärke betrug etwa 1,2 Millionen Hefnerkerzen, die Branddauer etwa 4 Minuten. Da der Leuchtsatz 2 Meter in der Sekunde am Fallschirm sinkt, durchfällt er in dieser Zeit 500 Meter Höhenunterschied. Vor Abwurf mußte der Zünder entsprechend eingestellt werden.

Die Markierungsbombe stieß 60 Leuchtstäbe aus, die auf der Erde einen Leuchtfleck von ca. 100 Meter Durchmesser erzeugten. Die Bevölkerung be-

"Leuchtende Traube". Gebündelter Abwurf britischer Leuchtbomben (1943, 1944, 1945).

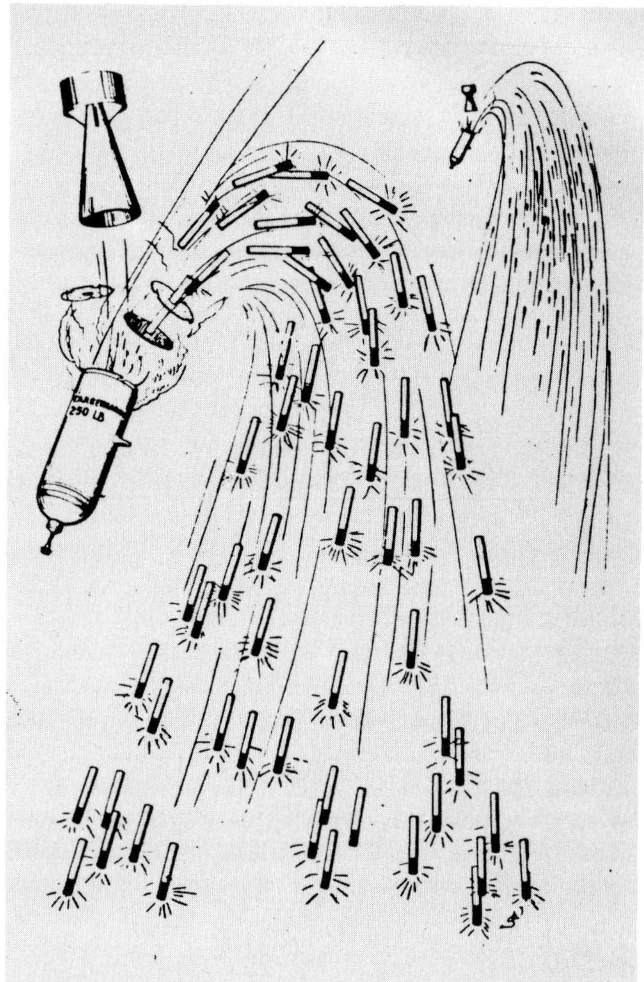

"Target-Marker". Ausstoßen von 60 Leuchtstäben aus der britischen 250-lb-Zielmarkierungsbombe. (1943-45)

zeichnete diese Markierungsbomben als "Christbäume".

Besonders sehenswert waren abgeschossene Flugzeuge. Gegen Andenkensammler wurde ab Juli 1944 verschärft durchgegriffen. Infolge zunehmender Materialknappheit war man auf die Metalle angewiesen. Flugzeugtrümmer mußten aus diesem Grunde bis zum Abtransport bewacht werden.

Besonders honoriert wurde das Auffinden eines Zusatztanks der eigenen Luftwaffe. Diese Metallbehälter waren mit folgender Aufschrift versehen:

> "Achtung! Kraftstoffbehälter. Keine Bombe. Sofort bei der nächsten Polizeidienststelle oder Fliegerhorst Lage des Behälters melden. Belohnung RM 10,--."

Von einem Abwurfmittel besonderer Art berichtete die Polizei im Kreise Herford am 2. November 1942: "Am heutigen Tage 16.30 Uhr wurde in der Gemeinde Hüffen in der Luft ein Ballon, an dem ein Kanister hing, bemerkt. Der Ballon hatte eine Flugrichtung von Westen nach Osten. Auf einem Acker der Gemeinde Hüffen kam der Ballon zur

Erde herunter. Der Ballon hatte noch nicht den Boden berührt, als sich der Kanister löste und zur Erde fiel, wogegen der Ballon wieder aufstieg und in östlicher Richtung davonflog, ohne daß er weiter infolge der bewölkten Luft beobachtet werden konnte. Nach näherer Betrachtung des Kanisters handelt es sich vermutlich um einen Sende- bzw. Empfangsapparat der englischen Wehrmacht. Der Kanister hat die Aufschrift A 1201 und ist bei der Ortspolizei in Ennigloh sichergestellt."

In welchem Umfange jedoch Hauptabwurfmittel, nämlich Bomben, in einigen westfälischen Kreisen im Jahre 1943 gefallen sind, läßt sich aus folgender Aufstellung ersehen:

Kreis	Sprengbomben	Brandbomben	Gefallene	Verwundete
Minden	40	786	26	126
Höxter	3	769	1	—
Herford	19	41	—	3
Paderborn	47	300 (28 Phosphor)	51	150
Amt Altenbeken	4	1.500 ca.	—	—

Aus Gründen von Vorsichtsmaßnahmen ging ein Aufruf an die Bevölkerung: "Feindliche Abwurfstücke nicht berühren!" Es ist somit verständlich, daß die im Jahre 1943 erstmals aufgefundenen Staniolstreifen mit Vorsicht angefaßt wurden. Es stellte sich aber heraus, daß diese Silberpapierstreifen vollkommen ungefährlich waren. Der Gegner hat diese Streifen abgeworfen, um den Funkverkehr und die Radaranlagen zu stören. Die Silberstreifen waren mit bräunlichem Papier beklebt und wurden in verschiedenen Größen aufgefunden (ca. 4 mm breit, 25 cm lang oder 1 cm breit und 30 cm lang oder 5 cm breit und 1 m lang).

Auf einem britischen Flughafen lagern 500-lb- und 1.000-lb-Bomben. Im Hintergrund eine B-17-F.

Abschrift

B l i t z - Berlin Nr. 203 415 12/11 1705
An alle Aussendienststellen und Grenzpolizeikommissariate - alle Stapoleitstellen - alle Kripoleitstellen - alle angeschlossenen Kriminalabteilungen - nachrichtlich VC 1 B - Kriegsfahndungszentrale .
Betr.: Einsatz britischer Fallschirmagenten im Reichsgebiet.
Bezug Ohne.
Am 2.10.1943 sind in der Nähe von Düsseldorf drei britische Fallschirmagenten zum Einsatz gekommen, von denen bisher einer erfasst wurde. Nach einigen Tagen Aufenthalt in Düsseldorf haben sie sich nach Duisburg begeben, wo sie im Keller eines zerstörten Hauses - nähere Adresse nicht bekannt - ihr Quartier eingerichtet haben. Während die Gruppe bis etwa 30.10. 34 Verbindungen untereinander hatte, ist die Verbindung durch die Festnahme des einen Agenten abgerissen. Die Gruppe hatte den Auftrag, sich nach Rybnik (Oberschlesien) zu begeben, für den Fall, dass ein XXXX Aufenthalt im Ruhrgebiet nicht mehr möglich ist. Der Festgenommene Agent vertritt die Ansicht, dass durch seine Festnahme die noch Flüchtigen sich nach Rybnik (Oberschlesien) begeben haben. Es handelt sich bei den noch flüchtigen Agenten um

1. den britischen Staatsangehörigen S n e t s, Personenbeschreibung: etwa 32 Jahre alt, 1,85 m gross, schwarzes Haar, Mittelscheitel, Fassonschnitt, halblange Koteletten, dunkle Augenbrauen, verlebtes Gesicht, glatt rasiert, keine Brille, Ring gez. LS., auf dem linken Mittelfinger, grosse Armbanduhr. Besondere Kennzeichen: Goldkrone auf einem Zahn unter dem rechten oberen Eckzahn. Sportliche Figur, breite Schultern. Bekleidung: Hellgrauer Hut mit schwarzem Band, hellgrauer Mantel mit dunkelrotem Streifen, welche ca. 8 cm grosse Quadrate bilden und mit grünen und roten Noppen, Riegel, doppelreihig. Anzug grau mit schwarzen Streifen, Sakko-Schnitt, 3 Knöpfe, Weste doppelreihig, graue Wildlederhandschuhe. Trägt kleinen, dunkelbraunen Lederkoffer, Inhalt nur TnT-Patronen. Ausweis: Louis Dupuis aus Paris, beschäftigt bei Thyssen als Dolmetscher. Spricht deutsch, französisch, spanisch, hollandisch, polnisch und englisch fliessen
2. Der Araber M o h a m e d, Personenbeschreibung: Etwa 28 Jahre alt, sieht älter aus, 1,60 gross, schwarzes,

Kripo Bielefeld teilte fernmündlich mit:

Blitz - RKP: A Nr: 12090 vom 25.9.44, 13,45 Uhr.
An alle Kripo und Stapo im Reichsgebiet, nachrichtlich an alle Inspekteure und Ordnungspolizei, Hauptamt Ordnungspolizei, alle Ämter des Reichssicherheitshauptamtes (ohne V)
Betrifft: Großfahndung nach 5 Engländern.
Bezug: Hiesiges FS. Nr: 12066 vom 24.9.44.
1.) Inzwischen wiederergriffen: D a y (Nr: 1) und D o w s e (Nr:4) am 24.9.44 vormittags in beschädigtem Haus in Berlin-Mahrlsdorf, wo sie den Tag über verbringen wollten. Trugen andere Kleidung als ursprünglich.
2.) Daher Angabe der Bekleidung der noch Flüchtigen nicht verbindlich. Trugen z. T. Zivilsachen.
3.) Die noch Flüchtigen haben geringe deutsche Sprachkenntnisse.
4.) Sie weisen möglicherweise bei Kontrolle Ausweistaschen mit einem Lichtbild und daruntergelegtem Zeitungsausschnitt vor, um bei Dunkelheit Ausweis vorzuteuschen. Demnach möglicherweise Absicht, nur nachts sich weiter zu bewegen und sich tagsüber zu verbergen.
5.) Führen Lebensmittel in Konservendosen mitsich, sowie als Tauschobjekte Zigaretten, besitzen deutsches Geld.
6.) Fluchtziel: ungewiß. Vielleicht Schweiz bevorzugt. Es muß jedoch in jeder Richtung mit aller Intensität gefahndet werden.
7.) Besondere Belohnung für eingesetzte Hilfskräfte in Aussicht stellen, da Wiederergreifung von größter Wichtigkeit.
8.) Ich weise nochmals auf die besondere Bedeutung hin.
9.) Kontrolle der Güterzüge.

Reichskriminalpolizeiamt
gez. P a n z i n g e r,
Oberführer.

ERKLÄRUNG CHURCHILLS

„Wir, die Vereinten Nationen, verlangen von den Nazis, den Faschisten und den japanischen Tyrannen bedingungslose Übergabe. Das heisst, dass ihre Widerstandskraft vollständig gebrochen werden muss, und dass sie sich rückhaltlos unserer Gerechtigkeit und Gnade anvertrauen müssen. Das heisst fernerhin, dass wir alle die weitschauenden Massnahmen treffen müssen, die nötig sind, um zu verhindern, dass die Welt aufs Neue durch ihre Intrigen und wilden Friedensbrüche in Jammer und Elend gestürzt wird.

Es heisst nicht, und es kann nimmermehr heissen, dass wir unsere siegreichen Waffen durch Unmenschlichkeit und Rachsucht beflecken werden. Wir planen eine Welt, in der alle Völker Glieder einer Familie sind, und allen der Weg offen steht zu Leben, Freiheit und Menschenglück.“

G.73

1943: Beginn der Tagesangriffe der Amerikaner

England war der Luftkriegsführung in der bisherigen Form auf die Dauer allein kaum gewachsen. Die Deutsche Luftabwehr war erfolgreich und führte der RAF hohe Verluste am fliegenden Personal zu. Auch Materialverluste waren im Verhältnis zum Erfolg abzuwägen. England hatte den Rücken zwar frei, während Deutschland im Krieg gegen Rußland alle Kräfte benötigte. Deutsche Verbände hatten den letzten bedeutenden Bombenangriff auf England mit 500 Flugzeugen am 10./11. Mai 1941 geflogen. Danach war England fast ungestört und konnte für die Offensive gegen Deutschland rüsten. Ihre verbündeten Amerikaner (8. US-Luftflotte) hatten bisher nur über Frankreich in den Luftkrieg gegen Deutschland eingegriffen. Die Konferenz in Casablanca vom 14. — 23. Januar 1943 brachte für die Engländer die Erleichterung: Es wurde beschlossen, daß die Amerikaner Tagesangriffe zur Präzisionsbombardierung flogen, die Engländer Flächenbombardements des Nachts lieferten. *)

In Erfüllung dieser Vereinbarung wurde der erste amerikanische Tagesangriff (8. USAAF) mit 64 B-17 Bombern am 27.1.1943 auf Wilhelmshaven geflogen. Vierundzwanzig Liberators (B 24) sollten Bremen-Vegesack angreifen. Durch gutes Wetter bedingt, waren die Ziele gut auszumachen. Vor dem Rückflug traten deutsche Jäger in Erscheinung. Sie schossen zwei Liberators ab. Die B-17 Gruppe verlor durch deutsche Jäger, nachdem sie das Hafengelände von Wilhelmshaven bombardiert hatte, drei "Fortress". Zwei B-17 ließen ihre Bombenlast über Emden nieder. Der Rückflug dieser Gruppe erfolgte über Frankreich.

Im gesamten ersten Halbjahr 1943 hielten sich die Tagesangriffe aus der Vereinbarung "Combined Bomber Offensive" der Alliierten noch im Rahmen, die Amerikaner nutzten zunächst nur das ihnen günstig erscheinende Wetter aus. So wurde erst am 4. Februar 1943 ein Angriff mit 38 B-17 Bombern auf das Industriegebiet von Emden geflogen. Die deutsche Abwehr setzte Me 109 und FW 190 ein; aber auch mehrere Me 110 und Ju 88 beteiligten sich an Luftkämpfen. Die Amerikaner verloren vier Fortress durch Jäger und eine durch Flakabwehr.

Der 26. Februar 1943 erschien geeignet für einen Angriff gegen Bremen und Wilhelmshaven. Es waren 17 B-24 eingesetzt. Auch diese Gruppe traf auf deutsche Jäger und verlor an diesem Tage 7 Viermotorige. Ein weiterer Verlust trat durch die Flak ein.

Die 8. US-Luftflotte entsandte am 4. März 1943 14 Liberators nach Hamm. Die Eindringtiefe hatte sich erhöht. Weitere 28 Viermotorige sollten Ziele in Rotterdam bombardieren. Die Gruppen trafen

Die Fliegerbesatzung eines US-Bombers vor dem Start.

*) *Kloess, Erhard: Der Luftkrieg über Deutschland 1939-45.*

B-17-Bomber über Deutschland.

auf mindestens 50 Me 109, FW 190 und Me 110. Die Verluste einer Gruppe waren verheerend: Von 21 Flugzeugen wurden 10 über dem Kanal abgeschossen, die restlichen elf Bomber kehrten beschädigt zurück, wovon allerdings eine Maschine bei der Landung zu Bruch ging. Diese Niederlage veranlaßte die Amerikaner, bei ihrem nächsten Flug am 8. März 1943 britische Spitfires als Begleitschutz mitzunehmen. Die FW 190 brachten diesmal nach amerikanischen Aussagen nur 2 B-24 zu Boden, während eine dritte so stark beschädigt war, daß sie bei der Landung auseinanderbrach.

Am 18. März 1943 haben die Amerikaner 97 Viermot-Bomber nach Vegesack auf den Weg geschickt. Es wurde zunächst eine andere Strecke in Richtung Helgoland geflogen, um die deutsche Abwehr zu irritieren. Diesmal geben die Amerikaner ihre Verluste mit zwei Viermotorigen an, wobei auch einige deutsche Jäger abgeschossen sein sollen.

Unterbrochen wurden die noch verhältnismäßig wenigen Angriffe auf das deutsche Küstengebiet durch Operationen auf das besetzte Frankreich. Es flogen mindestens 97 Fortress am 4. April 1943 in die Nähe von Paris, um die Renault-Fahrzeug-Fabrik in Billancourt zu bombardieren. Zweihunderteinundfünfzig Tonnen Bomben verursachten dort einen Produktionsausfall von 5 Monaten.

Auch damit war die deutsche Kriegswirtschaft gestört, da das Werk Fahrzeuge für die deutsche Wehrmacht herstellte.

Am 17. April 1943 erfolgt wieder ein Angriff auf Bremen. Es sind 115 Viermotorige aufgeboten, die die Focke-Wulf-Werke zerstören sollen. Etwa 150 deutsche Jäger sind eingesetzt und verwickeln die Bomber schon über der Nordsee in Luftkämpfe. Auch Teile des JG 11 sind eingesetzt. Diese Jagdflugzeuge sind mit kleinen Bomben ausgestattet, die sie über einem Verband auslösen sollen. Oft gelang auch ein derartiger Wurf, so daß Bomber in der Luft zerplatzten. Diese Vernichtungsart erfordert jedoch Übung. Die Staffel des Hptm. Knoke erzielt an diesem Tage 4 Abschüsse, wovon er selber einen Bomber bezwingt, der bei Bassum südwestlich Bremen auf einem Acker aufschlägt. Die Amerikaner geben einen eigenen Verlust von 16 Bombern an und melden die Vernichtung von 10 deutschen Jägern. Deutsche und amerikanische Stellen machen über Abschüsse während des gesamten Krieges unterschiedliche Angaben, so daß auch die vorerwähnten Zahlen unrichtig sein können.

Nachdem in den ersten Monaten des Jahres 1943 die britischen Spitfire notwendig gewordenen Begleitschutz übernommen haben, sollen künftig (Mitte April) Jagdflugzeuge amerikanischen Baumusters P-47-C "Thunderbolt" diese Aufgabe übernehmen.

Im Monat Mai richteten sich Tagesangriffe der Amerikaner in erster Linie gegen Schleswig-Holstein, wobei Kiel besonders gelitten hat. Nordwestdeutschland wird erst wieder im Juni nennenswert angegriffen: Am 11. Juni 1943 starten 252 Bomber gegen Bremen und gegen den U-Boot-Hafen Wilhelmshaven. Auch der Hafen von Cuxhaven wird heute angegriffen. Schon zwei Tage später ist wieder Bremen als Ziel auserwählt. An diesem 13. Juni wird auch ein Angriff auf Kiel gestartet.

In Bremen fallen zwischen 9.06 und 10.26 Uhr 771 Spreng- und 170 Brandbomben. Der Bombenteppich reicht von Dwoberg über Elmeloh, Hoykenkamp, Ströhen bis nach Neuenbrück. Nach dem Angriff werden 238 Tote und 332 Verletzte gezählt.

Die Amerikaner verlieren 26 Fortress. Im Hinblick auf die Verluste wird in diesen Monaten der Begleitschutz immer weiter ausgebaut. Der Bau von Zusatz-Flächentanks ist in Vorbereitung.

Nachtangriffe der Engländer richten sich gegen Großstädte in Westdeutschland und am 25. Mai 1943 besonders gegen Dortmund. Niedersächsische Städte dagegen haben im ersten Halbjahr 1943 nur schwache Angriffe über sich ergehen lassen müssen.

Die Steigerung der Bombereinsätze und auch ihrer Verluste im Jahre 1943 ist aus nachstehender Aufstellung der 8. US-Luftflotte ersichtlich:

Zeitraum	Bomber-einsätze	Bomben in t	Verluste an Viermotbombern
Jan. bis März 1943	1123	2965	45 B-17 14 B-24
April bis Juni 1943	2698	6425	171 B-17 10 B-24
Juli bis Sept. 1943	5350	12746	298 B-17 1 B-24
Okt. bis Dez. 1943	9124	23047	349 B-17 82 B-24

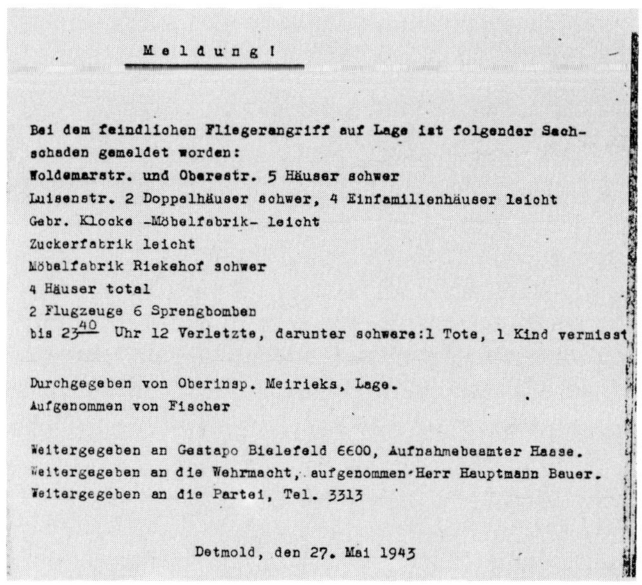

Meldung!

Bei dem feindlichen Fliegerangriff auf Lage ist folgender Sachschaden gemeldet worden:
Woldemarstr. und Oberestr. 5 Häuser schwer
Luisenstr. 2 Doppelhäuser schwer, 4 Einfamilienhäuser leicht
Gebr. Klocke -Möbelfabrik- leicht
Zuckerfabrik leicht
Möbelfabrik Riekehof schwer
4 Häuser total
2 Flugzeuge 6 Sprengbomben
bis 23⁴⁰ Uhr 12 Verletzte, darunter schwere:1 Tote, 1 Kind vermisst

Durchgegeben von Oberinsp. Meirieks, Lage.
Aufgenommen von Fischer

Weitergegeben an Gestapo Bielefeld 6600, Aufnahmebeamter Haase.
Weitergegeben an die Wehrmacht, aufgenommen Herr Hauptmann Bauer.
Weitergegeben an die Partei, Tel. 3313

Detmold, den 27. Mai 1943

10 Mann in einem Bomber

Die deutsche Jagdabwehr zwingt den Gegner dazu

Die anglo-amerikanischen Luftstreitkräfte haben über Europa allein im Monat Mai 1944 insgesamt 1839 Flugzeuge, davon 1026 viermotorige Bomber verloren. Das bedeutet den Ausfall von 10 000 Mann fliegenden Personals, ein Faktor also, der gerade bei der Luftwaffe sehr schwer ins Gewicht fällt. Die größten Menschenverluste entstehen bei der Vernichtung schwerer Bomber, da diese 7—10 Mann Besatzung aufweisen. An sich genügen für jedes, auch das schwerste, Kampfflugzeug fünf Mann Besatzung: 2 Flugzeugführer, 1 Bombenschütze, 1 Beobachter und 1 Funker. Die Notwendigkeit aber, sich gegen eine scharfe Jagdabwehr einigermaßen wirkungsvoll verteidigen zu müssen, bedingt eine Verstärkung dieser Mannschaften um einige Bordschützen. Am wichtigsten ist die Verteidigung gegen Jäger für den Tagbomber. Deshalb verfügen auch die schweren viermotorigen USA-Bomber, die nur bei Tage operieren, über die stärkste Abwehrbewaffnung und die meisten Bordschützen. Das Muster Boeing „Flying Fortress" hat fünf und der „Liberator" vier Bordschützen, wie aus den obigen schematischen Darstellungen ersichtlich ist. Die Verteilung der Gefechtstände ist dabei etwa die gleiche, nämlich Heckstand, ein oberer Rumpfstand, zwei Rumpfseitenstände und mehrere Bugstände für den Bombenschützen, nur daß die Boeing zusätzlich noch einen unteren Rumpfstand besitzt. Die meisten Waffen wirken nach hinten sowie nach den Seiten, nach oben und unten. Die britischen schweren Nachtbomber sind demgegenüber leicht bewaffnet. Die wichtigsten Baumuster, wie beispielsweise die „Lancaster" und „Halifax", haben nur drei Gefechtstände mit ebensoviel Bordschützen, darunter einen Bugstand. Insgesamt kommen die britischen Nachtbomber mit 7 Mann Besatzung aus.

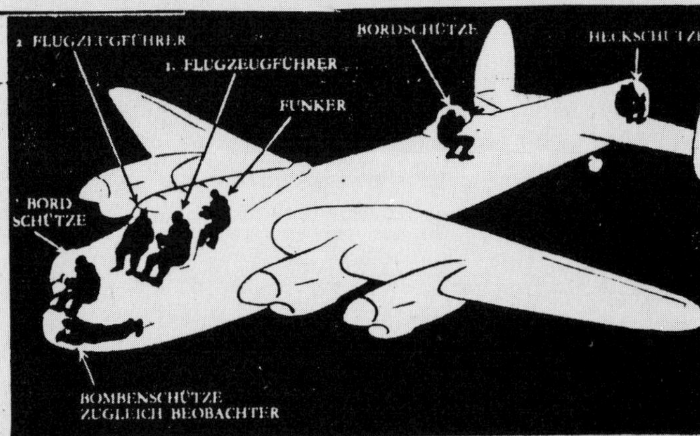

LANCASTER ↑ ↓ HALIFAX

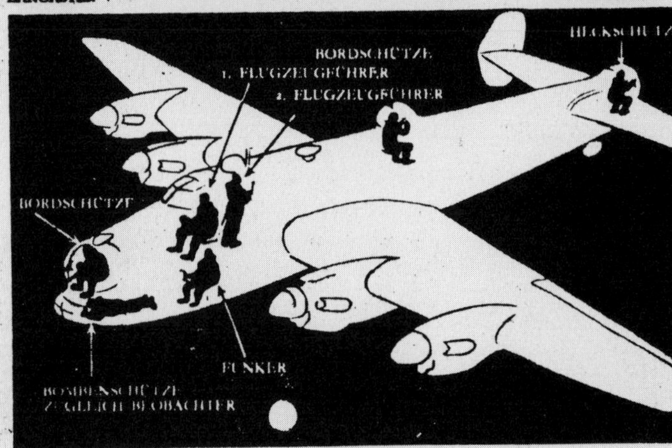

Hoffnung auf unsere Tag- und Nachtjäger

Zunehmende Luftangriffe weckten in der Bevölkerung das Interesse an unseren Abwehrmöglichkeiten, an Flak und Jagdfliegern. Hohe Abschußmeldungen im Wehrmachtsbericht ließen Hoffnungen aufkommen, daß die Angriffe sich endlich verringern würden. In Berichten genannte Jagdflieger mit hohen Abschußzahlen fanden Beachtung.

In den ersten Kriegsjahren machten Major Wick, Hauptmann Mölders und Hauptmann Galland von sich reden. Es kamen später zahlreiche Namen hinzu; sie konnten aber trotz aller Tapferkeit die angreifenden Massen nicht fernhalten. Vergeblich setzten viele Mut und Können gegen eine Übermacht an Material ein. Immer wieder mußte die Bevölkerung beobachten, wenn am Himmel sich 3, 4 oder mehrere Feindflieger einen Deutschen vornahmen.

Das deutsche Jagdflugzeug Bf 109 war nur bei Kriegsbeginn dem Gegner überlegen. Die Alliierten brachten Verbesserungen und neue Flugzeugtypen. Dadurch ging die Luftüberlegenheit verloren. Der schwere Jäger, "Zerstörer" genannt, vom Typ Bf 110 hatte eine stärkere Bewaffnung, war aber langsamer, als gegnerische Jagdflugzeuge. Aus den meisten Zerstörergruppen wurden im Jahre 1941 "Nachtjagdgruppen" gebildet. Ihre neue Aufgabe, nächtliche Bomberströme anzugreifen, bewältigten sie wesentlich besser. Die spätere Ausstattung mit Radaranlagen, einem "Hirschgeweih" vor dem Rumpfbug, brachte gute Erfolge.

Einzelnen Nachtjägern gelang es, in einer Nacht mehrere Abschüsse zu erzielen. Dennoch blieb die Gesamtzahl der Nachtabschüsse weit hinter den Tageserfolgen zurück.

Einzelnen Fliegern gelangen diese Erfolge:

Name	Abschüsse in einer Nacht	Abschüsse insgesamt
Günter Radusch, Oberst (NJG 3)	7	64
Prinz Heinrich zu Sayn-Wittgenstein, Major (NJG 3)	5	47
Heinz Rökker, Hauptmann (NJG 2)	6	64
Martin Becker, Hauptmann (NJG 6)	7 (31.3.44) 9 (14.3.45)	58
Günther Bahr, Ofw. (NJG 6)	7 (22.2.45)	37
Wilhelm Herget, Major (NJG 4)	8 (20.12.43)	57
Reinhold Knacke, Hauptmann (NJG 1)	5 (17.11.42)	44

Nach dem Einsatz vom 8. Oktober 1943 der 381. Bombergruppe: Die Kanzel war von 2 cm-Geschossen durchlöchert, der Pilot enthauptet.

Auf ihn ruhte große Hoffnung: Oberst Werner Mölders mit 115 Luftsiegen. Er verunglückte am 22.11.1941 in einer He 111, die nicht von ihm selbst gesteuert wurde, in schlechtem Wetter bei Breslau.

Major Helmut Wick nach 56 Luftsiegen südlich der Insel Wight abgeschossen und vermißt am 28.11.1940.

Me 110-Zerstörer vor dem Start.

Welche Wirkung und auch Schäden nächtliche Luftkämpfe verursachten, läßt folgender Bericht erkennen:

16.12.1943 um 19.00 Uhr in Oppendorf Krs. Lübbecke infolge Luftkampf engl. Flugzeug abgestürzt. Rumpf landete in der Scheune des Bauern Sander, Oppendorf Nr. 20. 2 tote Insassen gefunden. Hauptmann d. Luftwaffe Beckmann vom Fliegerhorst Diepholz hat die beiden Toten geborgen und nach Diepholz befördert. Möglicherweise hat weiteres Flugzeug Brandbomben geworfen, denn in kurzer Zeit standen 19 Gehöfte mit Nebengebäuden in Flammen. Wegen Wind Löscharbeiten schwierig. Zwei Tote und mehrere Verletzte.

Die Bauern Christoph Kalkhake, Oppendorf Nr. 144 und Heinrich Währing sind bei dem Versuch, das Vieh aus den Ställen von Sander Nr. 20 zu holen, ums Leben gekommen. Ein Teil des Viehs konnte nicht mehr gerettet werden. Die Löscharbeiten waren in den frühen Morgenstunden des 17.12. noch nicht abgeschlossen.

In zahlreichen Fällen sind durch abstürzende Flugzeuge Gebäude in Brand gesetzt worden. Am 31.8. 1943 stürzte ein britischer Bomber auf das Haus Schlingmeier in Hillentrup bei Lemgo. Der 20-jährige Sohn Ulrich wurde getötet. Die toten Flieger ruhten bis zu ihrer Umbettung auf dem Friedhof in Hillentrup.

Aus abgeschossenen Flugzeugen sind am 14. und 26. Oktober 1943 drei Engländer (Thomas, Kills, Martin) und zwei unbekannte Flieger in Barsinghausen bestattet worden. Sie wurden aus den Trümmern britischer Bomber, die am 8./9. Oktober 1943 nach dem Angriff auf Hannover abgestürzt waren, geborgen.
Ein nachträglicher Vermerk im Sterberegister: "Alle 5 sind am 28.11.46 um 17.00 Uhr den Särgen entnommen und von einer englischen Abordnung abgeholt, es war die 85. C. U. U. Göttingen." Zu Tode gekommene alliierte Flugzeugbesatzungen wurden auf dem jeweiligen Ortsfriedhof beigesetzt, in Gegenwart des Ortspfarrers. Deutsche gefallene Flugzeugbesatzungen sind über den Luftwaffenstandort in ihre Heimatstadt überführt worden. Nur in den letzten Kriegsmonaten war das nicht immer möglich.

Die Luftabwehr geriet ab 1943 in ein schwierigeres Stadium. Mit Zusatztanks versehen konnten die Alliierten ihre Jagdflugzeuge zum Schutz ihrer Bomber einsetzen. Deutschen Jagdfliegern wurde die Angriffsmöglichkeit immer schwieriger. Angesichts der zerstörten Städte kämpften die Flieger weiter und wagten riskante Einsätze. Schließlich entschlossen sich deutsche Piloten dazu, ihren Gegner zu rammen und nahmen die Gefahr in Kauf, sich mit dem Fallschirm retten zu müssen. Einzelnen Fliegern gelangen, insbesondere gegen Viermot-Bomber, größere Erfolge:

Name	Luftsiege insgesamt	davon Viermots:
Oberleutn. Konrad Bauer (7 mal abgeschossen, 7 mal verw.)	68	32
Oberltn. Adolf Glunz (nie abgeschossen, nie verwundet)	71	20
Major Georg-Peter Eder (17 mal abgeschossen, 12 mal verwundet)	78	36
Major Hans Ehlers (12 mal abgeschossen, i, Luftk. gefallen)	52	20
Hauptm. Siegfried Lemke	96	21
Oberst Walther Dahl (Insp. d. Tagjäger)	128	36
Oberltn. Herbert Rollwage (Jagdfl. m. d. meisten Viermotabschüssen)	102	44
Heinz Bär (JV 44)	220	21 (16 mit Me 262)
Oberfeldw. Walter Loos (bei nur 66 Feindflügen)	38	22
Oberstltn. Egon Mayer (2.3.44 gefallen)	102	25
Major Anton Hackl (8 mal selbst abgeschossen)	192	32
Major Herman Staiger (II/JG 1)	63	26

Auch die steigende Zahl der produzierten Flugzeuge in Deutschland vermochte das Kriegsglück nicht zu wenden. Der Krieg wurde nicht nur von den Bodentruppen verbittert geführt, er griff auch auf die Gegner am Himmel über. In zahlreichen Fällen sind deutsche Flugzeugführer am Fallschirm hängend noch beschossen und getötet worden. Das geschah mit Oberleutnant Süß am 20.12.1943 bei Oldenburg, mit Hauptmann Ehrenberger am 8.3. 1944 bei Jüterbog, mit Hauptmann Barten am 4.8. 1944 bei Soltau, um nur einige zu nennen.

Die Luftwaffe verlor immer mehr erfahrene Flugzeugführer. Die Dauer des Krieges brachte es mit sich, daß auch sie einmal im Kampf unterliegen würden. Nachwuchs stieß auf eine Überzahl gegnerischer Flugzeuge und wurde bereits bei den ersten Einsätzen abgeschossen. Junge Piloten hatten gar nicht erst Gelegenheit, Erfahrungen zu sammeln. Oft genug war ein Start in den letzten Kriegsmonaten nicht möglich, wenn frühmorgens Jabos die Fliegerhorste angegriffen hatten. Eine Fülle von Hindernissen, zerbombte Landebahnen, nicht zuletzt Spritmangel verhinderte eine erfolgreiche Luftabwehr. In den letzten Wochen stiegen die Jagdstaffeln nicht mehr gegen ihre eigentlichen Gegner, die Flugzeuge, auf, sondern um Tiefangriffe gegen Fahrzeugkolonnen zu fliegen. — Die Angriffe auf die Bevölkerung in Städten und Dörfern konnten sie nicht mehr abwenden, auch nicht vermindern helfen.

Der Bug des schweren Nachtjägers Ju 88 C-6/R-1 mit Hirschgeweih-Antenne des Lichtenstein "BC".

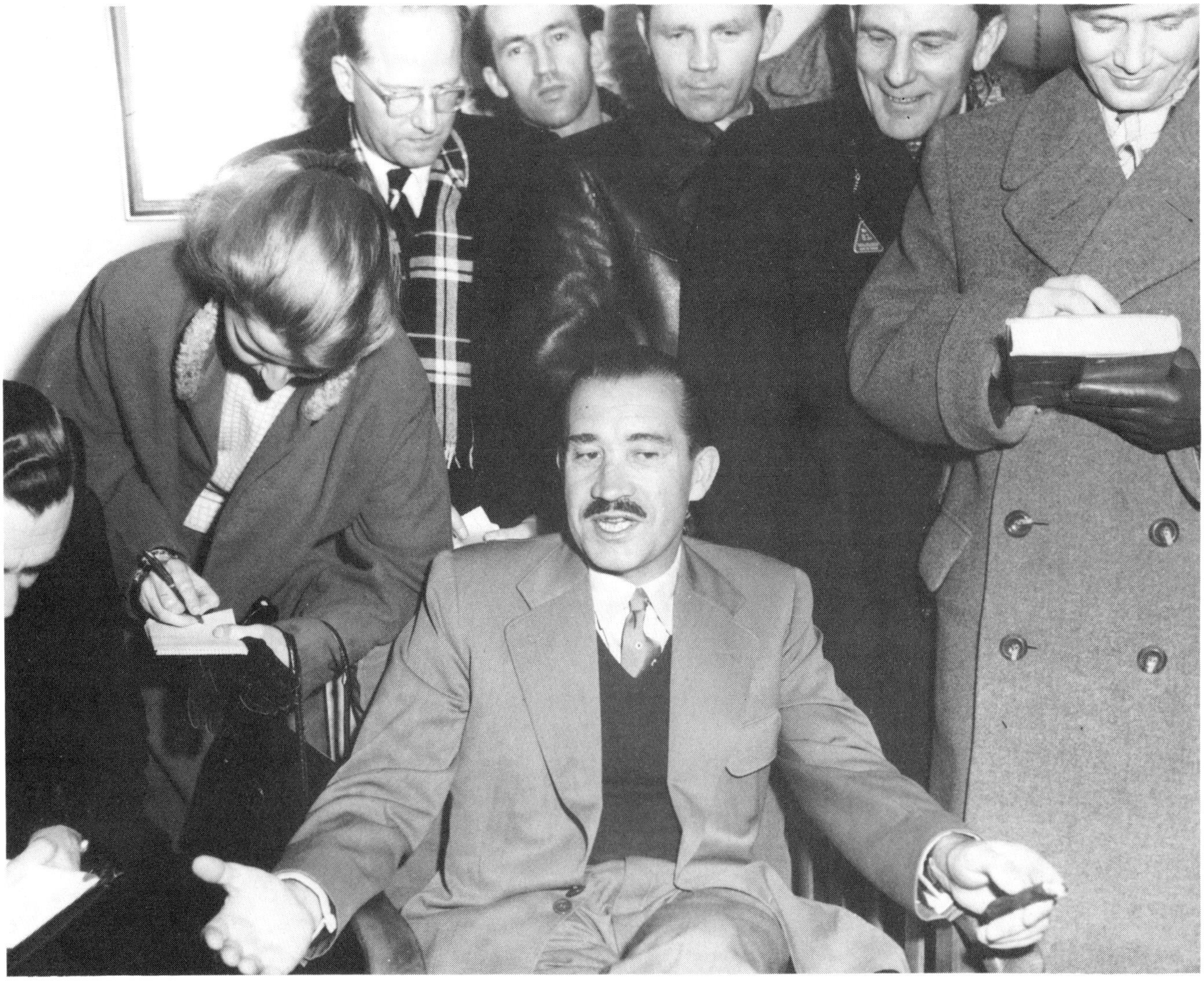

Nach dem Krieg war der ehemalige Generalinspekteur der Luftwaffe, Adolf Galland, in Argentinien Berater in Luftfahrtfragen. Nachdem dort sein Vertrag abgelaufen war, kehrte er im Januar 1955 nach Deutschland zurück. Zahlreiche Pressevertreter befragten ihn nach seinen Plänen.

Teile eines britischen Bombers bei Bremen. (26.6.1942)

Am 23. Okt. 1943 von deutschen Jägern abgeschossen: Britischer Bomber am Frehen bei Bielefeld. Während sich die schweren Motore in das Erdreich bohrten, blieben die Rumpf-Teile auf der Erdoberfläche sichtbar.

Bei Kriegsbeginn Me 109-Jagdflugzeuge über der Nordsee.

Major Heinz-Wolfgang Schnaufer mit 121 Nachtabschüssen auf 164 Feindflügen. Träger des Ritterkreuzes mit Eichenlaub, Schwertern und Brillanten.
Er überlebte den Krieg, verstarb aber am 15.7.1950 nach einem Kfz-Unfall ohne eigenes Verschulden in Frankreich.

Pilot Mahurin. Seine Erfolge über Nordwestdeutschland:

03.11.1943	*1 Me 109*	
	+ 110	*bei Esens und Insel Juist*
26.11.1943	*3 Me 110*	*südl. Oldenburg*
29.11.1943	*1 Me 109*	*bei Papenburg*
22.12.1943	*2 Me 109*	*bei Hesepe*
30.01.1944	*1 Ju 88*	*südl. Quakenbrück*
06.03.1944	*1 FW 190*	*bei Wesendorf*
08.03.1944	*2 FW 190*	
	+ Ju 88	*bei Wesendorf*

Zerstörung der Talsperren: 13. Mai 1943

In dieser Nacht starten nur 18 britische Bomber, um einen Sonderauftrag auszuführen. Es waren Spezialeinrichtungen gefertigt, um zylinderförmige Bomben mit einem Durchmesser von 3,14 m und einem Gewicht von fast 4 t zu befördern. Ziel waren drei Talsperren. Neun Maschinen wurden Wing Commander Gibson unterstellt, um zuerst die Möhnetalsperre zu bombardieren. Danach war ein Angriff auf die Edertalsperre vorgesehen. Eine zweite Staffel mit 5 Lancaster erhielt den Auftrag, die Sorpetalsperre zu suchen. Diese Gruppe sollte in erster Linie Nachtjäger ablenken. Eine weitere Gruppe von vier Maschinen war als Reserve vorgesehen. Beim Anflug wurde bereits eine Lancaster

Wenige Kilometer hinter der Mauer zerstorte Bahngleise. Weggerissene Brücke über die Eder in Bergheim.

der Hauptstaffel über dem Ruhrgebiet von der Flak abgeschossen.

Als erstes Ziel erschien der Möhnesee im Mondlicht. Von der Mauer aus eröffnete die deutsche Flak das Feuer. Ungeachtet dessen startete Gibson den ersten Anflug. Die Bombe erreichte aber nicht die Mauer. An der Lancaster angebrachte Scheinwerfer blendeten die deutschen Kanoniere. Erst nach zehn Minuten, nachdem sich das Wasser wieder geglättet hatte, wurde der zweite Anflug durch Hauptmann Hopgood vorgenommen. Dieser löste aber die Bombe zu spät aus, sie fiel auf die Mauer. Ein Flakgeschoß traf den Benzintank der Lancaster. Es strömte brennender Treibstoff aus. Alsbald brach in 500 m Höhe die Lancaster auseinander und schlug 3 Meilen von der Talsperre entfernt auf. Nur zwei von sieben Besatzungsmitgliedern kamen lebend davon.

Der Anflug des dritten Bombers blieb auch erfolglos. Die Maschine erhielt einige Flaktreffer. Auch der vierte Bomber kann immer noch nicht die Mauer zerstören. Die vierte und fünfte Bombe wird unmittelbar nacheinander abgeworfen. Die fünfte Bombe trifft. Die Mauer zerbricht und ungeheure Wassermassen (112.000.000 Kubikmeter) strömen durch ein riesiges Loch. Die Flak hat aufgehört zu schießen.

Die Sorpestaffel, die aus fünf Maschinen bestand, hat inzwischen durch deutsche Nachtjäger vier Lancaster verloren. Auch die Reservegruppe hat inzwischen zwei Ausfälle. Die Versuche, die Sorpetalsperre zu zerstören, blieben somit erfolglos.

Der Edersee liegt rund 70 km entfernt. Die Hauptgruppe, die dort noch ihren Auftrag auszuführen hat, kann trotz Vollmondnacht wegen Nebel in den Tälern den Edersee schwer erkennen. Es sind auch nur noch drei Bomben vorhanden. Davon fällt die erste Bombe auf die Mauerkrone, ohne großen Schaden anzurichten. Die Flak war hier bereits vor längerer Zeit abgezogen worden. Auch Ballons sind nicht vorhanden. Die Lancaster, die die erste Bombe geworfen hat, wird nicht mehr gesehen; vermutlich ist sie von der Stichflamme ihrer eigenen Bombe erfaßt. Es haben sich jedoch Steinbrocken von der Mauerkrone gelöst, die danach die 60.000 Volt-Leitung des Kraftwerkes Hemfurth I treffen. Es gibt Kurzschluß. Es vergeht fast eine Stunde, bis die letzte Bombe nach verschiedenen Anflügen auf die Wasseroberfläche fällt und sodann der Mauer entgegenspringt. Diese Bombe verursachte derartige Schäden an der Mauer, daß der See nunmehr auszulaufen beginnt.

Ungeheure Wassermassen wälzen sich ins Tal. Erschütternde Szenen spielen sich in den Dörfern des Edertales ab. Bauerngehöfte stürzten ein, angebundenes Vieh brüllte. In Hemfurth fielen der Flut acht Wohngebäude und sechs Wirtschaftsgebäude zum Opfer. Die Gemeinde Affoldern wurde besonders stark betroffen. In Fritzlar, das telefonisch von den Ereignissen in Kenntnis gesetzt wurde,

Auch in Hameln trat nach der Talsperrenzerstörung die Weser über die Ufer. Blick zur Brücke und Schleppzugschleuse.

Zerstörte Sperrmauer nach dem Angriff. (17. Mai 1943)

schenkten viele Familien der Alarmnachricht keinen Glauben. Dadurch entstand besonders großer Schaden. Am Vormittag erreichte die Flut Kassel. Im Kreis Waldeck sind 29 Personen in den Fluten umgekommen. Vom Edersee, der 202.000.000 Kubikmeter faßte, wurden 160.000.000 Kubikmeter Wasser durch die Zerstörung freigesetzt. Durch Mauerwerk herausgerissen worden. Die Gesamtschäden im Edertal beziehen sich auf 213 Wohnhäuser, Stallungen und Scheunen. Hinzu kommen noch Zerstörungen des Wassers an Gebäuden in Fritzlar, Kassel, Hann.-Münden und allen anderen Gemeinden, die von den Flutwellen heimgesucht wurden. Von Hann.-Münden wälzten sich die Wassermassen im Wesertal entlang bis Bremen. In zahlreichen Orten an der Weser stieg das Wasser über die Ufer und richtete Schäden an.

Erst zum Schutz der Aufbaumaßnahmen wurden Flakbatterien (36 Geschütze 2 cm, 3,7 cm, 8,8 cm) und Ballonsperringe eingesetzt. Vierundzwanzig Fesselballons, die bis zu 2.000 m hinaufgelassen werden konnten, wurden aufgebaut. Auch eine Nebelkompanie und eine Landesschützenkompanie zum Schutz vor Fallschirmlandungen wurden untergebracht.

Der Talsperren-Angriff war das einzige Unternehmen der Royal Air Force in dieser Nacht. Von 18 eingesetzten Flugzeugen kehrten 8 nicht zurück. Von der 56 Mann starken Besatzung sind 54 gefallen, 2 Mann gerieten in Gefangenschaft.

Erster amerikanischer Tagesangriff auf Hannover (26. Juli 1943)

Bisher hatten die Amerikaner als Tagesziele nur Hafenstädte am Kanal und in der deutschen Bucht ausersehen. Einmal waren die Bomber bis Hamm vorgestoßen. Die Gesamtjahresübersicht vermittelt den Eindruck, daß ab Juli 1943 besonders starke und weitreichende Angriffe geflogen werden. Die Amerikaner wollten tagsüber besondere Ziele ausmachen und bombardieren, die Engländer nunmehr nachts verstärkt Flächenbombardierungen auf Städte unternehmen.

Ein großer Tagesangriff galt der Stadt Hannover. Die Sirenen heulten um 11.48 Uhr und gaben erst wieder um 13.10 Uhr Entwarnung. Obwohl für den 26. Juli 1943 in erster Linie die Continental-Gummiwerke ausgeschaltet werden sollten, fällt doch ein großer Teil der Stadtmitte von Hannover dem

Trümmer eines amerikanischen Bombers, abgeschossen bei dem ersten Tagesangriff auf Hannover am 26. Juli 1943. Dieser Bomber fiel in die Gemarkung Deckbergen bei Rinteln.

Das Residenzschloß in Hannover brannte beim 1. Tagesangriff aus.

Angriff zum Opfer. Das Vahrenwalder Conti-Werk wurde zwar getroffen und beschädigt, aber nicht zerstört. Es verbrannten 3.000 Flugzeug- und 16.000 LKW-Reifen; die Produktion konnte jedoch nach kurzer Zeit wieder aufgenommen werden.

Der Luftschutz stellt nach Beendigung ihrer Ermittlungen fest, daß 188 Sprengbomben mittleren und schweren Kalibers sowie ca. 25.000 Brand- und 20 Phosphorbrandbomben-Blindgänger gefallen sind. Weite Teile der Stadt um Hauptbahnhof mit Wohn- und Geschäftshäusern wurden zerstört. Aus dem brennenden Cafe Kröpcke konnten noch Vorräte und Einrichtungsgegenstände gerettet werden. Das Residenz-Schloß brannte bis auf den sog. Prinz-Albrecht-Flügel aus. Die Hauptsäle waren ausgebrannt und hatten auch durch Wassermengen gelitten, so daß ständig Einsturzgefahr von Decken bestand. Im Tanzsaal hatten einige vergoldete Stühle Feuer gefangen. Schloßoberinspektor Nolte nahm diese und warf sie durch das Fenster auf den Hof. Unerschrocken ergriff er auch im Coursaal eine noch zischende Brandbombe und warf sie in die Leine. Im Dachgeschoß hatte eine Unzahl von Brandbomben das Dach durchschlagen und überall züngelten die Flammen. Das Feuer fraß sich weiter, ohne daß geholfen werden konnte.

Registriert wurden in dieser Zeit 44 Groß-, 53 Mittel- und 112 Kleinbrände sowie 249 getötete Personen. Die traurige Bilanz weist an zerstörten oder stark beschädigten Gebäuden aus: 187 Wohnhäuser, 34 öffentliche Gebäude und 8 Industrieanlagen.

Welche Verluste traten bei den Amerikanern ein? Schon auf dem Hinflug waren deutsche Jäger zur Stelle. Ein Verband, der sich gegen 11.40 Uhr über Rinteln befand, wurde dort in etwa 8.000 Meter Höhe angegriffen. Ein viermotoriger Bomber war nach kurzem Gefecht in Brand geschossen. Man sah, wie er mit starker Rauchfahne zunächst noch in östlicher Richtung fliegend, rasch an Höhe verlor und in einer gewaltigen Explosion auseinanderplatzte. Die Trümmer schlugen in der Gemarkung Deckbergen bei Rinteln auf. Von der Besatzung hatten 7 Mann ihren Fallschirm benutzt, ein Mann stürzte tödlich ab und zwei wurden tot in den Trümmern gefunden. Ein Amerikaner war auf dem Dach eines Hauses in Exten gelandet.

Der zweite Verband hatte sich angesichts der Luftkämpfe aufgelöst und flog in weiterer Entfernung. Offenbar haben mehrere Flugzeuge im Notwurf ihre Bombenlast fallengelassen. Dabei wurde auf Rittergut Exten das Viehhaus in Brand gesetzt und in den Orten Krankenhagen und Hohenrode gab es eingedrückte Dächer. Im Raum Hameln-Holzminden stürzte ebenfalls ein Bomber ab; zwei Besatzungsmitglieder landeten mit ihren Fallschirmen bei Emmerthal. Ein Viermot-Bomber ging in Lauenstein nieder (Holzwerk Kreibaum).

An diesem Vormittag zerplatzten 16-mal Viermot-Bomber zwischen der Nordseeküste und Hannover. Das sind 18% der eingesetzten 92 Fortress. Es sind nicht nur 160 Mann fliegendes Personal verlorengegangen, sondern weitere 30% der Flugzeuge waren nach der Landung so stark beschädigt, daß sie zunächst nicht wieder eingesetzt werden konnten. Unbeschädigt geblieben ist nicht eine einzige fliegende Festung. Die Amerikaner kamen zu der Erkenntnis, daß auf die Dauer dieser hohe Prozentsatz an Verlusten nicht zu verkraften ist.

Zweites Halbjahr 1943

Im 2. Halbjahr 1943 erreichten die Anglo-Amerikaner durch ihre Luftangriffe auf deutsche Städte ein sehr hohes Maß an Zerstörungen. Die bisher unbekannten Flächenbombardierungen auf Köln, Hamburg, Hannover, Kassel und Bremen, um nur einige Städte zu nennen, vermittelten den Eindruck, daß unsere Luftabwehr trotz aller Erfolgsmeldungen nicht ausreichte. Bereits Ende 1943 waren die Mittelpunkte dieser Großstädte in Trümmerfelder verwandelt.

28. Juli 1943: Fliegeralarm von 10.10 bis 12.15 Uhr. Luftziele in Nordwestdeutschland. Als Bünde von ca. 50 - 60 Bombern überflogen wurde, griffen 4 deutsche Jäger an. Ein feindliches Flugzeug stürzte in die Gemeinde Spradow bei Bünde auf den Bahnkörper. Die Besatzung rettete sich durch Fallschirmabsprung.

2./3. August 1943: Nachtangriff von etwa 400 Bombern auf die Städte Bremen und Wilhelmshaven. Spreng- und Brandbomben verursachen in Bremen Schäden, es entstehen dort 28 mittlere Brände und 31 Kleinbrände. Drei Häuser sind total, 25 schwer und 300 leicht beschädigt.
In Wilhelmshaven wurde das Werftgelände bombardiert.

23. August 1943: Am späten Abend lauten die Meldungen des Gaubefehlsstandes Hannover:

22.48 Uhr: *Starker Einflug in breiter Front zwi-*

schen Emden und Duisburg, Kurs Ost.

23.07 Uhr: *Spitze der Einflüge bei Fürstenau und Cloppenburg.*

Nach etwa 10 Minuten wird Fliegeralarm im gesamten nordwestdeutschen Raum angeordnet, gleichzeitig sind weitere Einflüge aus Holland mit der Spitze bei Zwolle bekannt geworden.

Um 23.24 Uhr: Fliegertätigkeit im Raum Celle und Unterlüß, einzelne Maschinen im Raum Hameln.

23.41 Uhr: *Bis jetzt etwa 150 Maschinen eingeflogen, die sämtlich nördlich Hannover Kurs Ost halten, Spitze Uelzen.*

23.43 Uhr: *Spitze der 5. Welle bei Meppen, Kurs Ost.*

23.47 Uhr: *Einzelne Maschinen bei Hildesheim, Kurs Nord-Ost.*

23.54 Uhr: *Luftkämpfe am Steinhuder Meer. Weitere Einflüge aus Mittelholland, Kurs Ost. Spitzen sammeln sich bei Uelzen.*

23.57 Uhr: *Spitze 30 km östlich Stendal, Kurs Ost.*

0.06 Uhr: *Durchflüge nördlich Hannover nach Osten halten an. Spitze bei Brandenburg, Kurs Ost.*

0.08 Uhr: *Fünfte Welle über Hannover.*

0.14 Uhr: *50 Maschinen bei Celle, Kurs Ost. Drei Abschüsse gemeldet.*

0.15 Uhr: *Phosphorkanister und Bombenabwürfe im Raume Hannover, 5 Abschüsse.*

0.27 Uhr: *Bei gemeldeten Bombenabwürfen handelt es sich um Notabwürfe.*

Wie zu erkennen, galt dieser Angriff der Reichshauptstadt Berlin. Die oben gemeldeten Abschüsse erfolgten im Großraum Hannover. Ein Flugzeug stürzte bei Wettbergen ab, ein weiteres bei Ihme-Roloven. Etwa 40 - 60 Stabbrandbomben fielen auf den Stöckener Friedhof. Schaden entstand nicht. Die Rückflüge der Bomber wurden zwischen 1.23 Uhr und 2.00 Uhr gemeldet. Das Warngebiet war um 2.38 Uhr feindfrei.

24. August 1943: Einflug bei bedecktem Himmel um 22.58 Uhr in Richtung Cloppenburg und Dümmer See. Spitzen werden um 23.06 Uhr bei Nienburg, um 23.12 Uhr im Raum Hannover gemeldet. Feindflugzeuge auch im Raum Osnabrück. Angriffsziel wieder Berlin. Rückflüge begannen bei Mitternacht. Bemerkenswert ist das heftige Feuer der hannoverschen Flak beim An- und Abflug.

3. September 1943: Das Wetter war regnerisch, als US-Bomber um 22.25 Uhr mit ihrer Spitze im Raum Osnabrück und Vechta erschienen. Nordwestdeutschland bleibt in dieser Nacht verschont. Im Raum Hameln, Hildesheim, Steinhuder Meer und Walsrode werden Maschinen mit wechselndem Kurs gemeldet. Um 23.45 Uhr befinden sich starke feindliche Verbände über Hannover. Rückflüge aus dem Osten werden um 0.39 Uhr bekanntgegeben. Die Luftschutzkeller im gesamten Gaugebiet Hannover werden um 2.14 Uhr wieder verlassen, nachdem Entwarnung gegeben wurde.

22. September 1943: Der Großraum Hannover wird an diesem Abend stark betroffen. Schon um 21.23 Uhr werden die ersten Einflüge über Holland gemeldet. Bei Bassum und bei Minden befinden sich Feindmaschinen um 21.45 und 21.50 Uhr. Es wird offenkundig, daß Hannover angegriffen werden soll. Eine Meldung lautet: "Einflugsgebiet erstreckt sich zwischen Zeven und Petershagen. Spitze am Steinhuder Meer." Weitere Luftlagemeldungen lauten:

21.57 Uhr: *Einflug in breiter Front bei Soltau und Hannover.*

22.06 Uhr: *Weitere Spitzen bei Celle und Hameln, Kurs Ost.*

22.17 Uhr: *Fliegertätigkeit im gesamten Warngebiet hält an. Einflüge auf Hannover ebenso.*

22.36 Uhr: *Neuer Einflug bei Pyrmont, Kurs Hannover.*

In den Lagemeldungen werden auch die Orte Gü-

Hannover:

tersloh, Liebenau, Nienburg, Hoya und Neustadt, jeweils mit "Kurs Hannover" benannt.

Die Bombenlast aller Flugzeuge soll Hannover treffen. Das ganze Ausmaß der Schäden wird erst in den nächsten Tagen sichtbar. In dieser Nacht werden allein 279 Wohnhäuser total, 338 schwer beschädigt, 1.177 mittelschwer und 2.499 leicht beschädigt. Bedeutend ist auch die Zahl der Brände: 374 Großbrände, 109 mittlere Brände, 183 Kleinbrände. Zur Verursachung dieser Schäden waren abgeworfen worden: 489 Sprengbomben, 50.000 Stabbrandbomben, 200 Brandbomben mit Sprengsatz, 52 Phosphorbrandbomben und 16 Phosphorkanister. Die Angaben werden vermutlich nicht vollständig sein. Neben den genannten Schäden an Wohnhäusern wurde auch die Industrie betroffen: Firma Döhrener Wolle durch Großfeuer zerstört; in den Firmen Eisenwerk Wülfel, Zementwerke Grasdorf und Lackfabrik Wülfel entstanden leichte Brände. Großfeuer durch Brandbomben entstanden in den Firmen Färberei Stichweh, Edelstahlwerke und Brotfabrik Wülfel. Gleichfalls Großfeuer meldeten die städtische Brauerei Hildesheimer Str. und die Döhrener Ziegelei, Willmerstraße. Im Lindener Hafengebiet entstanden mehrere Kleinbrände. Folgende öffentliche Gebäude erlitten Schäden: Staatsarchiv, Martinskirche (vermutlich Minenbombe), Bahnhof Hainholz (Unterkunft und 20 Waggons durch Brandbomben), Südbahnhof, Friederikenschule und Technische Hochschule.

Auch Wehrmachtsanlagen wurden getroffen: Rüstungsinspektion (Großfeuer), Generalkommando (Ersatzverpflegungsmagazin Misburger Damm u. a.).

Zur Eindämmung der Groß- und Kleinbrände waren nicht nur hannoversche Feuerwehrbereitschaften, sondern auch auswärtige herangezogen worden. Sie erschienen aus Rotenburg, Braunschweig, Peine, Hildesheim, Celle und fünf Bereitschaften aus dem Landkreis.

Folgende Personenschäden wurden gemeldet: 69 Gefallene, 160 Verwundete, 18 Verschüttete und 20 Vermißte.

Allein in Grasdorf vor Hannover fielen etwa 150 Sprengbomben. Dabei wurden 13 Bauernhöfe zerstört oder zum Teil schwer beschädigt. 7 Personen fielen hier dem Angriff zum Opfer, 8 Verwundete wurden behandelt. Weitere Bomben fielen in Wülferode, Reden, Bemerode, Arnum, Rethen, Wilkenburg und Ahlem.

Gegen 22.45 Uhr Angriff auf den Ort Marienau (Krs. Hameln-Pyrmont). Abwurf von ca. 500 Stabbrandbomben und einer Sprengbombe. Brände entstanden an Haus- und landwirtschaftlichen Grundstücken: Bertram, Pflüger, Wehrmann, Schrott, Schrader, Hollweg, Wulf, Schlupp (14 Gebäude). Der Landwirt Scharenberg wurde schwer verwundet bei dem Versuch, eine Brandbombe aus seinem Haus zu werfen.

In den Gemarkungen Baarsen und Neersen im Landkreis Hameln wurde eine größere Anzahl Brandbomben abgeworfen, sie richteten aber keine Schäden an.

Die deutschen Nachtjäger haben folgende Abschüsse erzielen können: Je ein Feindflugzeug bei Langenhagen-Hannover, Gemeinde Bennigsen (Kr. Springe), Neustadt/Rbge., Otternhagen (Kr. Neustadt/Rbge.), Borsumer Paß (Landkreis Hildesheim-M.), Feldmark Saalemühle (Kr. Alfeld), Feldmark Marienwald, Voremberg (Kr. Hameln-Pyrmont). Hier wurden 5 Besatzungsmitglieder gefangengenommen und 2 tot geborgen.

In dieser Nacht, die auch wieder zahlreiche Obdachlose für Hannover brachte, wurde das Gebiet um 0.24 Uhr feindfrei gemeldet.

27. September 1943: Luftangriffe an diesem Vormittag richteten sich in erster Linie auf Ostfriesland. Zahlreiche Bomber erreichten auch das Weserbergland.

Der Luftangriff auf die Stadt Esens zwischen 11.10 und 11.20 Uhr war so bedeutend, daß noch nach 40 Jahren der Opfer an diesem Tage gedacht wird. Es erhielten nämlich 2 Schulen Volltreffer, wobei eine Lehrerin und 64 Kinder getötet wurden. Auch ein Landjahrheim, in dem sich 22 Landjahrmädel aufhielten, wurde zerstört. Der gesamte Geburtsjahrgang 1936 der Stadt Esens wurde ausgelöscht. Insgesamt waren in der Stadt 165 Tote zu beklagen (23 Männer, 57 Frauen, 32 Knaben und 53 Mädchen).

Aurich wurde an diesem Vormittag ebenfalls um 11.10 Uhr angegriffen. Es sollen 30 Sprengbomben, 8 Blindgänger und ca. 850 Brandbomben gefallen sein. Über das gesamte Stadtgebiet verteilt, ergaben sich folgende Schäden: 30 Gebäude sind total, ca. 180 schwer- und 285 leichtbeschädigt. Weiter erlitten 8 öffentliche Gebäude und ein Bauerngehöft Schäden.

Im Landkreis Aurich fielen außerdem 5 Minenbomben, 25 Sprengbomben und 1.000 Flüssigkeitsbrandbomben.

Auch Emden und der Landkreis wurde angegriffen. Etwa 200 Flugzeuge warfen 875 Sprengbomben, 5 Minenbomben und 1.500 Flüssigkeitsbrandbomben. Dabei wurden 71 Personen (darunter 30 Kinder) getötet, 81 Verwundete waren zu behandeln. Infolge der beträchtlichen Häuserschäden sind 500 Personen obdachlos geworden.

Zerstörungen im Landkreis Norden: 6 Häuser total, 9 schwerbeschädigt. Im Kreisgebiet verteilt sind 390 Sprengbomben gefallen.

Auf den Landkreis Wittmund entfielen 60 Sprengbomben. Es sind mindestens 50 Tote und 50 Verwundete gezählt worden.

27./28. September 1943: Die Bevölkerung der Stadt Hannover ahnt noch nicht, was in dieser Nacht auf sie zukommt, als um 21.44 Uhr im Rundfunk bekanntgegeben wird: "Spitzen der Einflüge bei Burgsteinfurth, etwa 100 Maschinen, in 6.000 Meter Höhe, 400 km/h." Nachdem es Vollalarm gegeben hat, strömt alles mit dem nötigsten Gepäck in Händen und Armen in die Luftschutzkeller.

Die nächste Meldung lautet um 21.58 Uhr: "Spitzen der Feindmaschinen am Dümmer See und bei Dissen, Kurs Ost." Nach einigen Minuten werden Feindflugzeuge bei Uchte und Lemgo gemeldet, 40 Maschinen sollen sich bei Bückeburg befinden. Schließlich lautet 22.22 Uhr eine Nachricht: Fliegertätigkeit im Raume Hameln, Hildesheim und Alfeld. Deutsche Jäger über der Stadt. Tatsächlich sind an diesem Abend Nachtjagdgeschwader aufgeboten, die Feindbomber von der Gauhauptstadt Hannover fernzuhalten. Das gelingt nicht ganz. Der gesamte Großraum Hannover ist Luftkampfgebiet geworden. Immer wieder greifen deutsche Nachtjäger an und erzielen Abschüsse. Im gesamten Wehrbereich XI verlieren die Gegner in dieser Nacht 22 Bomber.

Allein im Landkreis Hameln-Pyrmont wurden in 20 Gemeinden eine größere Anzahl von Spreng- und Brandbomben abgeworfen. Es wird sich dabei auch um zahlreiche Notabwürfe gehandelt haben. Im Landkreis Alfeld fielen in 12 Gemeinden Bomben.

Die Feindflugzeuge treffen insbesondere die Nordstadt von Hannover und Langenhagen. Es entstehen im Stadtraum 48 Groß-, 114 Mittel- und 282 Kleinbrände. In Langenhagen brennen fast sämtliche Werke. Behördlicherseits wird in Hannover die Zahl der Obdachlosen mit 20.000 angegeben.

Auch Braunschweig wird angegriffen. Dort entstehen 1 Groß-, 9 Mittel- und 5 Kleinbrände.

Die bedeutsamen Großfeuer in Hannover werden von Einsatzbereitschaften aus Peine, Hildesheim und Göttingen bekämpft. Außerdem sind 12 Feuerwehrbereitschaften aus den umliegenden Landkreisen herangezogen worden. Auch Wehrmachtshilfskommandos sind tätig geworden.

3. Oktober 1943: Nach 21.00 Uhr nähern sich mehrere Bomberwellen im Raum Meppen — Emden. Weitere Verbände sind über der See gemeldet. Nach Eintreffen der ersten Bomber im Raum Diepholz gibt es Fliegeralarm im gesamten Gaugebiet. Aus den Meldungen:

21.31 Uhr: Eine neue Welle bei Stadthagen. Zielmarkierungsbomben nördlich Hannover.

21.37 Uhr: Ein Aufklärer bei Elze — Hildesheim. Rege Fliegertätigkeit nördlich und süd-

lich von Hannover.
21.54 Uhr: Leuchtbomben über Hannover, Elze, Hildesheim.
21.55 Uhr: Weitere Wellen im Anflug auf Hannover und Raum Hameln halten an. Fliegertätigkeit im Raum Hameln, Alfeld, Braunschweig bis Kassel hält an. Rückflüge nördlich Hannover haben eingesetzt.
22.55 Uhr: Noch einige Maschinen im Raum Alfeld mit Kurs Südwest.

Tatsächlich haben die Engländer in dieser Nacht einen Großangriff auf Hannover vorgetäuscht. Die Bomber drehten nach Zielmarkierungsbomben ab und griffen die Stadt Kassel an. Die III/NJG 3 war auf die Feindbomber angesetzt worden. Sie erzielte auch mehrere Abschüsse. Ein viermotoriger Halifaxbomber stürzte in das Steinhuder Meer. Zwei tote Kanadier wurden später aus dem Wasser gefischt. Weitere Abschüsse sind bei Göttingen und bei Seelze (Kr. Hannover) zu verzeichnen. Unsere Nachtjäger verfolgten die Bomber bis zum Angriffsziel Kassel. Dort geriet der Hauptmann Rudolf Siegmund, Ritterkreuzträger mit 28 Luftsiegen in den eigenen Flakgürtel und wurde tödlich abgeschossen.

8. Oktober 1943: Eigentlich verspätet um 15.08 Uhr erschienen mehrere Verbände im Raum Oldenburg, Cloppenburg und Fürstenau. Um 15.09 Uhr wurden die Spitzen bei Nienburg und anschließend bei Bünde gemeldet.

Die 392. US-Bombergruppe war zum Angriff auf Bremen-Vegesack unterwegs. Nach eigenen Angaben wurde sie von ca. 40 - 50 deutschen Jagdmaschinen (Me 109, Me 110, Me 210, FW 190) angegriffen. Acht Bomber vom Typ B 24 konnten sie abschießen. Aber auch die Räume Rotenburg/Hann., Stadthagen, Neustadt/Rbge. und Dümmer See werden angeflogen. Der amerikanische Jagdschutz schlägt sich inzwischen mit den deutschen Jägern herum. Der US-Pilot Johnsen besiegt an diesem Nachmittag bei Lingen/Ems eine FW 190. Im Raum Bremen schießt David C. Schilling auch eine FW 190 ab. Das Jagdgeschwader 1 verliert an diesem Tag ihren Kommodore, den Ritterkreuzträger mit Eichenlaub und Schwertern, Hans Phillip. Er stürzt in einem Luftkampf mit Thunderbolts bei Nordhorn ab. Er hatte 206 Luftsiege zu verzeichnen. Im Landkreis Bersenbrück (Gemeinde Herbergen, Gemeinde Talge) werden 2 viermot. Bomber im Luftkampf abgeschossen. Während bei Herbergen 9 Insassen gefangengenommen werden, sind in Talge 5 als Leichen zu bergen. Im gesamten ostfriesischen Gebiet, insbesondere in den Landkreisen Meppen und Bersenbrück, werden vereinzelt Sprengbomben geworfen.

Im Raum Bremen richtet ein Bombenteppich von ca. 200 Sprengbomben erhebliche Verwüstungen bei Gr. Emshoop an.

Bei dem Nachtangriff auf Hannover stürzte der Motor eines abgeschossenen britischen Bombers auf das Viehhaus Gut Wormsthal im Auetal (8./9. Okt. 1943)

8./9. Oktober 1943: Der schwerste Luftangriff auf Hannover. Er dauerte von 1.05 bis 1.45 Uhr. Es war das gesamte Stadtgebiet getroffen, der Schwerpunkt lag jedoch im Stadtzentrum und im nördlichen Teil der Südstadt. Das Gesicht der Stadt ging im Bersten der Sprengbomben und Luftminen, im Hagel der Brandbomben und Phosphorkanister, unter. Menschen, die flüchten wollten, gerieten auf brennenden Asphalt und starben so einen entsetz-

Hannover

Tote wurden zur Identifizierung gesammelt.

lichen Rauchtod. Ihre wichtigste Habe, ihre Kinder und Gepäck auf den Armen mitschleppend, rannten viele durch die Straßen, um ins Freie zu kommen. Aber dann stürzten Mauern ein, versperrten Wege oder töteten die Flüchtenden. Noch nach Tagen und Wochen fand man Tote, die in ihren Kellern umgekommen waren.

In dieser Nacht wurden fast sämtliche Behörden ausgebombt. Von 28 Krankenhäusern sind nur noch 4 erhalten geblieben. Die Trinkwasser-, Elektrizitäts- und Gasversorgung sowie Fernsprechverbindungen waren ausgefallen. Industriewerke waren diesmal weniger betroffen. Feuerschutzabteilungen aus den Städten Magdeburg, Braunschweig, Peine, Hildesheim und Hameln waren herangezogen. In der Stadt verblieb ein Chaos. Die Verwaltungen konnten der Lage nicht Herr werden. Die ungeheure Zahl von 250.000 Personen war obdachlos geworden. Diese in umliegenden Landkreisen unterzubringen, war eine schwere Aufgabe. Zahlreiche Bewohner flüchteten aufs Land zu ihren Bekannten oder Verwandten.

Die Schwere dieses Angriffs läßt folgende Aufstellung erkennen:

Abgeworfene Bomben	
Minenbomben	80
Sprengbomben	3.000
Phosphorbomben	28.000
Stabbrandbomben	230.000
Personenschäden	
Gefallene	1.139
Verwundete	6.319
Sachschäden	
Wohnhäuser	
total zerstört	3.932
schwer beschädigt	13.832
leicht beschädigt	5.829
Öffentliche Gebäude	
total zerstört	81
schwer beschädigt	33
leicht beschädigt	24
Sonstige Gebäude	
total zerstört	26
schwer beschädigt	20
leicht beschädigt	31

Industrieausfälle: total zerstört: 11, schwer beschädigt: 28, leicht beschädigt: 13.

Der Flakgürtel um Hannover und auch die zahl-

Hannover: Zerstörte Eisenbahnwagen

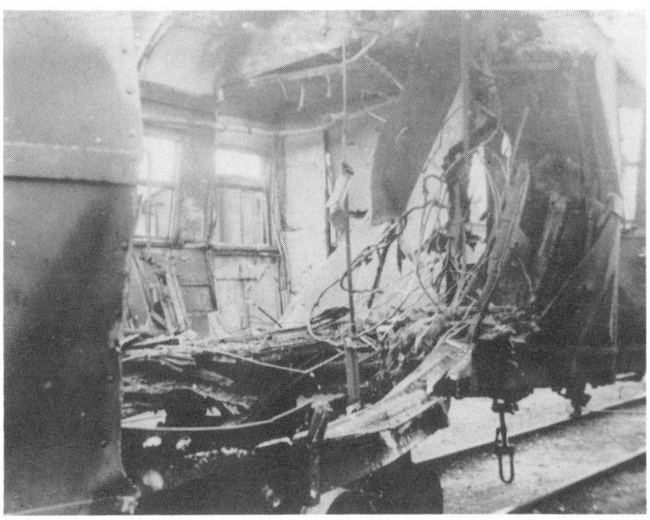

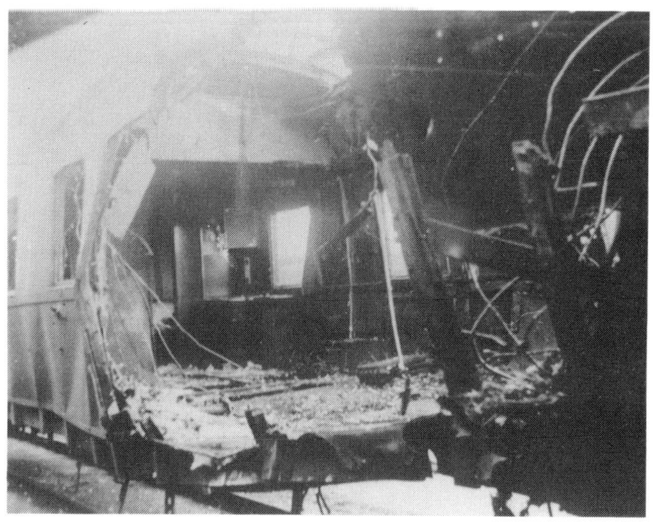

Hannover

reich eingesetzten Nachtjäger vermochten diesen Angriff nicht zu verhindern. Einen Bomber hatten Nachtjäger bei Rinteln bezwingen können. Trudelnd stürzte die brennende Maschine bei Gut Neelhof ab. Fünf Besatzungsmitglieder fanden bei dem Absturz den Tod und wurden auf dem Friedhof in Steinbergen beerdigt. Ein weiterer Bomber stürzte im Auetal bei Gut Wormstal ab. Die Gutsgebäude wurden beschädigt, 16 Kühe waren unter den Trümmern begraben. Während drei Insassen rechtzeitig mit dem Fallschirm abspringen konnten, verbrannten die 4 übrigen in den Flugzeugtrümmern. Ein aus diesen Luftkämpfen beschädigter deutscher Nachtjäger (Ju 88) stürzte bei Heeßen-Bad Eilsen ab. Die Besatzung war ausgestiegen.

10. Oktober 1943: Über Ostfriesland bis in das Münsterland stießen an diesem Nachmittag US-Bomber mit ihrem Jagdschutz vor. Für die 388. Bombergruppe war das Hauptziel Münster. Immer wieder wurden dort die Bahnanlagen angegriffen. Als insgesamt 236 Bomber ihr Ziel erreicht hatten, erschienen 60 deutsche Jäger. Im Verlauf der Luftkämpfe schossen die amerikanischen Jagdflieger

Johnsen und Schilling je eine FW 190 ab. Die deutschen Jagdmaschinen konnten an diesem Nachmittag 30 US-Bomber bezwingen. Allein 10 feindliche Maschinen gingen um Münster verloren.

Die Stadt Münster hatte 50 Gefallene und zahlreiche Verwundete zu beklagen. Es waren einige Brände entstanden, im übrigen jedoch richteten Sprengbomben im Hafen, am Hauptbahnhof und in der Innenstadt Schäden an.

18. Oktober 1943: Angriffsziel am Abend Hannover. Gegen 20 Uhr waren 250 bis 300 Flugzeuge gemeldet worden. Diese warfen in den Stadtteilen Linden, Limmer und in der Nordstadt etwa 1.500 Sprengbomben und 11.000 Phosphorbrandbomben. Auch von 120.000 Stabbrandbomben ist die Rede. Es entstanden wieder Brände, die eine Obdachlosenzahl zwischen 15.000 und 20.000 Personen verursachten. Industriewerke hatten ebenfalls gelitten: HANOMAG (mehrere schwere Volltreffer), Lindener Eisen- und Stahlwerke, Feinkostfabrik Appel, Continental-Gummiwerke, Bahnhof Fischerhof.

In Hannover-Stöcken und im Landkreis Hannover sind eine große Anzahl Bauernhöfe abgebrannt. Allein in den Gemeinden Isernhagen (Landkreis Burgdorf) entstanden 78 Brände, wobei 70 Bauernhöfe zum großen Teil vollständig vernichtet wurden. In Kleinburgwedel brannten 15 Gehöfte teilweise ab. Ebenfalls Teilschaden erlitten 5 Bauern höfe in Wettmar. In Krähenwinkel brannten 5 Höfe und ein Wohnhaus ab. Pferde und Kühe wurden getötet. Auch Kaltenweide und Godshorn meldeten Totalschäden an Bauernhöfen.

Dieser ebenfalls bedeutsame Angriff auf Hannover verursachte 57 Groß-, 93 Mittel- und 49 Kleinbrände. Weitere Verluste: 101 Gefallene, 70 Schwerverletzte, 237 Leichtverletzte und 30 Vermißte.

Einige Luftsiege deutscher Nachtjäger: In Listrup (Kr. Lingen) stürzte ein brit. Bomber vom Typ "Manchester" ab, bei Aerzen (Krs. Hameln) und Weetzen (Krs. Hannover) je ein Viermotbomber.

Der Luftangriff auf Hannover bedrohte an diesem Abend auch die Dienststelle, die die Luftlagemeldungen protokollierte. Nachdem sich um 19.52 Uhr die Bomber am Steinhuder Meer sammelten, lautet um 20.08 Uhr die letzte Meldung: "Starke feindliche Einflüge nördlich Hannover, Spitze bei Gardelegen." Die Fortführung des Protokolls war erst um 21.03 Uhr möglich: "Weitere Abflüge nach dem Westen halten an."

22. Oktober 1943: Bereits um 19.41 Uhr werden stärkere Verbände im Anflug auf das Ruhrgebiet gemeldet. Eine Meldung um 20.05 Uhr beruhigt: "Das gesamte Warngebiet von Norden nach Süden wird von deutschen Jägern durchflogen." Das Ziel der feindlichen Bomber an diesem Abend ist die Stadt Kassel. Aber in der Folgezeit erscheinen feindliche Flugzeuge auch bei Osnabrück, Lemgo, Hameln, Hildesheim und Alfeld. Hannover hat noch keinen Fliegeralarm gegeben, da sich die Feindflieger immer noch weiter südlich und westlich befinden. Luftkämpfe mit deutschen Jägern haben sich aber im Weserbergland entwickelt. Bei Godelheim/Weser stürzt ein britisches Flugzeug ab. Drei Insassen werden tot geborgen. Zwei feindliche Flugzeuge stürzen in die Feldmark Bühne (Krs. Warburg). Acht Besatzungsmitglieder kommen zu Tode. Auf dem Friedhof in Bühne erfolgt später die Beisetzung. Bei Heinsen/Weser sollen drei Flugzeuge in die Waldungen gestürzt sein. Deutsche Nachtjäger bringen bei Minden ein Feindflugzeug zum Absturz. Zwei nicht ausgestiegene Besatzungsmitglieder werden tot geborgen und später von Luftwaffenangehörigen auf dem Friedhof in Wunstorf bestattet.

Auf das Hauptziel Kassel hatte Marschall Harris an diesem Abend 450 Bomber angesetzt. Um 20.45 Uhr sollten die Zielmarkierungsbomben fallen. Obwohl auf dem Hinflug deutsche Nachtjäger eingreifen und eine Anzahl Viermots abschießen, wird der geplante Zeitpunkt eingehalten. Die flakgesicherte Stadt Kassel ist von weitem durch die zahlreichen Scheinwerferbündel zu erkennen. Nachdem neben zahlreichen Sprengbomben diesmal eine besonders hohe Anzahl Brandbomben geworfen wird, gerät die Innenstadt in Brand. Das Feuer

Bahnhof Kassel im Jahre 1945

Das Regierungsgebäude nach dem Angriff im Oktober 1943.

Kassel — Ende Okt. 1943

hatte nach 20 Minuten zahlreiche Straßenzüge erfaßt. — Und in den Kellern saßen die Bewohner, ohne zu wissen, daß die Wohnungen darüber in Flammen standen. Die Menschen standen plötzlich vor der Entscheidung, ob das Verlassen des Kellers in dieser Minute lebensrettend sein würde. Niemand konnte es wissen, denn die Menschen erstickten an diesem Abend in ihren Kellern, andere gerieten auch nach dem Verlassen des Bunkers in einen Feuersog. Gerade die engen Straßen der Altstadt verhinderten ein Entkommen. Menschen, die dem Sog nicht entkommen konnten, schrumpften in der Hitze auf eine Größe von 40 bis 50 cm zusammen.

Im Zentrum hatten sich zwei Flächenbrände entwickelt, die eine Größe von 4,7 qkm ausmachten.

Um die Toten zu sammeln, waren in den nächsten Tagen 45 Lastwagen eingesetzt. Lebende Opfer wurden auch vier Tage nach dem Angriff noch geborgen. Unter Einsatz von Baggern und italienischen Kriegsgefangenen wurden Massengräber ausgehoben. Die Anzahl der Toten ist nie genau festgestellt worden. Es sollen über 9000 gewesen sein, darunter 1881 Kinder. Bei etwa 70% der Leichen ist Tod durch Ersticken festgestellt worden.

Auf einem Friedhof in Kassel wurden die Toten gesammelt, um identifiziert zu werden.

Die Bombenlast, die auf Kassel an diesem Abend geworfen wurde, wird geschätzt auf

150.000 Stabbrandbomben,
40.000 Phosphorbrandbomben,
850 schwere Sprengbomben
und mehrere Hundert Minenbomben.

Eine Woche nach dem Angriff erschien Dr. Goebbels in Kassel, um die Wirkung dieses schweren Luftangriffes in Augenschein zu nehmen. Er brachte sein Entsetzen über die hohe Anzahl der Verluste zum Ausdruck und gab der Organisation unter Gauleiter Karl Weinrich die Schuld. Später soll Dr. Goebbels bei Hitler erreicht haben, daß Gauleiter Weinrich abgesetzt wurde.

Beim Einsargen.

Verladen von verbrannten Leichen.

Kassel: Gauleiter Weinrich bei der Essenausgabe nach dem Angriff 1943.

Kassel, Rathausplatz/Wilhelmshöher Allee

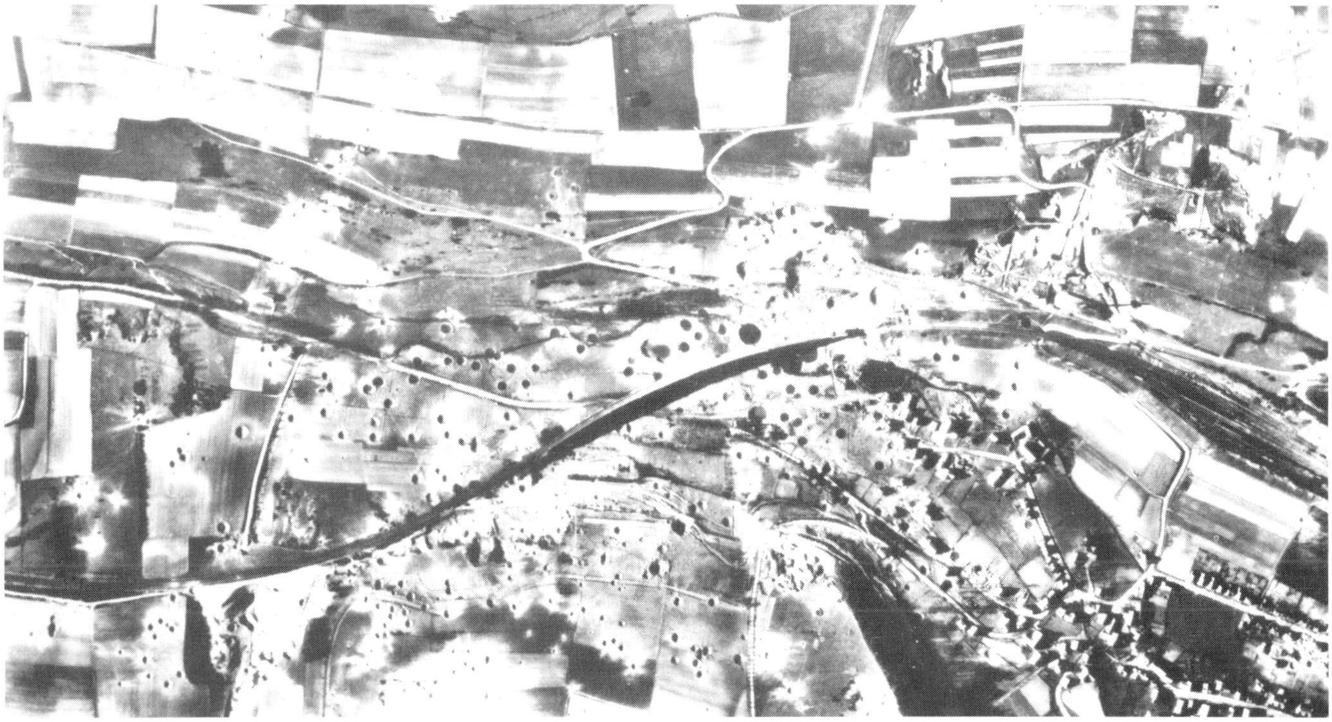

Bombardement auf Altenbeken (oben) und Gütersloh (unten).

Kassel, Hohenzollernstraße

Kassel: Gauleiter Weinrich

Kassel, Fischbrunnen beschriftet: "Willmore leben..."

26. Oktober 1943: Vormittags Luftangriff auf Bremen. Ein Bombenteppich erstreckt sich von der Stedinger Straße bis nach Hasbergen. Die Schule Stedinger Straße erhielt Volltreffer. Dabei wurden 20 Kinder und ein Lehrer getötet. Etwa 400 Bombeneinschläge waren zu zählen.

3. November 1943: Angriff auf U-Boot-Lager in Wilhelmshaven; es waren B-24-Bomber eingesetzt. Ihnen traten 5 Focke-Wulf-Jäger entgegen, sie konnten aber keinen Erfolg verzeichnen. Obgleich 5 Bomber Flakschäden erlitten, konnten sämtliche B-24 in England landen.

5. November 1943: Münster war Angriffsziel zahlreicher US-Bomber. Es wurden 100- und 500-lb-Bomben geworfen. Sechs Flugzeuge verloren die Amerikaner durch Jäger, zwei durch Flak.

13. November 1943: Etwa 100 Maschinen werden um 11.29 Uhr bei Wilhelmshaven gemeldet. Nach 20 Minuten befindet sich die Spitze bereits am Steinhuder Meer.

Eine Gruppe Liberators greift Bremen mit 500-lb-Bomben an. Wie schwer die Schäden in kleineren Orten waren, ergibt folgende Aufstellung allein über den Landkreis Bersenbrück.

Abwürfe im Regierungsbezirk Osnabrück (13. Nov. 1943)

Uhrzeit	Ort	Abwurfmittel	Schäden
12.00	Nortrup (Kr. Bersenbrück)	5 Sprengbomben 100 Brandbomben	1 Bauernhaus schwerbeschädigt
12.05	Bockraden	300 Brandbomben	1 Haus, 1 Scheune mit 12 Fuder Roggen
12.05	Grothe		Durch Flugzeugabsturz 1 Bauernhaus beschädigt. 1 Frau tot.
12.05	Dalvers	1.500 Brandbomben	2 Häuser u. 1 Scheune abgebrannt. Vieh getötet.
12.05	Bottorf	300 Brandbomben	1 Bauernhaus, 1 Scheune abgebrannt.
12.05	Borg	400 Brandbomben	1 Bauernhaus, 1 Wirtschaftsgebäude abgebrannt. 15 Kühe, 1 Pferd verbrannt.
12.05	Kl. Mimmelage	400 Stabbrandb. 600 Phosphorbrandb.	7 Bauernhöfe, 2 Scheunen abgebrannt.
12.05	Renslage	300 Stabbrandb.	1 Bauernhaus abgebrannt.
12.30	Stadt Nordhorn	600 Stabbrandb.	2 Bauernhöfe mit Inventar abgebrannt.

Kassel, Friedrichplatz.
Eine Trümmerwand wird eingerissen.

Die Luftlagemeldung um 12.18 Uhr lautet: "Fliegertätigkeit im Raum Oldenburg, Diepholz, Fürstenau und Ibbenbühren." Sämtliche Luftangriffe beschränkten sich auf das nördliche Gaugebiet. Die Amerikaner berichten von 50 bis 75 ein- und zweimotorigen Jägern, die erst beim Rückflug angegriffen haben.

Deutsche Abschußerfolge (Tagjäger) im Reg. Bez. Osnabrück 13.11.1943:

Zeit	Ort	Typ
12.05	Lonne, Krs. Bersenbrück	2-mot. US-Bomber (Besatzung tot)
12.10	Hahlen bei Menslage, Krs. Bersenbrück	2-mot. US-Bomber 2 Insassen tot, 1 gefangengenommen
12.10	Mimmelage, Krs. Bersenbrück	2-mot. US-Bomber Insassen verbrannt
12.15	Holsten, Krs. Lingen	2-mot. US-Bomber 1 Insasse tot

Bremen, Friedrich-Karl-Straße. Nach einem Angriff vom 26. Nov. 1943.

Ein abendlicher Einflug wird noch um 19.09 Uhr gemeldet. Es wird Fliegertätigkeit bei Hamm, Münster, Uelzen und Gardelegen genannt. Um 19.39 Uhr: Bomberverbände haben Berlin erreicht, sonst noch Fliegertätigkeit im Raum Dortmund. Das Warngebiet ist um 20.39 Uhr feindfrei.

18. November 1943: Das nördliche Gaugebiet wird an diesem Abend von mehreren Verbänden überflogen. Um 19.30 Uhr befinden sich die Spitzen am Dümmer See, bei Gütersloh und Nienburg. Eine Meldung nach 20 Minuten gibt den Standort weiterer Verbände zwischen dem Steinhuder Meer und Alfeld an. Es zeichnet sich ein Angriff auf Berlin ab, denn um 20.27 Uhr ist Brandenburg erreicht. Der nordwestdeutsche Raum bleibt weitgehend verschont.

26. November 1943: Feindverbände befinden sich um 11.49 Uhr im Raum Oldenburg — Wilhelmshaven. Neue Einflüge aus Mittelholland sind festgestellt. Zahlreiche Begleitjäger schützen die Bomber. In Ostfriesland entwickeln sich starke Luftkämpfe. Der erfolgreiche US-Pilot Gabrewski von der 56. Jägergruppe kann an diesem Morgen südwestlich von Oldenburg gleich zwei Me 110-Zer-

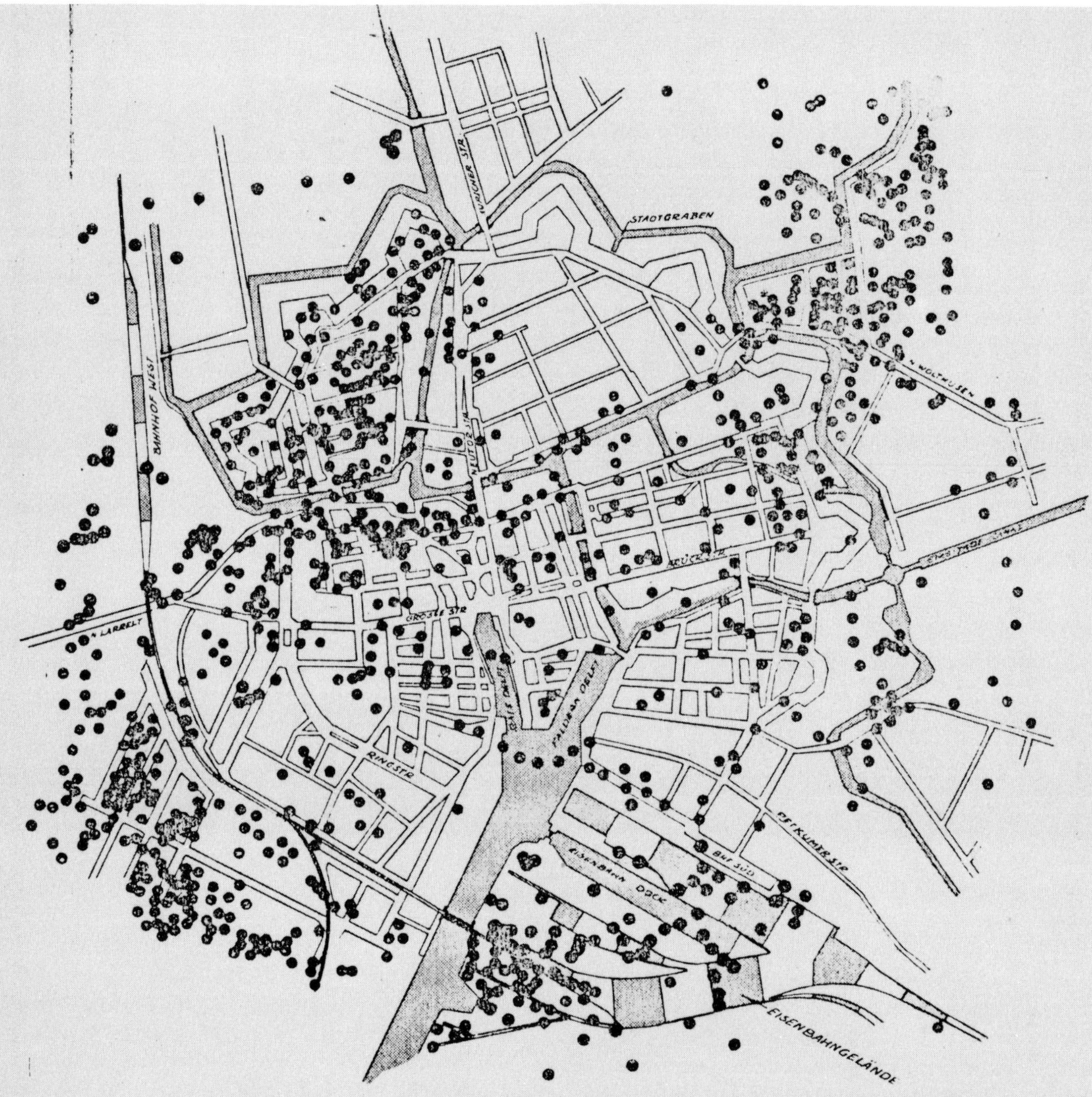

Karte der Bombeneinschläge, Stand Ende 1943. Später wurden die Einschläge nicht mehr registriert. Der vernichtende Angriff auf die Innenstadt geschah erst am 6. September 1944. (Stadtbauamt)

Emden

störer abschießen. Auch bei Bremen schlagen sich die Focke-Wulf-Jäger mit Mustangs herum. Dem David C. Schilling gelingt der Abschuß von zwei FW 190 bei Bremen. Auch der Luftraum bei Oldenburg hängt voller Jäger. Die dort eingesetzte deutsche Zerstörergruppe verliert allein durch Walker H. Mahurin drei Me 110. Die deutsche Abwehr hat es schwer, sich gegen diese Masse von Begleitjägern durchzusetzen. Die US-Bomber stoßen währenddessen weiter nach Nord- und Mitteldeutschland vor. Rotenburg wird um 11.50 Uhr erreicht, Rethem/Aller um 11.57 Uhr und Walsrode-Soltau um 12.00 Uhr.

29. November 1943: In den Nachmittagsstunden fliegen etwa 300 bis 400 feindliche Flugzeuge aus dem Raum Amsterdam ein. Angriffsziel war in erster Linie die Stadt Bremen. Zahlreiche Landgemeinden im Landkreis Aschendorf wurden betroffen.

Heftige Luftkämpfe entwickeln sich wieder nordöstlich Bremen. Auch weiter südlich gibt es Verluste auf beiden Seiten. Viermot-Bomber stürzten bei Rendlage (Krs. Bersenbrück) und bei Werlte (Krs. Aschendorf) ab.

2. Dezember 1943: Nach Einflug feindlicher Bomber fallen auf die Orte Veldhausen, Neuenhaus und Binnenborg (Graftschaft Bentheim) zahlreiche Brandbomben.

11. Dezember 1943: Erste Feindmeldung um 10.13 Uhr: "Ein Flugzeug 20 km westlich Nordhorn, Kurs Ost." Nachdem diese Maschine um 10.56 Uhr bei Unterlüß gemeldet wurde, flog sie mit Nordwestkurs ab. Verbände erschienen dann um 12.33 Uhr im Raum Emden. Auch die ostfriesischen Inseln wurden nach lohnenden Zielen abgesucht. Deutsche Jäger konnten 12 Bomber schwer beschädigen. Der US-Jagdschutz griff ein; der polnische Emigrant Gabrewski schoß im Raum Emden eine Me 110 ab. Um 13.20 Uhr waren sämtliche Flugzeuge mit Westkurs abgeflogen.

20. Dezember 1943: Um 15.05 Uhr wurden feindliche Flugzeuge zwischen Steinhuder Meer und Walsrode gemeldet. Anschließend befanden diese sich bei Petershagen und bei Lemgo.

Vormittags überflogen feindliche Verbände Bremen, Dümmer See und Walsrode. Etwa 460 US-Bomber warfen auf Bremen 987 Spreng- und 5.835 Flüssigkeitsbrandbomben ab. Diese Abwürfe verursachten 51 Tote und 245 Verwundete. Der Angriff dauerte 24 Minuten. Die deutsche Luftabwehr konnte 27 Bomber vernichten.

Oberleutnant Ernst Süß, Staffelkapitän der 9./JG 11 wurde in der Nähe von Oldenburg von einer Lightning abgeschossen. Er konnte sich mit dem Fallschirm retten, wurde aber danach noch am Schirm erschossen. Die deutsche Luftabwehr hatte damit einen erfolgreichen Flieger mit etwa 70 Luftsiegen verloren.

Feindliche Einflüge wurden nochmals in den Abendstunden um 18.58 Uhr im Raum Rheine und Dortmund gemeldet.

22. Dezember 1943: Der Gaubefehlsstand gibt um 12.10 Uhr einen Sonderspruch: "In Kürze werden bei Durchgabe der Warnmeldungen keine Ortsnamen angegeben. Die Meldungen erfolgen durch Zahlenangabe in Plan-Quadraten. Die Warnstelle, die noch nicht im Besitz einer Luftlagekarte, Ausführung II, ist, meldet umgehend fernmündlich ihren Bedarf bei der Warnzentrale."

Die Einflüge vom heutigen Tage hatten sich verspätet: Erst um 13.51 Uhr befindet sich ein feindlicher Verband bei Rheine. Die 392. US-Bombergruppe war auf Münster angesetzt. Im gleichen Gebiet befand sich auch die 388. US-Bombergruppe mit 29 Flugzeugen. Diese Einheit erlitt starke Beschädigungen durch Flakartillerie. Eine Maschine blieb kurz nach der Bombardierung von Münster zurück und wurde anschließend von einem US-Jäger beschützt. Über Holland verlor sie an Höhe und mußte notlanden.

Amerikanische und deutsche Jäger lieferten sich im gesamten nordwestdeutschen Raum Luftkämpfe. Der US-Jagdflieger Mahurin (P-47-Pilot) konnte bei Hesepe zwei Me 109 abschießen. Die deutsche Abwehr meldete folgende Abschüsse:

Gemeinde Wilsum (Landkreis Bentheim) um 14.30

Uhr ein feindl. Jagdflugzeug (2-motorig), Gemeinde Hahlen (Krs. Bersenbrück) gegen 14.20 Uhr ein Viermot-Bomber, Gemeinde Börstel (Krs. Bersenbrück) gegen 14.15 Uhr ein Viermot-Bomber, Gemeinde Vehrte (Krs. Osnabrück) gegen 14.15 Uhr ein Viermot-Bomber.

Großen Schaden hatte die Stadt Osnabrück erlitten. Der Stadtteil Eversburg wurde durch Abwurf von 72 Spreng- und 200 Stabbrandbomben stark mitgenommen. (8 Gefallene und 12 Verletzte)

Im Landkreis Aschendorf fielen in zahlreichen Gemeinden Sprengbomben: Renkenberge 20 Sprengbomben, Herbrum (4), Rhede (2), Rupennest (21), Fresenburg (18), Neu-Herbrum (17). Abwürfe erfolgten auch im Landkreis Bersenbrück: Berge 45 Sprengbomben, Aslage (1 Benzintank), Tütingen (1 Benzintank), Westerholte (11), Drehle (12), Vechtel (17), Ohrtermerch (8), Hahlen-Anten (48), Menslage (2). In den Gemeinden Schapen, Wettruck und Lengerich (Landkreis Lingen) sind etwa 100 Sprengbomben gefallen.

Im Landkreis Meppen mußte die Stadt Haselünne um 14.15 Uhr den Abwurf von 47 Sprengbomben über sich ergehen lassen. Dabei wurden 11 Wohnhäuser leicht und 3 Wirtschaftsgebäude mittelschwer beschädigt. In weiteren Gemeinden fielen nur wenige Sprengbomben.

In Icker (Krs. Osnabrück) fielen 50 Spreng- und etwa 200 Brandbomben. Geringer Gebäudeschaden. Rulle wurde zur gleichen Zeit um 14.20 Uhr angegriffen. Etwa 100 Spreng- und zahlreiche Flüssigkeitsbrandbomben beschädigten 10 Häuser schwer und 4 leicht. Drei Tote und 22 Verletzte waren zu beklagen.

Zwanzig Sprengbomben, die aber keinen Schaden anrichteten, fielen um 13.45 Uhr in der Gemeinde Vorwalde im Landkreis Wittlage. Davon mußten 16 als Blindgänger entschärft werden.

Das Wetter bei diesem Angriff war teils bewölkt, teils klar. Die Gesamtzahl der im Regierungsbezirk Osnabrück abgeworfenen Sprengbomben ist mit 651 angegeben worden.

Das Gaugebiet Hannover war bereits ab 14.35 Uhr feindfrei. Die Sirenen der Stadt Osnabrück konnten aber erst um 15.58 Uhr Entwarnung melden.

Schwerste Luftangriffe im Januar 1944

Im Jahre 1944 nahm nicht nur die Bombardierung der deutschen Städte zu, es traten vielmehr Jagdverbände in verstärktem Maße auf, um durch Bordwaffenbeschuß den Bahn- und Straßenverkehr lahmzulegen. Daß der Feind der deutschen Bevölkerung keine Pause läßt, ergibt das folgende Kriegstagebuch:

2. Januar 1944: Beim Gaubefehlsstand Hannover gehen um 1.49 Uhr die ersten Nachrichten über Einflüge im Raum Enschede ein. Auch bei Meppen werden starke Verbände gemeldet. Für Hameln, Nienburg, Celle, Soltau, Alfeld und Hannover wird Luftgefahr 15 angeordnet, Fliegeralarm in diesen Orten jedoch erst um 2.03 Uhr. Um 2.10 Uhr Warnbefehl für die Reichsbahn. Die nächste Meldung bereits um 2.11 Uhr: "Spitze der Verbände bei Nienburg mit Kurs Ost," 2.22 Uhr: "Drohender Angriff für die Reichsbahn Hannover, auch für Hildesheim, Peine und Alfeld." Die Meldung um 2.32 Uhr lautet: "Durchflüge durch das Gebiet Hannover, Soltau halten an. Kurs Ost." Inzwischen jedoch haben deutsche Jagdmaschinen die Verfolgung aufgenommen. Sie haben auch Erfolg und melden folgende Abschüsse: Eine Feindmaschine bei Altmerdingen Kr. Burgdorf, eine weitere zwischen Lutter und Büren im Kreis Neustadt/Rbge., und ein Abschuß bei Otternhagen Kr. Neustadt/Rbge. Später wird festgestellt, daß in sämtlichen Maschinen die Besatzungsmitglieder zu Tode gekommen sind. Die Spitze der Verbände befindet sich um 2.39 Uhr im Raum Helmstedt-Gardelegen; die letzte Welle wird am Dümmer See vermutet. Der Kurs wird mit Ost angegeben. Zu dieser Zeit überfliegt auch ein Verband das Gebiet Hameln-Hildesheim-Alfeld. Vermutlich ist auch das Ziel in dieser Nacht die Reichshauptstadt Berlin. Die erste Welle wird um 3.03 Uhr im Raum Celle gemeldet. Weitere Verbände folgen bei Bergen, Nienburg und Braunschweig mit Kurs West.

Unsere Nachtjäger haben weitere Erfolge. Je ein feindliches Flugzeug wird abgeschossen bei Weihausen/Krs. Gifhorn, bei Hotdorf/Krs. Gifhorn und bei Brunnental/Krs. Helmstedt. Auch in diesen Flugzeugtrümmern werden die Besatzungsmitglieder am nächsten Tage tot geborgen. Die Nacht ist stürmisch und stark bewölkt.

Von 3.18 bis 3.59 Uhr überfliegen Rückkehrer das Gebiet Alfeld, Hannover und Soltau. Auch noch um 4.17 Uhr sind im Raum Celle und Braunschweig einige Wellen mit Kurs West zu hören. Endlich gibt es um 4.40 Uhr Entwarnung.

4. Januar 1944: Angriff auf Nordwestdeutschland am Vormittag. Die fliegenden Festungen werden von Thunderbolts der 56. Jagdfliegergruppe beschützt. Das deutsche Jagdgeschwader 11 startet um 10.02 Uhr und trifft über Münster auf einen starken Viermot-Verband. Es kommt dort zu Luftkämpfen. Die 56. US-Jagdgruppe kann über Münster einen Abschuß erzielen. Mindestens ein Abschuß kann aber auch auf deutscher Seite vermerkt werden. Auch die Flak schießt und beschädigt die Me 109 des Leutnant Knoke vom JG 11. Die Maschine nimmt auch noch Treffer einer Thunderbolt hin. Schließlich muß Leutnant Knoke aussteigen. Er berichtet darüber: "Mit ungeheurer Anstrengung, die mir das Blut aus der Nase schießen läßt, gelingt es mir, mit dem rechten Bein im Sitz den Steuerknüppel zu erwischen. Ich trete ihn zur Seite. Mein Vogel macht eine halbe Rolle, pendelt, flattert, bäumt sich auf, verliert an Fahrt, mein Körper löst sich!

3.000 Meter bin ich gestürzt! Ich schwebe mit erhobenen Armen einen Augenblick neben dem Rumpf. Ein furchtbarer Schlag trifft mein Kreuz. Mir ist, als würde mein Körper in zwei Hälften zerbrechen. Ein zweiter Schlag am Kopf nimmt mir das Bewußtsein.

In den Wolken wache ich auf und pendele am Schirm. Er hat sich von selbst aufgerissen, denn der Auslösegriff steht noch in seiner Halterung.

Ich bekomme keine Luft, versuche zu schreien; doch nur hohles röchelndes Stöhnen kann ich hervorbringen.

Da ist die Erde. Nur 200 Meter sind die Wolken hoch. Mein Schirm pendelt weitausholend. Fast waagerecht rausche ich über ein Hausdach hinweg und schlage in einem Garten auf dem hartgefrorenen Boden auf.

Wieder entschwindet mir das Bewußtsein. Als ich diesmal wieder zu mir komme, tragen sie mich in einen Krankenwagen."

Als die Bomberverbände die Weser bei Minden erreichen, treffen sie etwa 50 Me 109 und FW 190 an. Obwohl inzwischen die Thunderbolts erschienen waren, konnten 6 fliegende Festungen zu Boden geschickt werden.

Im Laufe dieser Luftkämpfe stürzten etwa 2 US-Flugzeuge im Deister-Sünteltal ab. Zwölf amerikanische Soldaten wurden auf dem Friedhof in Eimbeckhausen bestattet.

11. Januar 1944: Die erste Luftlagemeldung lautete um 10.55 Uhr: "Spitze der Verbände im Raum Enschede-Nordhorn, Höhe 3.000 bis 5.000 Meter, Geschwindigkeit 300 bis 400 km/h, Kurs Ost. Weitere Verbände folgen."

Fliegeralarm gab es in den Städten Hannover, Hameln und Nienburg um 11.07 Uhr. Schon 2 Minuten später wurde die Spitze bei Petershagen mit Kurs Ost gemeldet. 11.15 Uhr: "Spitze von etwa 400 Flugzeugen westlich von Hannover die Weser erreicht." In den Meldungen um 11.26 bis 11.46 Uhr wird die Masse der Flugzeuge nördlich und westlich Hannover, bei Stadthagen bis Osnabrück

Ein von Tieffliegern zerstörter Flakzug.

Leitwerk eines bei Deckbergen (Nähe Rinteln/Weser) abgeschossenen Viermot-Bombers.

gemeldet. Auch bei Goslar, Braunschweig und Celle befinden sich die Verbände mit Kurs Ost. Um 11.36 Uhr werden im Raum Hannover allein 8 Abschüsse gemeldet. Das Angriffsziel der US-Bomber ist jedoch noch nicht erkennbar. Auch um 11.53 Uhr befinden sich noch 3 Verbände mit etwa je 80 Flugzeugen bei Hameln, südlich und nördlich vom Steinhuder Meer mit Kurs Ost. Die Rückflüge beginnen erst nach 12.00 Uhr. Zu dieser Zeit werden jedoch noch weitere Anflüge nördlich und südlich vom Steinhuder Meer bis Osnabrück und Vechta gemeldet. Als Angriffsziel wird erst um 12.14 Uhr "Oschersleben" erkennbar. Im Raum Halberstadt und Braunschweig operierte auch die 56. US-Jägergruppe. Sie schlug sich dort mit deutschen Jagdfliegern herum. Eingesetzt war auch u.a. die zweite Gruppe des ZG 26. Im Raum Elbingerrode/Harz stürzte nach einem Luftkampf die Maschine des Oberleutnant und Ritterkreuzträger Fritz Senkschmidt ab. Die US-Bomber sollten an diesem Tage die Focke-Wulf-Werke in Oschersleben angreifen. Die fliegenden Festungen fühlten sich auf dem gesamten Hinflug gefährdet. Bereits bei Minden stießen etwa 50 Me 109 und FW 190 auf die Festungen.

In dem Raum um Hannover — Braunschweig wurden folgende Schäden und Flugzeugabschüsse gemeldet:

Oschersleben: Größere Anzahl Spreng- und Brandbomben auf Ago-Werke und Stadt. Drei Werkhallen und 13 Wohnhäuser zerstört. 16 Gefallene, 30 Verwundete, 200 Obdachlose.

Halberstadt: 128 Sprengbomben, davon 2 Blindgänger, 250 Flüssigkeitsbomben, davon 25 Blindgänger, 2 Phosphorbrandbomben. Junkers-Werke, Harz-Brauerei, Bahnhofsgebäude und 10 Wohnhäuser teilweise zerstört. Eine größere Anzahl Häuser leicht beschädigt. 3 Gefallene, darunter 1 Wehrmachtsangehöriger, 4 Schwerverwundete und 19 Leichtverwundete. 40 Obdachlose.

20 abgesprungene Feindflieger festgenommen. Ein deutsches Flugzeug abgestürzt.

Landkreis Alfeld: Feldmark Heyersum 1 viermot. Feindbomber abgestürzt. Sieben Mann der Besatzung tot. 1 Mann verletzt. Feldmark Nordstemmen: Ein deutsches Flugzeug abgestürzt, Pilot gefallen.

Landkreis Peine: In zahlreichen Gemeinden wurden insgesamt 280 Flüssigkeitsbrandbomben abgeworfen. Einige Wohnhäuser zum Teil erheblich beschädigt. In der Feldmark Steterdorf sind 2 deutsche Flugzeuge abgestürzt. Beide Piloten sind gefallen.

Landkreis Clausthal-Zellerfeld: Im Harz am kleinen Knollen, 1 viermot. Bomber abgestürzt. Vier Mann der Besatzung tot, Verbleib der übrigen Besatzung nicht bekannt. Bei Försterei Oderhaus 1 Feindflugzeug abgestürzt, 8 Mann festgenommen, 2 noch flüchtig.

Landkreis Göttingen: Feldmark Holzerode: Ein viermot. Bomber angestürzt, 6 Mann der Besatzung tot, 2 schwerverwundet, 1 Mann festgenommen. Durch Detonation der Bombenlast erheblicher Gebäudeschaden. Zwei Frauen schwerverwundet.

Landkreis Marienburg (Hildesheim): In der Feldmark Sottrum: 1 deutsches Flugzeug abgestürzt, Besatzung (2 Mann) gefallen. In der Feldmark Nette: 12 Sprengbomben. Nur Flurschaden.

Landkreis Holzminden: Feldmark Dohnsen und Merkhausen je ein Feindflugzeug abgestürzt. Verbleib der Besatzungen nicht bekannt.

Landkreis Springe: Forst bei Springe: Drei Feindflieger festgenommen und 6 tot geborgen. Ein deutsches Flugzeug abgestürzt. Verbleib der Besatzung nicht bekannt.

Landkreis Hameln: Feldmark Salzhemmendorf: 11 Sprengbomben, davon 1 Blindgänger. Zwei Gebäude leicht beschädigt.
Feldmark Holtensen: Vier Flüssigkeitsbrandbomben, davon 2 Blindgänger. Kein Schaden.
Feldmark Ockensen: Ein viermot. Bomber abgestürzt. Besatzung (10 Mann) festgenommen.
Feldmark Egge: Ein viermot. Bomber abgestürzt. Über Verbleib der Besatzung ist nichts bekannt.
Gemeinde Coppenbrügge: Acht Feindflieger fest-

genommen.
Feldmark Heinsen: Ein deutsches Flugzeug abgestürzt. Pilot gefallen.

Landkreis Blankenburg: In der Feldmark B. ein deutsches Flugzeug notgelandet. Zwei Insassen verwundet. In Feldmark Güntersberge ein viermot. Bomber abgestürzt, 5 Mann festgenommen, 1 Mann tot.

Landkreis Oschersleben: In Feldmark Altbrandsleben ein viermot. Bomber abgestürzt, 5 Mann festgenommen, 1 Mann tot und 1 Mann schwerverletzt. Feldmark Neubrandsleben: Ein viermot. Bomber abgestürzt, 9 Mann festgenommen. Feldmark Bornhausen: Ein deutsches Flugzeug abgestürzt, 1 Insasse tot, 1 Verwundeter.

Landkreis Wernigerode: Feldmark Strohbeck und Feldmark Langeln: Je ein Feindflugzeug abgestürzt, 6 Mann festgenommen. Verbleib der übrigen Besatzungsmitglieder unbekannt. Drei deutsche Flugzeuge abgestürzt, Piloten gefallen.
Werkshausen (Krs. Duderstadt): Ein deutsches Flugzeug abgestürzt. Pilot gefallen.
Feldmark Helmerkamp (Kr. Celle): Ein deutsches Flugzeug abgestürzt. Besatzung durch Fallschirm gerettet.

Feldmark Meckenbeck (Kr. Gandersheim): Ein deutsches Flugzeug abgestürzt, Pilot verwundet.

Im Landkreis Wolfenbüttel fielen in den Gemarkungen Gr. Elbe, Ampleben, Harlingerode, Schlewecke, Bansleben und Schöppenstedt einzelne Sprengbomben. Es gab nur Flurschäden.
Watenstedt-Salzgitter (Reichswerke Hermann-Göring): 106 Sprengbomben im Reihenabwurf und eine größere Anzahl Brandbomben. Betonstraße an 3 Stellen zerstört. Zwei Bauerngehöfte abgebrannt, Ferngasleitung Richtung Magdeburg beschädigt. Drei russische Kriegsgefangene und 2 Polen getötet, 1 Wehrmachtsangehöriger und 3 Personen schwer verwundet.
Feldmark Watenstedt: Acht Sprengbomben, nur Flurschaden. Ebenso war dort ein Feindflugzeug abgestürzt. Die Besatzung mit 9 Mann wurde tot geborgen.

Landkreis Braunschweig: Sprengbomben und 20 Phosphorkanister fielen in den Gemeinden Bienrode, Schandelah, Querum, Meerdorf. In der Gemeinde Duttenstedt war ein 11-jähriges Mädchen durch Bordwaffenbeschuß leicht verwundet.

Landkreis Helmstedt: Im Ort Königslutter fielen: 18 Sprengbomben. Gaswerk, Zuckerfabrik und Amtsgericht schwer beschädigt. Mehrere Wohnhäuser zerstört. Sechs Mann gefallen, 1 Russe tot, 8 Mann verwundet.
Feldmark Wolsdorf: Ein viermot. amerikanischer Bomber abgestürzt. Zwei Besatzungsmitglieder tot, 2 festgenommen.
Bei Schöningen, Emmerstedt, Königslutter und Esbeck je ein deutsches Flugzeug abgestürzt; Zwei Mann der Besatzung gerettet, über Verbleib der übrigen Besatzungsmitglieder ist nichts bekannt.

Landkreis Wolfenbüttel: Je ein Feindflugzeug ist abgestürzt in den Feldmarken Gardessen, G. Elbe, Schöppenstedt und Bornstorf. Von Besatzungsmitgliedern 6 festgenommen, 15 tot geborgen. Verbleib der übrigen Besatzungsmitglieder zunächst unbekannt.

Landkreis Goslar: In Feldmarken Flöthe und Neuenkirchen sowie in Haverlah insgesamt 5 Feindflugzeuge abgestürzt. Neun Mann festgenommen. Infolge Beschädigungen mußten in den Gemeinden Jerstedt und Haverlah je ein deutscher Jäger notlanden. Die Piloten waren verwundet.

Landkreis Einbeck: Feldmark Einbeck: Ein deutsches Flugzeug notgelandet. Pilot unverletzt. In Dassel ein schwerverletzter amerikanischer Flieger festgenommen. In Gemeinde Sievershausen Stallgebäude abgebrannt.

Landkreis Hannover: In Feldmark Bennigsen 3 Sprengbomben. Ein Viermot-Bomber abgestürzt. 5 Mann festgenommen, 5 Mann tot. Feldmark Holtensen: 1 Feindflugzeug abgestürzt, 1 Mann festgenommen, 1 Mann tot, nach restlicher Besatzung wurde gefahndet.
Hannover-Stadt: Ein deutsches Flugzeug abgestürzt, 1 Wohnhaus zerstört, 13 Personen gefallen, 14 Verwundete, 8 - 10 Verschüttete.

Bielefeld, Bleichstraße (11.1.44)

Soldaten bei der Bergung von Verschütteten am 11.1.44. (Bielefeld, Hakenstr.)

Nach dem schweren Angriff wurde an Bombengeschädigte markenfreies Essen durch NSV-Schwestern in Bielefeld verteilt.

Landkreis Stadthagen: In Feldmark Volksdorf 8 Sprengbomben. In Feldmark Mardorf 1 Feindflugzeug abgestürzt, 1 Mann festgenommen, im übrigen wurde gefahndet.

Landkreis Burgdorf: In Feldmark Burgdorf 2 feindl. Flugzeuge abgestürzt. Feldmark Fuhrberg und Feldmark Uetze je ein feindliches Flugzeug abgestürzt, 12 Mann festgenommen, 4 Mann tot. In Feldmark Immensen 1 deutsches Flugzeug abgestürzt.

Landkreis Gifhorn: Feldmark Ahndorf 4 Sprengbomben. Feldmark Hillerse 1 deutsches Flugzeug abgestürzt, 1 Besatzungsmitglied gefallen. Feldmark Ochsendorf 1 deutsches Flugzeug abgestürzt, Pilot leicht verwundet.

Landkreis Northeim: Ein Viermot-Bomber abgestürzt, 7 Mann festgenommen, 1 Mann tot. Ein deutsches Flugzeug abgestürzt. Verbleib der Besatzung nicht bekannt.

Landkreis Burgdorf: Feldmark Brelingen 1 deutsches Flugzeug abgestürzt, Besatzung (2 Mann) unverletzt.

Nicht nur in den vorgenannten Räumen, sondern auch im ostfriesischen Gebiet waren Bombenabwürfe und Flugzeugabschüsse zu verzeichnen.

In Bielefeld wurden gegen 11.30 Uhr Spreng- und Phosphorbrandbomben in die Hermann-Delius-Straße, auf die Dürrkop-Werke III, das Museum und das Pfarrhaus am Klosterplatz geworfen. Auch an der Bleistraße einige Häuser getroffen. Im Stadtgebiet wurden insgesamt 53 Tote und zahlreiche Verletzte gezählt.

Westlich der Weser war das Wetter teilweise bewölkt, östlich der Weser wolkenlos. Die 447. US-Bombergruppe konnte daher Braunschweig mit "gutem Resultat" bombardieren. Bei 2 Verlusten warf diese Gruppe 61 t Bomben auf die Stadt Braunschweig. Hannover war weitgehend verschont geblieben.

Im Regierungsbezirk Osnabrück fielen an diesem Tage etwa 505 Sprengbomben und 1.228 Brandbomben. Es wurden 26 Personen getötet und 64 verwundet. Sieben Kriegsgefangene kamen ums Leben. Die wesentlichen Schäden werden wie folgt angegeben:

Stadt Osnabrück: Von 12.07 bis 12.10 Uhr Abwurf von 124 Sprengbomben im östlichen Stadtgebiet. Fünf Häuser völlig zerstört, 6 schwer, 10 mittelschwer und 30 leicht beschädigt. Sechs Gefallene, 2 Schwer- und 4 Leichtverwundete.

Landkreis Osnabrück: In den Gemeinden Wissingen, Schledehausen, Schelenburg und Jeggen wird der Abwurf von Flüssigkeitsbrandbomben und Sprengbomben verzeichnet. In Jeggen fallen allein 255 Sprengbomben und 100 Flüssigkeitsbrandbomben. Dabei werden 5 Häuser total zerstört, 6 Häuser leicht beschädigt. Zwei Gefallene.

Gemeinde Gretesch-Lüstringen: Gegen 12.00 Uhr fallen 85 bis 90 Sprengbomben. Papierfabrik Schöller getroffen, Teile der Fabrik eingestürzt. Ein Haus total zerstört, 10 Häuser leicht beschädigt. Drei Gefallene, 2 Schwer- und 8 Leichtverwundete.

Landkreis Bentheim: Gemeinde Samern, gegen 13.00 Uhr Bordwaffenbeschuß infolge Luftkämpfe. Ein Wirtschaftsgebäude leicht beschädigt, 2 Fuder Heu verbrannt. Gemeinde Georgsdorf: Gegen 13.00 Uhr Abwurf von etwa 50 Stab- und 3 Phosphorbrandbomben auf Moorgelände. Kein Schaden.

Landkreis Bersenbrück: Gemeinde Lechtrup-Merzen gegen 12.35 Uhr Abwurf von 15 Spreng- und 100 Flüssigkeitsbrandbomben. Zwei landwirtschaftliche Gebäude (Scheunen) total zerstört. In der Gemeinde Plaggenschale gegen 12.35 Uhr Abwurf von 2 Spreng- und 12 Flüssigkeitsbrandbomben. Ein Bauerngehöft durch Brand mittelschwer beschädigt.

Landkreis Lingen: Gemeinde Münningbühren gegen 12.20 Uhr Abwurf von 9 Sprengbomben. Geringer Flurschaden.

Landkreis Melle: Gemeinde Neuenkirchen gegen 12.00 Uhr Abwurf von 8 Sprengbomben. An 3 Häusern geringer Glasschaden.

Landkreis Meppen: In Stadt Meppen von 12.00 bis 12.20 Uhr Abwurf von 143 Sprengbomben, davon

Nach dem Angriff vom 11.1.44 in Bielefeld:

Bielefeld: Gauleiter Dr. Meyer spricht zu den Angehörigen der Opfer des Angriffs vom 11. Januar 1944.

10 Blindgänger. Es sind 10 Häuser total zerstört, 30 schwer- und 150 leichtbeschädigt. Ein Industriewerk (Drahtwerk), Landratsamt, Arbeitsamt und Wehrmeldeamt schwer beschädigt. Bahnkörper an mehreren Stellen beschädigt. Bahnhof nicht getroffen. Fünfzehn Gefallene, 5 Kriegsgefangene und 1 Ostarbeiterin getötet, 22 Schwer- und 26 Leichtverwundete. Sechs- bis siebenhundert Ausquartierte.

Gemeinde Vormeppen: Gegen 12.10 Uhr Abwurf von 5 Spreng- und 120 Stabbrandbomben. Ein Wohnhaus total zerstört, 1 schwer- und 4 leichtbeschädigt. Ein Stallgebäude und ein Industriegebäude mittelschwer und ein Wirtschaftsgebäude leicht beschädigt. Drei Gefallene, 2 Schwer- und 2 Leichtverwundete.

In den Gemeinden Holte, Versen, Rühle und Bor-

Bielefeld, Heepestr. 56 (Bäckerei Nettelstroht) nach dem Angriff vom 11. Jan. 1944.
Besonders schwere Schäden entstanden am 11.1.44 in der Heepestraße (Bielefeld).

ken zwischen 12.10 und 12.15 Uhr Abwurf von insgesamt etwa 800 Stabbrandbomben. In Versen brannten 4 Wohnhäuser und 2 Wirtschaftsgebäude. Etwa 22 Personen mußten ausquartiert werden. Im übrigen nur geringer Flurschaden.

Daß sich in dem Gebiet des Regierungsbezirks Osnabrück heftige Luftkämpfe entwickelt haben, ergibt nachfolgende Aufstellung:

Flugzeugabstürze im Regierungsbezirk Osnabrück nach Luftkämpfen (11. Januar 1944)

Gemeinde	Kreis	Uhrzeit	Besatzung	Typ
Kloster Oesede	Osnabrück	11.20	6 Tote, 6 Gefangene	4-mot. Bomber
Natrup-Hagen (Bauerngehöft schwer besch.)	Osnabrück	12.45	5 Tote ermittelt	4-mot. Bomber
Gellenbeck (Geringer Wald- und Gebäudeschaden)	Osnabrück	11.15	7 Tote, 2 Gefangene	4-mot. Bomber
Messingen	Lingen	12.40	1 Toter	1-mot. Jäger
Suttrup	Lingen	12.45	10 Tote	4-mot. Bomber
(1 Wohnhaus mit Wirtschaftgebäude und 1 Scheune zerstört. Tierschäden: 23 Stück Großvieh, 55 Stück Kleinvieh)				
Thuine	Lingen	12.45	7 Gefangene, 3 Tote	4-mot. Bomber
Holsten	Lingen	12.30	8 Gefangene, 2 Tote	4-mot. Bomber
Eickholt	Melle	11.15	9 Gefangene, 1 Toter	4-mot. Bomber
Schwege	Wittlage	13.00	9 Gefangene, 1 Toter	4-mot. Bomber

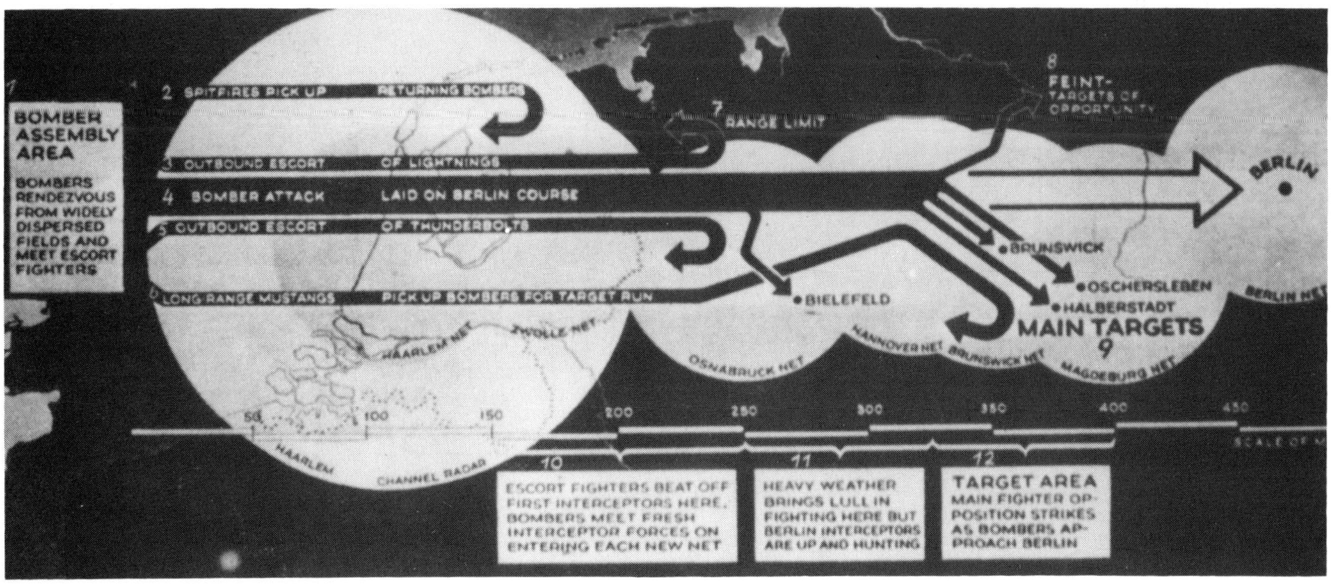

Amerikanische Darstellung des Luftangriffs vom 11. Januar 1944.

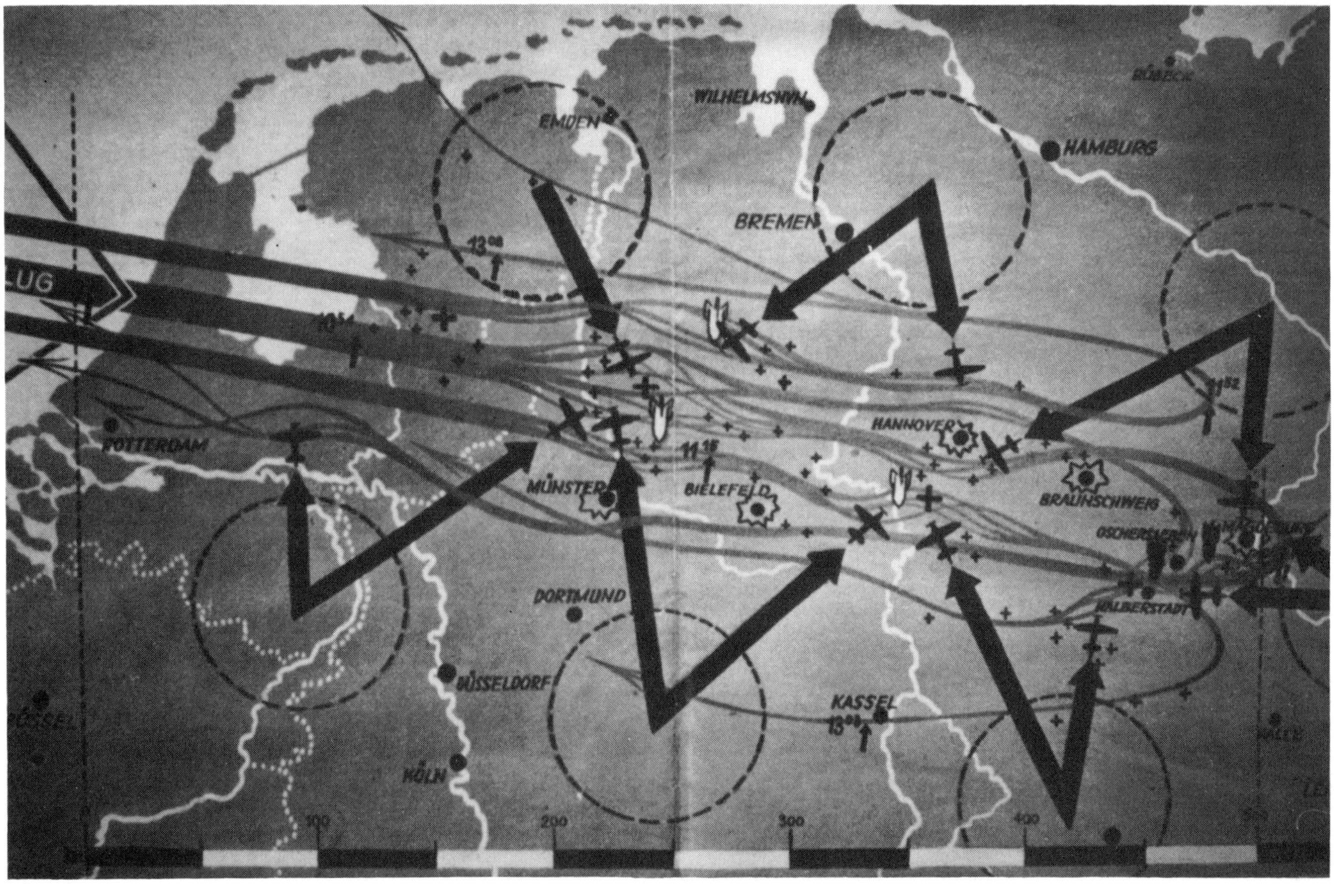

Deutsche Darstellung des Angriffs vom 11.1.1944. Die Pfeile bezeichnen den Einsatz der deutschen Jagdflugzeuge. Durch die Kreuze werden die Abschüsse dargestellt, die schwarzen Bomben bedeuten Bombenangriffe, die weißen Bomben sind Notabwürfe.

14. Januar 1944: Luftangriff in den Abendstunden. In Hannover wird um 18.22 Uhr folgende Meldung bekannt: "Spitze von etwa 400 Flugzeugen haben die Linie Groningen erreicht, Kurs Ost." Bereits nach einigen Minuten wird für die Räume Hannover, Soltau und Nienburg Luftgefahr angeordnet. Um 18.32 Uhr erhalten die Städte Hildesheim, Celle, Hameln und Alfeld Warnbefehl. Die Spitze der Kampfverbände nähert sich um 18.34 Uhr Burgsteinfurt und dem Dümmer See. Nunmehr folgt für die Städte Hannover, Hildesheim, Nienburg, Hameln, Soltau und Celle (18.35 Uhr) Fliegeralarm.

Es befinden sich an diesem Abend 498 britische Bomber im Anflug auf Braunschweig. Sie haben 2.005 Bomben geladen. Die deutschen Nachtjäger greifen ein und können auch verhältnismäßig gute Ergebnisse erzielen. Bereits im Raum Hannover werden 6 Abschüsse gemeldet.

Weitere Durchsagen des Luftschutzwarndienstes lauten:

18.44 Uhr:	*2. Welle Linie Sulingen — Herford mit Ostkurs erreicht.*
18.53 Uhr:	*Starke Verbände nördlich und südlich Hannover.*
18.55 Uhr:	*3. Welle am Dümmer See, Kurs Ost.*
18.57 Uhr:	*Spitze südlich von Hannover vorbeigeflogen. Sie haben Braunschweig und Goslar erreicht.*

19.00 Uhr: Weitere Durchflüge südlich und nördlich Hannover. 4. Welle die Weser erreicht, Kurs Ost.
19.04 Uhr: 5. Welle die Weser erreicht. Luftkampf über Stöcken. Ein Abschuß.
19.09 Uhr: 6. Welle am Steinhuder Meer, Kurs Ost.

Zwischen Weser und Harz erzielen unsere Nachtjäger 6 Abschüsse:

1. Feldmark Lauenburg (Kr. Einbeck), zwei Mann tot,
2. Wiebrechtshausen (Kr. Northeim), fünf Mann tot,
3. Lagershausen, Besatzung unbekannt,
4. Vorwohle (Kr. Holzminden), "Lancaster III", drei Tote,
5. Lamspringe (Kr. Alfeld), ein Mann tot,
6. Bakede (Kr. Springe), ein Mann festgenommen.

Auch der Raum Berlin wird an diesem Abend erreicht; um 19.40 Uhr meldet der Gaubefehlsstand Feindtätigkeit in diesem Gebiet.

Gegen 20.00 Uhr werden um Hannover und Hildesheim verstärkte Rückflüge mit Kurs West gemeldet. Die Städte Hannover, Soltau, Celle und Nienburg geben um 20.29 Uhr Vorentwarnung. Das Gebiet wird um 20.54 Uhr feindfrei gemeldet.

Im Wehrkreis XI sind an diesem Abend insgesamt 30 Feindflugzeuge abgeschossen worden, 16 Besatzungsmitglieder wurden festgenommen, 113 tot geborgen.

Scheinwerfer suchen den Nachthimmel ab.

21. Januar 1944: Auch der Einflug von wenigen Flugzeugen konnte erhebliche Störungen verursachen. Das zeigen besonders die Luftlagemeldungen an diesem Tage. Von 11.42 Uhr hatte der Gaubefehlsstand Hannover bis um 0.24 Uhr (22.1. 1944) laufend Meldungen zu verzeichnen. Ein einzelnes Flugzeug bei Enschede um 12.28 Uhr verursachte Warnbefehl für Hannover, Hameln, Nienburg, Alfeld und Hildesheim. Dieses einzelne Flugzeug wurde um 12.33 Uhr bei Münster mit Kurs Ost gemeldet. Bereits nach 10 Minuten lautete die Nachricht: "Ein Flugzeug nach Westen abgeflogen." Um 13.20 Uhr erschien ein feindliches Flugzeug bei Emden mit Kurs Ost. Dieses drehte jedoch nach 8 Minuten wieder ab. In den Abendstunden erschien ein Störflugzeug bei Recklinghausen mit Kurs Ost, danach bei Hamm und drehte um 20.05 Uhr nach Westen ab. Auch um 20.26 Uhr kreiste ein Flugzeug im Raum Rheine.

Stärkerer Einflug über der Nordsee wird um 21.47 Uhr gemeldet. Zunächst war von 200 Flugzeugen die Rede, danach von 50. Um 22.32 Uhr befindet sich eine Welle in der Front von Nienburg bis Steinhagen. An diesem Abend fand ein Angriff auf Magdeburg statt. Es wurden dort 8 Groß-, 16 Mittel- und 16 Kleinbrände verursacht. Deutsche Abschußerfolge: 41 Flugzeuge.

Erst bei dem Rückflug der Feindflugzeuge gaben die Städte Hildesheim, Alfeld und Hameln um 23.38 Uhr Fliegeralarm. Schließlich war das Warngebiet um 0.24 Uhr feindfrei.

30. Januar 1944: Starke Einflüge, die bei Zwolle gemeldet werden. erreichen um 11.18 Uhr die Reichsgrenze. Gleichzeitig werden über Mittelholland 95 Feindflugzeuge gesichtet. Nach der Meldung der Verbandspitze um 11.27 Uhr bei Meppen und Lingen mit Kurs Ost geben die Städte Hameln, Nienburg, Soltau um 11.32 Uhr Fliegeralarm. Nachdem etwa 100 Flugzeuge den Dümmer See erreicht haben, gibt auch Hannover Fliegeralarm. Etwa 700 Bomber sind in Richtung Braunschweig unterwegs; sie werden von Jagdfliegern der 56. US-Fightergruppe beschützt. Sie wollen mit 1.600 t Bomben die Me-110-Produktionsstätte angreifen. Insgesamt 600 US-Jäger sind aufgeboten, die zahlreichen Verbände zu begleiten. Bei Lingen treffen sie 12 Me 210 und 410 in 12.000 Fuß Höhe an. Es entwickeln sich Luftkämpfe, in deren Verlauf der polnische Emigrant Grabewski mit seiner P 47 eine Me 410 und eine Me 109 abschießen kann.

Östlich Lingen ist es auch dem US-Flieger Robert S. Johnsen möglich, eine Me 410 und Me 109 abzuschießen. Nachdem zunächst die Kämpfe unterbrochen werden, erscheinen nach einiger Zeit 15 Me 109. Hiervon schickten die Thunderbolts 4 Messerschmitt zu Boden und beschädigten 3 weitere. Auch bei Quakenbrück stürzt eine Ju 88 ab. Diese 56. US-Gruppe gibt an, an diesem 30. Januar 1944 16 sichere Abschüsse, 2 wahrscheinliche und 7 Beschädigungen erzielt zu haben. Allerdings muß hierbei wieder erwähnt werden, daß die Amerikaner oft Abschüsse doppelt gezählt haben.

Um 11.57 Uhr wird die erste Welle im Raum Salzgitter-Braunschweig gemeldet, die dritte Welle bei Diepholz-Dümmer See. In diesem Zeitraum greifen immer wieder deutsche Jagdflieger ein, werden aber von dem amerikanischen Begleitschutz zurückgehalten.

Um 12.03 Uhr befindet sich die zweite Welle am Deister, um 12.04 Uhr die 3. Welle bei Petershagen/Weser. Auf deutscher Seite kämpfen die Zerstörergeschwader und das JG 3, ihr Kommandeur, Klaus Quaet-Faslem, ist ebenfalls eingesetzt. Auf dem Rückflug jedoch berührt er im Raum Elm-Gebirge bei Braunschweig den Boden und stürzt tödlich ab. Nach insgesamt 39 Luftsiegen wurde ihm nach dem Tode das Ritterkreuz verliehen.

Es wurde erkennbar, daß das Ziel der Bomberverbände die Stadt Hannover war. Um 12.15 Uhr werden weitere Flugzeuge zwischen Deister und Steinhuder Meer mit Kurs Ost gemeldet. Die Spitze hat die Stadt Hannover erreicht. Anschließend erfolgen Bombenabwürfe auf die Stadt.

Die Schäden im Regierungsbezirk Hannover lassen erkennen, daß die Bomber auch östlich Hannover erschienen sind. Insbesondere war eine Gruppe

Schutzsuchende Bevölkerung in einem Deckungsgraben.

(447.) mit 36 Flugzeugen in Richtung Braunschweig unterwegs. Dort gelangen 81 t Bomben zum Abwurf. Aus diesem Verband wurde ein Viermot-Bomber abgeschossen, 9 erlitten Beschädigungen, vermutlich durch Flakgeschütze.

Die 392. Bombergruppe hatte ursprünglich den Auftrag, die Stadt Braunschweig anzugreifen. In letzter Minute wurde ihr Auftrag noch für Hannover geändert. Diese Gruppe war mit 22 Flugzeugen gestartet und hatte 500-lb-Bomben an Bord. Einmal wurde diese Gruppe von 12 - 15 deutschen Jägern angegriffen. Sie erlitten aber keine Verluste, da der Begleitschutz eingriff. Später wurden noch Liberators durch Flakbeschuß beschädigt. Der höhere SS- und Polizeiführer im Wehrkreis XI meldete für diesen Tag folgende Schäden:

Stadt Hannover: Sachschäden, Wohnhäuser: 47 total, 30 schwer-, 48 leichtbeschädigt; öffentliche Gebäude: 2 total, 2 schwer-, 3 leichtbeschädigt; Industriewerke: keine total, 3 schwer-, 3 leichtbeschädigt; sonstige Gebäude: 15 total, 5 schwer-, 10 leichtbeschädigt. Es entstanden 10 Groß-, 15 Mittel- und 9 Kleinbrände.

Als Verluste wurden gemeldet: 14 Männer, 8 Frauen und 3 Wehrmachtsangehörige gefallen. Schwerverwundet: Neun Männer, 10 Frauen.

Landkreis Burgdorf: In den Gemarkungen Groß Burgwedel, Hellendorf, Immensen, Uetze und Isernhagen HB fielen zahlreiche Flüssigkeitsbrandbomben. Es gab nur Flurschaden.

Landkreis Marienburg: Feldmark Diekholzen 300 Stabbrandbomben-Blindgänger, kein Schaden. Feldmark Einum: 6 Sprengbomben, Flurschaden. Feldmark Nettlingen: 111 Sprengbomben, Flurschaden.

Landkreis Hameln: Feldmark Hemmendorf, 12 Flüssigkeitsbrandbomben, kein Schaden. Feldmark Benstorf 2 Flüssigkeitsbrandbomben und 300 Stabbrandbomben, davon viele Blindgänger, geringer Flurschaden.

In der Feldmark Eldagsen (fr. Landkreis Springe) fielen 4 Sprengbomben, geringer Gebäudeschaden.

In der Feldmark Bavenstedt (Landkreis Hildesheim) fielen 9 Sprengbomben auf den Bahnkörper der Peiner Kreiseisenbahn und Überlandleitung.

Landkreis Wolfenbüttel: In den Gemeinden Adersheim, Fümmelse, Nordassel, Berel und Burgdorf fielen zwischen 5 und 20 Sprengbomben. Bis auf ein landwirtschaftliches Gebäude in Adersheim entstand kein Schaden.

Landkreis Hannover: Feldmark Devese 4 Sprengbomben, geringer Flurschaden. Feldmark Hiddestorf 40 Stabbrandbomben, davon 20 Blindgänger, kein Schaden. Feldmark Nordgoltern 3 Sprengbomben. Flurschaden.

Nach deutschen Angaben sind auf die Stadt Hannover 200 Sprengbomben mittleren und schwereren Kalibers gefallen. Die Zahl der Brandbomben wird mit 10.000 angegeben. Neben den genannten Gebäudeschäden hat auch der Hauptbahnhof sehr gelitten. Es mußten dort sämtliche Ein- und Ausfahrten gesperrt werden. Die Strecken Hannover — Wunstorf, Hannover — Langenhagen, Lehrte — Braunschweig, Wolfenbüttel — Braunschweig und Hildesheim — Braunschweig mußten stillgelegt werden.

Die Gesamtzahl der im Wehrkreis XI abgeworfenen Sprengbomben beträgt 2.125. Davon waren 263 Blindgänger. Die Anzahl der Stabbrandbomben wurde mit 25.787 (davon 4.500 Blindgänger) angegeben. Weiterhin wurden abgeworfen: 1.286 Flüssigkeitsbrandbomben, 3.611 Phosphorbrandbomben und 117 Phosphorkanister.

Über die Verluste in Luftkämpfen gibt folgende Aufstellung Auskunft:

Flugzeugabstürze im Wehrkreis XI am 30.1.1944

Gemeinde	Landkreis	Besatzung	Typ
Lohburg	Burg	?	4-mot. Bomber
Darlingerode	Wernigerode	?	1 deutsch. Jäger
Hessen	Wernigerode	?	1 deutsch. Jäger
Einum	Hi-Marienburg	tot	1 deutsch. Jäger
Aerzen	Hameln	8 Bes.-Mitgl. festgen./1 Bes.-Mitgl. tot/1 flüchtig	4-mot. Bomber "Fortress"
Rohrsen	Springe	2 Bes.-Mitgl. tot/5 festgen.	4-mot. US-Bomber
Beber	Springe	2 Bes.-Mitgl. tot	deutscher Zerstörer
Warber	Bückeburg	6 Bes.-Mitgl. tot/4 festgen.	4-mot. Bomber
Cammer	Bückeburg	2 Bes.-Mitgl. tot/sonst. unb.	4-mot. Bomber
Koldingen	Hannover	Besatzung gerettet	1 deutsch. Jäger
Ehlershausen	Burgdorf	11 Bes.-Mitgl. tot	4-mot. Bomber
Hänigsen	Burgdorf	4 Bes.-Mitgl. festgenommen sonst. unbekannt	4-mot. Bomber
Beienrode	Gifhorn	2 Bes.-Mitgl. tot/sonst. unbek.	4-mot. Bomber
Ottbergen	Hildesheim	8 Bes.-Mitgl. tot/2 festgen.	4-mot. Bomber
Oppershausen	Gandersheim	Pilot unverletzt	1 FW 190 notgel.
Bornhausen	Gandersheim	Pilot schwerverletzt	deutsch. Jäger

Plünderer kamen an den Galgen

Diebstähle im Schutze der Dunkelheit während der Fliegerangriffe wurden besonders geahndet. Schon Anfang September 1939 wurde die Todesstrafe oder langjähriges Zuchthaus angedroht, um die Neigung zu Verbrechen aller Art im Schutze der Verdunkelung oder bei Fliegeralarm zu unterdrücken. Zur Aburteilung waren Sondergerichte zuständig. Die Hannoversche Zeitung vom 14. Oktober 1943 berichtet:

"Im Gerichtsgefängnis zu Hannover ist ein Galgen errichtet worden, an dem die Todesurteile des Sondergerichts vollstreckt werden. Volksschädlinge aller Art, insbesondere Plünderer, haben auf Gnade in dieser Zeit schwerster Prüfung unserer Bevölkerung nicht zu rechnen. Vor der Schranke des Sondergerichts stand am Mittwoch ein wegen Diebstahls bereits mehrfach vorbestrafter Mann, der mit Aufräumungsarbeiten beauftragt gewesen war und bei dieser Gelegenheit Geld und Gebrauchsgegenstände an sich genommen hatte. Er wurde vom Sondergericht zum Tode verurteilt. Das Urteil ist sofort vollstreckt worden."

Sämtliche Straftaten, nicht nur Eigentumsdelikte, die unter Ausnutzung der Verdunkelung begangen wurden, waren im Strafmaß besonders zu berücksichtigen. Die zumeist ausgesprochenen Zuchthausstrafen fielen langfristig aus. In der Presse und auf sonstigen Tafeln war auf die besondere Strafbarkeit immer wieder hingewiesen worden. Auf Unkenntnis konnte sich somit niemand berufen. Die verwerfliche Tat, durch Fliegerangriffe in Notgeratene darüber hinaus zu bestehlen, sollte auf ein Mindestmaß herabgesetzt werden. Eine gewisse Abschreckung wird die Strafandrohung bewirkt haben. Es sind daher nur wenige Todesurteile, die sich auf den Diebstahl von Ausgebombten beziehen, ergangen.

Warntafel in der Hermann-Delius-Straße in Bielefeld.

Verstärkte Angriffe im Frühjahr 1944

3. Februar 1944: Wilhelmshaven, Emden und Wesermünde waren Ziel amerikanischer Bomber. Bahnanlagen von Wilhelmshaven trafen 84 t Bomben aus 34 Flugzeugen der 447. Bombergruppe. Wesermünde wurde von 200 Maschinen angegriffen.

10. Februar 1944: Angriffsziel war heute Braunschweig. Dort fielen etwa 800 Sprengbomben, davon 116 Blindgänger, im übrigen 6.807 Stabbrandbomben und 208 Flüssigkeitsbrandbomben. Durch diesen Angriff verloren 5.336 Personen ihr Obdach. Das bedeutet, daß 258 Wohnungen total und etwa 1.800 Wohnungen leicht bis mittelschwer beschädigt waren. Außerdem starben 45 Männer, 84 Frauen, 14 Kinder und 13 Kriegsgefangene. Etwa 18 Vermißte kamen hinzu. Die SS-Junkerschule wurde mittelschwer beschädigt, dabei kamen 34 Wehrmachtsangehörige zu Tode. Feuerwehren hatten in Braunschweig 77 Groß-, 100 Mittel- und 200 Kleinbrände zu bekämpfen. Die Feindtätigkeit meldete der Gaubefehlsstand um 11.52 Uhr. Rückflüge begannen ab 12.03 Uhr bei Peine und Isenbüttel. Ein weiterer Verband veranlaßte die Meldung "Anhaltende Feindtätigkeit über Braunschweig" um 12.08 Uhr.

Neben erheblichen Schäden in der Innenstadt brannten zwei Russenlager am Hauptbahnhof Braunschweig aus.

Die 447. Bombergruppe, die mit 19 Flugzeugen unterwegs war, hatte dort 48 t Bomben abgeladen. Zwei Flugzeuge verlor diese Gruppe (20 Vermißte), neun Beschädigte kehrten zurück.

Begleitjäger und Jagdflugzeuge des JG 11 liefern sich über dem Dümmer See heftige Kämpfe. Verluste auf beiden Seiten.

Der deutsche Zerstörer Me 110 unterlag oft anglo-amer. Jagdfliegern. Er war zu langsam.

Ein Mosquito II-Jagdbomber. Sie flogen oft Überraschungsangriffe; in den Luftlagemeldungen als "schnelle Kampfflugzeuge" bezeichnet.

Bombenwurf durch geschlossene Wolkendecke.

15. Februar 1944: Einflug feindlicher Maschinen in den Abendstunden. Die Spitze wird um 20.04 Uhr am Dümmer See gemeldet. Es ist zu erkennen, daß die Flugzeuge in Richtung Berlin fliegen. Im norddeutschen Raum entstehen nur geringe Schäden. Im Landkreis Burgdorf stürzen 2 Feindflugzeuge ab: eine zweimot. Mosquito (bei Hellendorf) und ein unbekannter Bomber (bei Isernhagen). Es werden 5 Mann tot geborgen, 2 Mann festgenommen, über weiteren Verbleib nichts bekannt.

20. Februar 1944: US-Bomber überfliegen Nordwestdeutschland, um insbesondere Hannover, Braunschweig und Oschersleben anzugreifen. Die Verluste in Braunschweig werden mit 115 Toten angegeben, 2.000 Menschen werden obdachlos. In Oschersleben erleidet die Bevölkerung ebenfalls hohe Verluste: 66 Wohngebäude waren total, 44 schwerbeschädigt. Außerdem entstanden 62 Groß-, 52 Mittel- und 63 Kleinbrände. 32 Tote waren zu beklagen.

Das Gaugebiet Hannover-Braunschweig hatte wieder einen starken Angriff erlitten. Es waren insgesamt 1.110 Spreng-, 16.040 Stab-, 472 Flüssigkeitsbrandbomben und 76 Brandkanister gefallen.

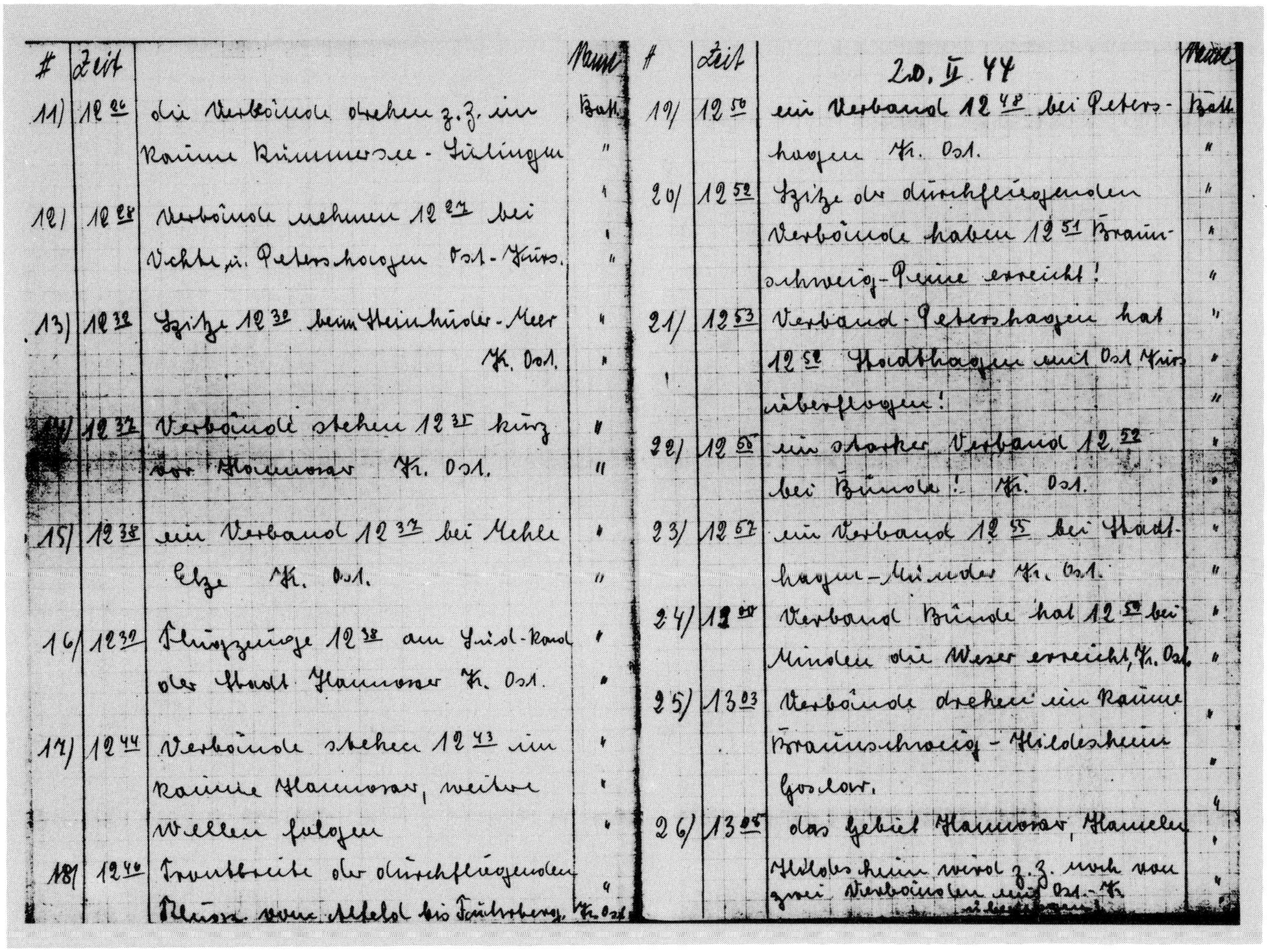
#	Zeit		Raum	#	Zeit	20. II. 44	Raum
11)	12.26	die Verbände drehen z.Z. im Raume Dümmersee - Sulingen	Batt.	19)	12.50	ein Verband 12.48 bei Petershagen Kr. Ost.	Batt.
12)	12.28	Verbände nehmen 12.27 bei Vechta u. Petershagen Ost-Kurs.	"	20)	12.52	Spitze der durchfliegenden Verbände haben 12.51 Braunschweig-Peine erreicht!	"
13)	12.32	Spitze 12.30 beim Steinhuder-Meer Kr. Ost.	"	21)	12.53	Verband Petershagen hat 12.52 Stadthagen mit Ost-Kurs überflogen!	"
14)	12.37	Verbände stehen 12.35 kurz vor Hannover Kr. Ost.	"	22)	12.55	ein starker Verband 12.52 bei Bünde! Kr. Ost.	"
15)	12.38	ein Verband 12.37 bei Mehle Elze Kr. Ost.	"	23)	12.57	ein Verband 12.55 bei Stadthagen-Minden Kr. Ost.	"
16)	12.39	Flugzeuge 12.38 am Stich-Kanal der Stadt Hannover Kr. Ost.	"	24)	13.00	Verband Bünde hat 12.59 bei Minden die Weser erreicht, Kr. Ost	"
17)	12.44	Verbände stehen 12.43 im Raume Hannover, weitere Wellen folgen	"	25)	13.03	Verbände drehen im Raume Braunschweig - Hildesheim Goslar.	"
18)	12.40	Frontbreite der durchfliegenden Flugz. von Alfeld bis Fürstenberg Kr. Ost	"	26)	13.05	das Gebiet Hannover, Hameln Hildesheim wird z.Z. noch von zwei Verbänden mit Ost-Kr. [illegible]	"

20./21. Februar 1944: Ein Nachtangriff findet auf Bremen statt; es ist der 694. Fliegeralarm. Stundenlange Einflüge im Gebiet Bentheim werden gemeldet. Auch Lingen wird getroffen. Im gesamten Wehrbereich XI fallen vereinzelt Spreng- und Brandbomben. In Arnum vor Hannover werden 7 Bauernhöfe eingeäschert. Es gab 6 Tote, 4 Schwerverletzte und 39 Obdachlose. In Selxen (Krs. Hameln) brennen mehrere Scheunen und Stallungen.

Die deutsche Luftabwehr konnte 33 Feindflugzeuge abschießen. 71 Besatzungsmitglieder gerieten in Gefangenschaft, 109 wurden tot geborgen. Die Landkreise Hildesheim, Gifhorn, Fallingbostel, Burgdorf und Salzwedel waren mit Flugzeugtrümmern übersät.

21. Februar 1944: Einflug starker Feindverbände in den Mittagsstunden. Die Hauptziele waren Mainz und Wiesbaden, aber auch der norddeutsche Raum blieb nicht unversehrt. Die 457. Bombergruppe hatte Angriffsbefehle für Gütersloh und Lippstadt. Weitere Angriffsschwerpunkte: Hannover und Braunschweig. Braunschweig erlitt 45 Tote und 17 Schwerverletzte. In Hannover fielen 145 Sprengbomben, dadurch kamen 8 Deutsche und 9 Ausländer zu Tode.

Deutsche Jäger trafen wieder auf Begleitschutz. Trotzdem konnten Abschüsse erzielt werden: Bei Landringhausen 2 Feindflugzeuge, Feldmark Holzminden 1 4-mot. Bomber, Feldmark Wunstorf 1 Cortis-Jagdflugzeug und eine B-17. Bei Löhne stürzte eine B-17 in den Ortsteil Bischofhagen.

Die 447. BG läßt Bomben über Diepholz fallen. Abschüsse werden in den Gemeinden Vinte, Botdorf und Listrup (Landkreise Bersenbrück und Lingen) gemeldet.

Etwa 300 Sprengbomben fallen um 14.50 Uhr auf Lingen und verursachen schwere Gebäudeschäden. Über 40 Tote und über 100 Verwundete sind zu beklagen. In 5 Gemeinden des Landkreises Bentheim verursachen 24 Sprengbomben nur leichte Schäden. Der Angriff im Landkreis Bersenbrück ist wesentlich schwerer:

Abwürfe im Landkreis Bersenbrück am 21. Februar 1944

Zeit	Ort	Anzahl der Sprengbomben	Schäden
14.20	Stadt Quakenbrück	100 (5 Blindg.)	1 Wohnhaus total zerstört, 5 Wohnhäuser schwer besch., 2 Wohnbaracken zerst., 2 Tote, 69 Pers. obdachlos
14.30	Stadt Bramsche	5	1 Wohnhaus total, 1 schwer, 10 leicht besch., 2 Tote, 4 Verletzte
14.55	Fürstenau	11 (1 Blindg.)	4 Häuser leicht besch.
14.55	Bokel	35 2 Minenbomben	2 Häuser schwer, 4 leicht besch.
14.55	Vörden	15	3 Tote, 3 Kinder verwundet
14.40	Hesepe	120	20 Wohnhäuser leicht und mittelschwer besch.
14.40	Achmer	50	1 Haus zerst., mehrere leicht besch., 3 Tote, mehrere Verwundete
14.40	Kalkriese	35	1 Baracke zerstört, 2 besch., 2 Verwundete
14.30	Üffeln	10	4 Häuser leicht u. mittelschwer beschädigt
14.30	Wehdel	2	—
14.30	Lechterke	2	—
14.40	Tüttingen	12	—
14.40	Voltlage	1	1 Wohnhaus schwer besch.
14.40	Weese	6	—
14.40	Pente	2 (1 Blindg.)	—

22. Februar 1944: Der gesamte norddeutsche Raum wird von Feindflugzeugen berührt. Alarm wird um 12.03 Uhr angeordnet. Als Ziele sind die Städte Magdeburg, Wernigerode, Halberstadt, Osterode und der Landkreis Hameln ausgemacht. Eine aufgebrochene Wolkendecke ermöglicht die Ziele zu finden. Wernigerode hat 171 Tote und 124 Verwundete zu beklagen. Es fielen dort 180

Nach Luftangriffen gab es besondere Versorgungsengpässe. Käuferschlange in Bielefeld (1944).

schwere Sprengbomben im Stadtzentrum. Der hohe Gebäudeschaden verursachte 1.200 Obdachlose: 104 Wohngebäude waren total, 181 mittelschwer und 800 leicht beschädigt.

In zahlreichen Landgemeinden fallen Sprengbomben, die möglicherweise auch aus Notabwürfen herrühren: Welsede (Krs. Hameln) 10 Sprengbomben, Grießem 25 Phosphorkanister, Hunbrock und Werfen bei Bünde 140 Spreng- und 160 Brandbomben. Eine Großzahl der Bomben fiel in freies Gelände. Sechs Häuser waren total, 37 mittelstark beschädigt, 3 Tote und 3 Verletzte. Das Stadtgebiet von Bünde wurde von 18 Minenbomben getroffen. Zwei Häuser waren vollständig zerstört. Fünf feindliche Flugzeuge stürzten im Gaugebiet Hannover — Braunschweig ab.

Begleitjäger nahmen Gelegenheit, Pferdegespanne und Personengruppen, die mit Schneeschaufeln beschäftigt waren (Antendorf), zu beschießen. In Kirchwehren bei Hannover wurde eine Flakbatteriebefehlsstelle im Tiefflug von 3 Jägern beschossen. Vier Verletzte und ein Toter blieben zurück. Durch Beschuß eines Pferdefuhrwerkes bei Wunstorf wurde der Kutscher getötet. Im Kreis Gifhorn blieben nach Tiefangriffen mehrere Personen- und Güterzüge bewegungsunfähig liegen.

Deutsche Jagdflugzeuge und Zerstörer können einige Tiefflieger zum Absturz bringen (bei Hagen-

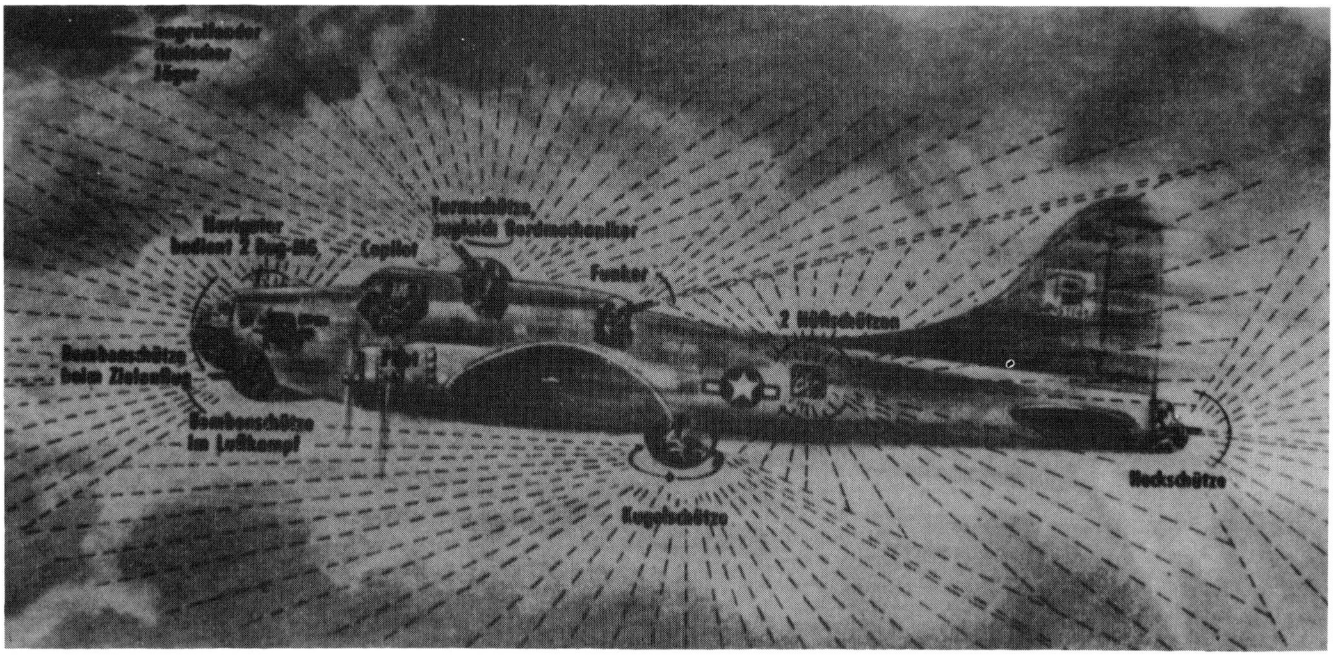

Diese Darstellung läßt am besten die Abwehrfähigkeit eines B-17-Bombers erkennen.

Eine Gruppe Viermot-Bomber wird durch Me 410-Zerstörer in Luftkämpfe verwickelt.

burg-Wiedenbrügge und bei Metel Krs. Neustadt/Rbge.). Auch zwei Deutsche müssen in dieser Umgebung notlanden. Fünf 4-mot. Bomber stürzen allein im Landkreis Burgdorf ab, weitere im Raum Braunschweig und Gardelegen. Die Jagdgeschwader 3 und 11, auch die II./ZG 26 liefern sich mit dem Gegner im gesamten Gaugebiet Kämpfe. Der erfahrene Zerstörerpilot Major Eduard Tratt stürzte nach Luftkampf bei Nordhausen/Harz tödlich ab. Aus einem bei Sandebeck/Steinheim zu Bruch gegangenen Bomber retteten sich 8 Amerikaner durch Fallschirmabsprung. Eine Viermot, die bei Hajen (Krs. Hameln) zu Boden ging, hatte der hier beheimatete Hauptmann Knoke vom JG 11 abgeschossen.

Die Rückflüge wurden ab 13.40 gemeldet.

24. Februar 1944: Starke Verbände mit Jagdschutz wurden um 11.44 Uhr über Mittelholland gemeldet. Heftige Luftkämpfe entwickelten sich gegen 12.41 Uhr im norddeutschen Raum. Der Großraum Kassel wurde diesmal besonders stark angegriffen. Um 13.34 Uhr begannen die Rückflüge mit Südkurs.

6. März 1944: Heftige Luftkämpfe im gesamten norddeutschen Raum. Am Dümmer See traf die 388. BG auf etwa 15 bis 20 Focke-Wulf-Jäger. Die Kämpfe hielten 20 Minuten an. Der eigentliche Angriff sollte Berlin treffen. Es waren insgesamt 504 B-17- und 226 B-24-Bomber unterwegs. Eine große Anzahl US-Jäger flog Begleitschutz. Nordöstlich vom Steinhuder Meer schoß der amerikanische Pilot Robert S. Johnson zwei Me 109 ab. Deutsche Jäger erzielten im Wehrkreis XI folgende Abschüsse:

- 1 US-Jagdflugzeug in Feldmark Meißendorf/Krs. Fallingbostel, Pilot abgesprungen, Fahndung eingeleitet;
- 1 US-Jagdflugzeug in Feldmark Zarentien/Krs. Uelzen, Pilot tot;
- 2 US-Jagdflugzeuge im Landkreis Salzwedel und Haldensleben;
- 1 US-Flugzeug in Feldmark Ottendorf/Krs. Gardelegen;
- 4 US-Bomber.

8. März 1944: Durch- und Rückflüge der Verbände von 12.50 Uhr bis 16.00 Uhr. Begleitende Jäger waren besonders stark. Um 13.06 Uhr lautet eine Luftlagemeldung: "Wunstorf wird mit Bordwaffen beschossen." Deutsche Jäger konnten trotz starker Gegenwehr an diesem Tage im Wehrkreis XI 23 Feindflugzeuge abschießen. Es gingen 81 Besatzungsmitglieder in die Gefangenschaft, 14 wurden tot geborgen.

9. März 1944: Angriffe auf Stadt Hannover und Umgebung. Dort fielen 329 Spreng- und über 400 Brandbomben. Die Continental-Gummiwerke erlitten geringe Schäden durch zwei Sprengbomben, 19 Häuser waren zerstört, 65 beschädigt worden. Wieder wurden 300 Personen obdachlos. Vierzehn Gefallene und 34 Verwundete waren zu beklagen.

Die Landgemeinden bei Neustadt/Rbge. (Dudensen, Bevensen, Büren, Rodewald, Lutter, Lutmersen und Evensen) erlitten hauptsächlich Flurschäden. Allein in der Feldmark Rodewald fand man 78 Bombentrichter.

In der Feldmark Gehrden/Krs. Hannover konnten nach Absturz eines Liberator-Bombers 10 Amerikaner gefangengenommen werden.

15. März 1944: Einflug starker Feindverbände gegen 10.28 Uhr mit Jagdschutz. Eindringtiefe bis in den Raum Magdeburg. Angegriffen wurden die Städte Braunschweig, Watenstedt-Salzgitter und umliegende Landkreise. Die Abwurfmittel in diesem Raum betrugen: 1.984 Sprengbomben, davon 58 Blindgänger, im übrigen 15.470 Stabbrandbomben, 67 Phosphorbrandbomben, 4.802 Flüssigkeitsbrandbomben, davon 169 Blindgänger. 18 Deutsche und 22 Ausländer waren getötet worden. Die Obdachlosenzahl stieg auf 2.300 Personen.

23. März 1944: Erste Luftlagemeldungen gehen um 9.35 Uhr ein. In 6.000 Meter Höhe flogen mehrere Wellen alliierter Bomber. Hannover wird um 10.16 Uhr erreicht, andere Verbände stehen um 10.31 Uhr im Raum Osnabrück. Angegriffen werden an diesem Morgen die Städte Ahlen, Braunschweig, Hamm, Münster und Osnabrück. In der Gemeinde Gaste bei Osnabrück fallen um 11.00

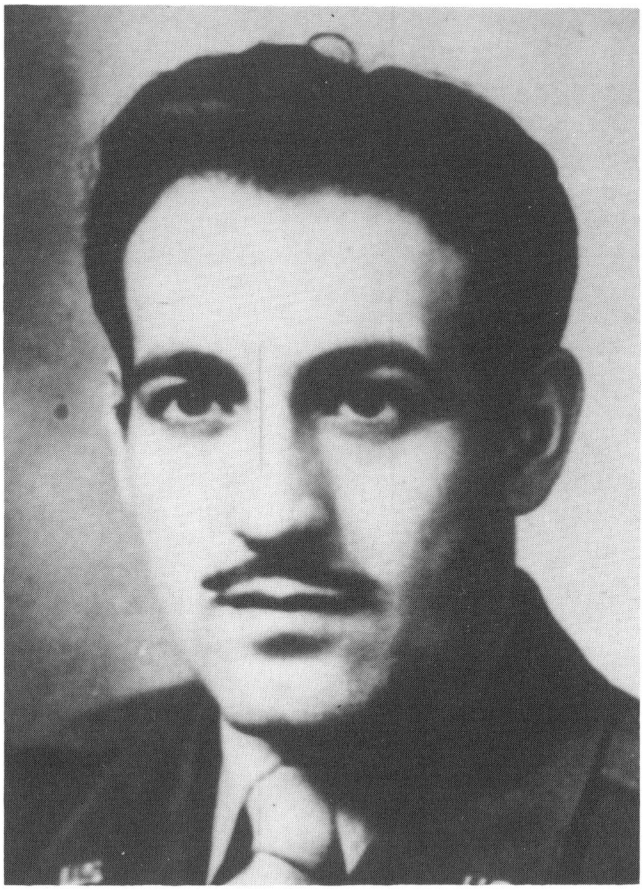

Der erfolgreiche Jagdflieger Gentile.
Seine Luftsiege im NW-Raum:

23.03.1944	*2 Me 109*	*bei Braunschweig*
29.03.1944	*2 FW 190 +*	
	1 Me 109	*Hannover — Braunschweig*
08.04.1944	*2 FW 190*	*Hannover — Braunschweig*

Uhr 40 Sprengbomben. Glücklicherweise werden nur zwei Häuser zerstört und sieben leicht beschädigt. Die Gemeinde Natrup-Hagen wird um 10.28 Uhr durch 15 Sprengbomben schwer beschädigt. Getroffen sind 15 - 20 Häuser und ein Kriegsgefangenenlager. Vereinzelt fallen Bomben in Holzhausen, Hellern, Sudenfeld und Nahme (Krs. Osnabrück).

In die Stadt Osnabrück fallen um 10.35 Uhr 150 Spreng- und 100 Stabbrandbomben. Folgende Schäden werden registriert:

26 Wohnhäuser völlig zerstört,
37 Wohnhäuser schwerbeschädigt,
43 Wohnhäuser mittelschwer beschädigt,
237 Wohnhäuser leicht beschädigt.

Ferner sind zu verzeichnen: 12 getötete Einwohner, 10 getötete Ausländer, 21 Verwundete, 1 Vermißter, 340 Obdachlose.

Die 392. US-BG. sollte an diesem Morgen den Fliegerhorst Achmer und Eisenbahnlinien zerstören.

Der Gaubefehlsstand meldete um 11.23 Uhr den Rückflug von Bomberverbänden, um 12.02 Uhr jedoch einen neuen Einflug von Jagdmaschinen.

29. März 1944: Die Meldungen an diesem Tage reichen von 12.40 bis 15.15 Uhr. Starker Jagdschutz befindet sich in Nähe der zu schützenden Bomber und wehrt deutsche Angreifer ab. Sie haben aber auch die Aufgabe, Tiefangriffe durchzuführen. Luftlagemeldungen überhäufen sich. In der norddeutschen Tiefebene und plötzlich um 13.27 Uhr tauchen sie bei Langenhagen/Hann. auf. Zwischen Hannover, Hildesheim und Braunschweig ist man sich auf den Straßen nicht mehr sicher. In 100 Meter Höhe suchen sie das Gelände ab, um auf irgendwelche Passanten zu schießen. Angriffsziel der Bomber war an diesem Tage Braunschweig. In aufgelockerter Formation befinden sich um 13.50 und 14.45 Uhr die Viermots mit Westkurs über Nordwestdeutschland. Endlich ist um 15.15 Uhr das Warngebiet frei.

8. April 1944: Wieder ist Braunschweig ausersehen. Die 392. US-BG greift in diesem Raum auch kleinere Städte an. Dort erscheinen plötzlich 15 bis 20 deutsche Jäger und Zerstörer, die den Viermots zuschaffen machen. Aber US-Jäger verwickeln sie in heftige Luftkämpfe. Heute verliert die deutsche Luftwaffe verdienstvolle Flieger:

Oberleutnant Zwernemann, Träger des Ritterkreuzes mit Eichenlaub unterliegt im Kampf mit Mustangs im Raum Gardelegen und stürzt tödlich ab. Er war bisher 126 mal Sieger über frühere Gegner.

Über der Zuidersee (Holland) wird Oberleut-

Mustang (P-51) eines Gruppenkommandeurs. Erst wenige Wochen im Einsatz, wurde sie durch deutsche Flak am 5. März 1944 abgeschossen. Der Pilot kam in Gefangenschaft.

nant Karl Willius beim Einflug der Viermots nach 50 bisherigen Luftsiegen abgeschossen.

Hauptmann Ernst Maack vom JG 11 konnte bei Minden eine B-24 abschießen, wurde danach aber vom Feindjäger zum Absturz gebracht. Bei Raderhorst/Minden wurde er erst 1972 aus den Flugzeugtrümmern geborgen und in seinen Heimatort Kummerfeld Krs. Pinneberg überführt.

11. April 1944: Durchflug von etwa 800 Flugzeugen einschl. Jagdschutz. Die Wetterlage: 2/10 bis 8/10 bedeckt, Wolkenuntergrenze 1.000 bis 1.200 Meter, Wolkenobergrenze 2.000 bis 2.500 Meter. Haufenwolken, dunstig, Sicht 8 km.

Die Einflüge werden von Mittelholland zum Steinhuder Meer gemeldet. Um 10.26 Uhr befinden sich die Verbände zwischen Deister und Steinhuder Meer in Höhe von nur 1.500 Metern. Eine Meldung um 10.40 Uhr: "Zehn bis zwanzig Kilometer nördlich Hannover kreisen viele Flugzeuge."

Deutsche Jäger bringen mehrere Viermots zum Absturz. In Steinhagen/Westf. geriet um 11.50 Uhr eine Boeing-Fortress II gegen den Dachstuhl des Hauses Nr. 371. Das Vorderteil blieb auf dem Haus liegen, der größere Teil wurde etwa 120 Meter weitergeschleudert. Die Benzintanks rissen bei dem Aufprall, der Inhalt ergoß sich über den Gebäudekomplex. Danach entstanden Brände, wobei zwei Frauen getötet wurden. Drei Besatzungsmitglieder waren verwundet, die übrigen tot geborgen.

18. April 1944: Cuxhaven wurde durch 25 fliegende Festungen angegriffen. Die geworfenen 100-lb-Bomben richten nur erträglichen Schaden an. Die Flak beschädigte 8 Flugzeuge.

Weitere US-Bomber griffen den Flugplatz Rheine/

Bentlage und auch die Stadt Rheine an.

19. April 1944: Angriffsziel der 392. US-BG war Flugplatz Gütersloh. Deutsche Flak beschädigte 8 Bomber. Die 492. BG beteiligte sich an Luftangriffen im mittleren Gaugebiet. Von 291 Bombern fanden 15 ihre Formation wegen schlechten Wetters nicht mehr, sie kehrten um. Am Dümmer See stießen die Viermots auf etwa 150 deutsche Jagdflugzeuge. Begleitende US-Jäger verwickeln sie in Luftkämpfe, die sich bis in den Raum Celle erstreckten.

Über Gütersloh warfen 62 Bomber 247 Spreng- und 267 Brandbomben. Zwei Tote.

22. April 1944: Stadt- und Bahnhofsanlagen von Hamm wurden bombardiert. Allein im Bahnhofsgebiet fielen 700 Sprengbomben. Sämtliche Gleise von der Westseite der Bahnsteige über den Verschiebebahnhof in mindestens 2 km Länge waren zerstört. Nur die Richtung Hannover und Münster war noch befahrbar. In Richtung Westen und Süden mußten die Gleise gesperrt werden. Der Bahnsteig 3 erhielt Volltreffer. Wagenhalle, Werkstatt und Öllager wurden durch Brände stark beschädigt. Schwere Löschgruppenfahrzeuge (13) und Kraftspritzgruppen (11) bekämpften die Brände. Autobuspendelverkehr mußte eingesetzt werden.

Allein die 447. BG warf 80 t Bomben. Ein Flugzeug davon ging verloren, 7 beschädigte kehrten zurück. Sechzig deutsche Jäger hatten sich die 392. Gruppe vorgenommen. Captain Eberhardts Maschine überschlug sich und stürzte in das Stadtgebiet von Hamm. Aus der brennenden Maschine stiegen 6 Besatzungsmitglieder aus. Insgesamt verlor diese Gruppe 26 Flugzeuge, 17 weitere waren durch Flak- und Jägerbeschuß beschädigt worden.

23. April 1944: In der Gemarkung Lügde (b. Bad Pyrmont) stürzte eine Lancaster ab. Fünf Besatzungsmitglieder wurden tot geborgen und auf dem Ortsfriedhof beigesetzt.

25. April 1944: Von 5.00 bis 12.30 Uhr waren 29 Viermots der 447. US-Bombergruppe unterwegs, um in Braunschweig 64 t Bomben abzuwerfen. Beschädigte Bomber ließen im Weserbergland bei Bensen 44 Sprengbomben fallen. Ein etwa 1 1/2 km langer und 1 km breiter Gelände- und Waldstreifen war mit Trichtern versehen. Sie hatten eine Tiefe von 4 bis 6 m und eine Breite von 8 bis 10 Meter.

Vom Einsatz der Flakbatterien

Zeitungsberichte verkündeten im Jahre 1940 ein Höchstmaß an Sicherung gegen feindliche Flieger. Es bleibt aber festzustellen, daß überzeugender Erfolg den Heimatflakbatterien leider versagt geblieben ist. Die Ursachen hierfür waren vielfältig und der Truppe selbst am wenigsten anzulasten. Der Einsatzwille bis zur letzten Stunde war ungebrochen, die Soldaten resignierten nicht, allen Rückschlägen und Mißerfolgen zum Trotz. Wenn auch die Anzahl der Flakbatterein bis Kriegsende ständig verstärkt wurde, gelang es ihr nicht, die Bomberströme wirksam zu bekämpfen.

Von den Erfolgen der Flak (Abk.: Fliegerabwehrkanonen) erfuhr die Bevölkerung aus der Presse. Der Hannoversche Kurier schreibt unter dem 7. August 1940: "Durch Flakfeuer zum Abdrehen gezwungen." Es wird über eine hannoversche Flakbatterie berichtet, die auf eingeflogene "Bristol Blenheim" schießt. Ein Abschuß wird an diesem Abend nicht erzielt. Britische Flugzeuge konnten im Jahre 1940 einige Male bis Hannover vorstoßen. Einer der ersten Abschüsse der hannoverschen Flak erfolgte in der Nacht vom 25. zum 26. Juni 1940. Der Bomber schlug bei Rethem auf freies Feld. Die Besatzung wurde tot geborgen.

Am 17. August 1940 konnte auch die Flak aus der Umgebung Peine einen Abschuß erzielen. Die Kanoniere hatten bisher wochenlang untätig in ihren Stellungen gesessen. Sie, die in Polen und dann im Westen während der Kampfhandlungen

Muni-Lager an der Flakstellung.

eingesetzt waren, kannten diese Ruhe nicht. Als dann nachts ein Verband in 4.000 Metern Höhe erschien, setzte ihr konzentriertes Abwehrfeuer ein. Eine im Scheinwerferbündel sichtbare Maschine erhielt Treffer, drehte zunächst ab, brach dann aber brennend auseinander.

Im Jahre 1940 standen etwa 425 schwere Flakbatterien in der Reichsluftverteidigung. Die Einfluggebiete, die gefährdeten Städte Bremen, Hamburg und Hannover waren in erster Linie zu schützen. Bis 1941 konnten in dem bezeichneten Abwehrraum 537 schwere (6 bis 15,9 cm) und 375 leichtere Batterien (bis 5,9 cm) eingesetzt werden.

Der Luftgau XI (nieders. Raum und Hannover) konnte am 18. Dezember 1942 sechs britische Bomber abschießen. Allein die um Hannover-Stadt eingesetzte Flak hatte drei Flugzeuge heruntergeholt. Damit war der 500. Abschuß erzielt worden. Es war eine viermotorige "Short-Stirling", die am Stadtrand von Hannover zerbrach. Bei den übrigen Abschüssen handelte es sich um einige zweimotorige "Vickers-Wellington".

Für die Bevölkerung war es in den klaren Nächten ein besonderes Schauspiel, wenn die Strahlenbündel der Scheinwerfer hoch in den Himmel ragten. Ein Flugzeug, das plötzlich von einem Scheinwerferstrahl erfaßt wurde, war mit dem Auge aus weiten Entfernungen zu erkennen. Voller Erwartung war nach kurzer Zeit zu beobachten, wie nach stän digen Explosionen der Flakgranaten der Punkt im Scheinwerferstrahl sich brennend dem Erdboden näherte.

Wilhelmshaven war das Ziel der angreifenden US-Bomber am Morgen des 26. Februar 1943. Die Stadt am Jadebusen, die in den vergangenen zwei Wochen mehrere nächtliche Luftangriffe durchgestanden hatte, sollte nun im Tagesangriff bei guter Sicht mit Bomben belegt werden. Trotz heftiger Flakabwehr konnten mehrere US-Bomber, die einen der ersten Tagesangriffe durchführten, ins Stadtgebiet vordringen. Wieder stürzten Wohnhäuser ein, wieder wurden Menschen obdachlos, und wieder waren es fast ausnahmslos zivile Ein-

Eine Flakstellung im Großraum Hannover im Jahre 1940.

richtungen, die getroffen wurden. Die Marineflak feuerte nach Kräften. Nach Eintreffen der deutschen Jäger warfen auch diese sich in den Kampf. Die Erfolge, nämlich 17 abgeschossene Viermot-Bomber, waren nur schwer auf Flak und Jäger aufzuteilen. Von der Flak angeschlagene Bomber waren von Jägern erledigt worden. Draußen im Wattenmeer, in den Mooren, auf Weiden und in den Marschen, überall lagen die Trümmer vernichteter Maschinen. Ein Flieger berichtete, daß der Himmel zeitweilig so gesprengelt mit weißen Fallschirmen gewesen sei, daß man hätte annehmen können, der Feind habe Fallschirmspringer abgesetzt. Aber die Brandfackeln abstürzender Maschinen brachten Klarheit.

Die Frage in den Kommandostellen, ob ein Abschuß der Flak oder einem Jagdflieger zuzusprechen sei, war mitunter schwer zu entscheiden. Beispielsweise läßt ein Bericht über Abschußerfolge im Luftgau XI vom 28.12.1944 erkennen, daß in diesem Raum die Flakbatterien seit Kriegsbeginn 759 anerkannte Flugzeugabschüsse und 594 "leider noch nicht anerkannte" aber abgefaßte Flugzeugabschüsse, zusammen also 1.353 Abschüsse (darunter 23 Mosquitos) erzielt haben. Abschußmeldungen wurden nicht ohne weiteres anerkannt.

Die Führer der Flakbatterien richteten an den Komm. General und Befehlshaber im Luftgau XI (General der Flieger Wolff) Abschußmeldungen zur Weiterleitung. Eine Meldung hatte folgenden Inhalt:

RAD-Flakbatterie 3/461 (0)
(RAD 4/180)
Abschußmeldung:
Zeit des Absturzes: 11.1.1944, 12.45 Uhr
Absturzstelle: 3 km nördl. Rehburg Stadt (nördl. Steinhuder Meer)
Höhe: 3.000 m.
Typ: Fortress II, 90% Bruch, 7 Mann tot, 2 Mann gefangen.
Aus Gefechtsbericht: Verband von ca. 70 - 80 Maschinen. Batteriestellung Garbsen, Kdo-Gerät 40 und 6 Geschütze 8,8 Flak 37. Gruppenfeuer, 66 Schuß 8,8 cm. Der Verband wurde auseinandergesprengt. Anschließender Angriff von drei Jägern, nach deren Beschuß abgestürzt.

Aus dem Inhalt anderer Meldungen geht hervor:

Zeit des Absturzes: 30. Jan. 1944, 12.30 Uhr
Ort des Absturzes: 500 m südlich Rohrsen bei Eimbeckhausen.
Höhe: 6.700 - 6.300 m.
Typ: Fortress II, Nr. P 237727 Z (USA)

Besatzung: 3 tot, 5 gefangen, Rest unbekannt. (6 Geschütze 8,8 cm, Flak 37 mit elektr. Schießverfahren, mit 60 Schuß bekämpft) Bedeckt 10/10

Zeit des Absturzes: 30. Jan. 1944, 12.10 Uhr
Ort des Absturzes: Ottbergen bei Hildesheim
Zielhöhe: 5.900 m.
Typ: Fortress II USA, Aufschlagbrand, senkrecht. 8 tot, 2 gefangen.
Bekämpfung mit Kdo-Gerät 40, Fu. M. G. 39 T. D. und 4 Geschützen 10,5 cm. Es wurden 43 Schuß 10,5 cm im Gruppenfeuer abgegeben. Wetterlage am Ziel: bedeckt 10/10, diesig.

Zeit des Absturzes: 10. Febr. 1944, 11.55 Uhr
Ort: 1 km ostw. Bimolten, Höhe 1.000 m.
Typ: Fortress II, USA, 6 Mann gefangen, sonst unbekannt.

Aus Entfernung von 2.000 m mit drei Zügen bekämpft.
(12 Geschütze 3,7 cm) Verbrauch 173 Schuß. Notlandung. 6 Mann stiegen aus, einer zündete die Maschine in Brand.

Zeit des Absturzes: 21. Febr. 1944, 14.05 Uhr.
Ort: 1 km nordwestl. Groß-Munzel bei Hannover.
Höhe: 6.400 - 5.000 m.
Typ: Fortress II USA.
Zur Landung gezwungen mit Bruch. 4 Mann gefangen, wahrsch. 4 Mann tot.

50 Fortress optisch erfaßt um 13.54 Uhr. Von 13.58 bis 13.59 Uhr elektrisch bekämpft. 6 Geschütze 8,8 cm Flak 37. Verbrauch 82 Schuß. Wetterlage: bedeckt 5/10 diesig.

Zeit des Absturzes: 29. Febr. 1944, 11.55 Uhr.

Beisetzung von 10 britischen Fliegern (April 1942)

Ort: Wietmarschen, 11 km westl. Lingen.
Höhe . 600 m.
Typ: Thunderbolt (USA)
Im flachen Winkel, Aufschlagbrand, Flugzeugführer verbrannt.

Die Heimatflakbatterie 68/XI beobachtete 4 Thunderbolts, beschoß eine durch 3,7 cm Flak 18. Verbrauch: 18 Schuß Spr. Gr. Patr.

Zeit des Absturzes: 6. März 1944, 13.15 Uhr

Ort: 6 km westl. Meißendorf bei Bergen im Ostenholzer Moor.

Typ: Mustang Nr. Part. 73-18001, USA.
Einzelteile weggeflogen, zur Landung gezwungen, 100% Bruch, 1 Mann gefangen. Im Feuer der Batterie machte das Ziel Abwehrbewegungen durch seitliches Pendeln und starkes Drücken auf 1300 m. Dunkle Rauchfahne. (400 Schuß Spr. Gr. Patr. 8,8 cm und 53 Schuß Spr. Gr. Patr. 10,5 cm.)

Über Absturzorte berichteten die Tageszeitungen nur wenig. Es kamen ohnehin schon genügend Zuschauer und Andenkensammler.

Im Monat Juni 1943 befanden sich im nordwestdeutschen Raum schwere Flakbatterien nahe der Städte Bremen, Hamburg, Osnabrück, Hannover, Münster, Bielefeld, Hamm und Kassel im Einsatz. Die Batterien waren als Flakgürtel im Abstand von ca. 5 bis 10 km vom Stadtrand entfernt untergebracht. Leichte Batterien sollten gefährdete Rüstungsorte und auch Flugplätze schützen, z.B. Rotenburg/Hann., Faßberg, Rheine, Minden, Dol-

Abgeschossene britische Manchester (April 1942)

Schüler der Helmholtz-Schule am Haller Weg. (Bielefeld)

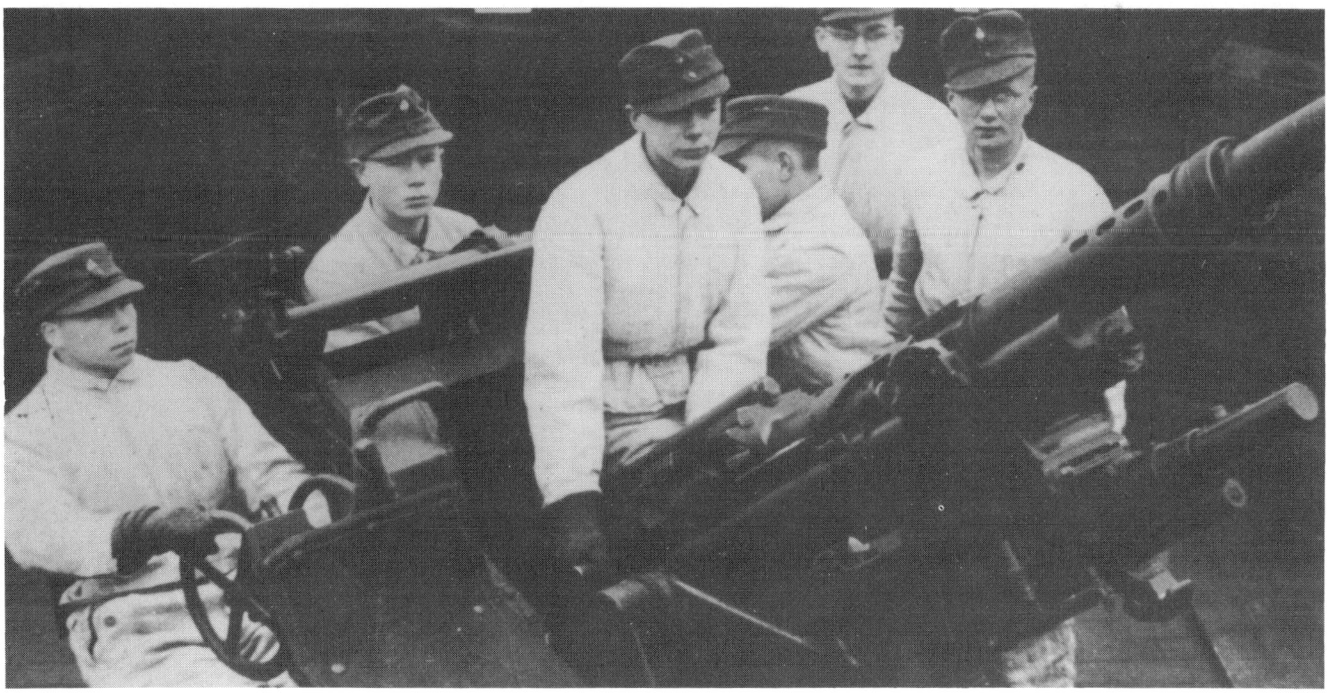

Bielefelder höhere Schüler am Geschütz. (27.2.43)

Trümmer einer bei Hannover abgeschossenen Vickers-Wellington.

Zahlreiche Geschosse am Nachthimmel.

Bei einem Luftangriff auf Kassel abgeschossenes amer. Flugzeug. In den Trümmern befinden sich noch große Mengen von Staniolstreifen, die den deutschen Funkverkehr stören sollten. Absturzstelle bei Irvinghausen/Kassel.

bergen (Raffinerie), Paderborn, Braunschweig und Göttingen. Eigentlich begann auch erst Mitte 1943 der Hauptschlag gegen deutsche Städte. Das machte die Erhöhung der eingesetzten Batterien erforderlich. Auch die Hinzuziehung von Luftwaffenhelfern erleichterte die Aufstellung; es erhielten somit im Jahre 1944 folgende Orte Flakschutz: Borkum, Norderney, Norddeich, Varel, Wiesmoor, Emden, Oldenburg, Quakenbrück, Vechta, Wunstorf, Plantlünne, Hesepe, Achmer, Ibbenbühren, Bielefeld, Gütersloh, Bad Lippspringe, Altenbeken, Bad Oeynhausen und Salzwedel. *)

Ende 1944 ist die Reichsluftverteidigung am stärksten: Im gesamten Reich stehen etwa 1.500 schwere und etwa 800 leichte/mittlere Flakbatterien bereit. Die Frontlage im Osten machte es erforderlich, daß Anfang 1945 ein Drittel dieser Batterien an die Ostfront geworfen wurde.

Den Flakeinheiten unterstanden auch Luftsperr- und Nebeleinheiten. Sie ließen bei Gefahr Ballons aufsteigen oder nebelten bestimmte Einrichtungen ein, um sie vor der Fliegersicht zu schützen.

*) *Aufgeführt sind nur Orte aus dem behandelten nordwestdeutschen Raum.*

Einsatz von Ballonsperren und Nebeleinheiten im nordwestdeutschen Raum Frühjahr 1945:

Ort	Schutzobjekt	Art der Sperreinsätze
Minden	Kreuzung Mittellandkanal/Weser	B.
Bad Oeynhausen	Eisenbahnanlagen und Weserbrücken	B. und N.
Altenbeken bei Paderborn	Bahnviadukt	N.
Brake b. Bielefeld	Bahnviadukt	N.
Diemeltalsperre	Sperrmauer	B.
Nachterstedt/Braunschweig	Chemische Industrie	N.
Odertalsperre/Harz	Sperrmauer	B.
Edertalsperre	Sperrmauer	B. und N.
Emden	Industrie und Hafen	B. und N.
Wilhelmshaven	Kriegshafen und Industrie	B. und N.
Brunsbüttel	Kanaleinfahrt Nordsee	B. und N.
Cuxhaven-Duhnen	Kriegshafen	B.
Bremen	Stadt und Hafen	N.
Hannover-Seelze	Weser-Elbe-Kanal	B.
Hannover-Stadt	Eisenbahnanlagen, Industrie, Stadtgebiet	N.
Hannover-Sehnde	Kanal, Industrie, Eisenbahnanlagen	N.
Greene/Leine	Straßenbrücke über die Leine	B.
Boffzen-Godelheim	Eisenbahnbrücke über Weser	B.
Hellendorf/Hannover	Hermann-Göring-Werke	N.

B. = Ballonsperren
N. = Nebeleinheiten

Soweit die Soldaten aus Flakeinheiten bei Kriegsende nicht versetzt waren, um Kampfgruppen zu bilden, kam ihnen bei der Besetzung durch Amerikaner oder Engländer die Aufgabe zu, im Erdbeschuß auf vordringende Fahrzeuge und Panzer einzuwirken. Dabei konnten sie allgemein nur geringe Erfolge haben, da ihnen vor allem die Beweglichkeit und Fronterfahrung fehlten.

Eine B-17 der US-Air Force am 19. April 1944 über Kassel. Ringsherum Flakwölkchen. Zahlreiche Geschosse bewirkten einen Abschuß.

Eine erfolgreiche Flakeinheit, die vom Beginn des Krieges an allen Fronten eingesetzt war.

Flugzeugtrümmer von Emden bis Braunschweig (29. April 1944)

Die Luftoffensive gegen das Reichsgebiet war in den letzten Wochen und Monaten erheblich gesteigert worden. Aber jeder dieser Angriffe hatte die Amerikaner einen erheblichen Prozentsatz der eingeflogenen Bombergruppen gekostet. So betrugen die Verluste der Anglo-Amerikaner am 6. März 140 Maschinen, am 8. März 112 Flugzeuge.

Am Sonnabend, den 29. April 1944 wurde ein stärkerer Einflug über Mittelholland um 9.10 Uhr gemeldet. Die Luftlagemeldungen sprachen abwechseln von Jagd- und Bomberverbänden. Insgesamt sollen es 1.000 Flugzeuge gewesen sein. Einige Durchsagen lauteten:

"10.52 Uhr: Ein Verband 20 km westlich Hannover,
10.56 Uhr: Ein Verband über Hannover,
11.07 Uhr: Noch starke Durchflüge durch das Gaugebiet,
11.10 Uhr: Es befinden sich feindliche Jäger über Hannover."

Diese ernüchternden Durchsagen im Rundfunk ließen die Schwere der Angriffe und auch die zahlreichen Luftkämpfe nicht erkennen. Als in den Mittagsstunden dieses Sonnabend über Berlin die Alarmsirenen heulten und als einige Zeit darauf die amerik. Flieger in einzelnen Gruppen über der Reichshauptstadt erschienen, um ihre Bomben wahllos in die weitverstreuten Wohngebiete der Stadt abzuladen, herrschte auf allen Gefechtsständen der deutschen Luftverteidigung Hochbetrieb. Zunächst waren die Pulks der amerikanischen Bomber, die wiederum im Schutze zahlreicher Jagdeinheiten erschienen, vom Glück begünstigt. Denn über Holland und Belgien lag eine fast geschlossene Wolkendecke, die den amerikanischen Verbänden zunächst einen ungehinderten Weiterflug ermöglichte, weil bei dieser Wetterlage das Eingreifen der deutschen Jagdabwehr noch nicht ratsam erschien. Erst östlich Hannover wurde der Hauptstoß der starken deutschen Jagdkräfte an den Feind herangeführt. In diesem Gebiet entwickelten sich dann die erbittersten Luftschlachten dieses Krieges. Von den deutschen Geschossen getroffen, zerplatzte brennend ein Viermotoriger nach dem anderen. Fallschirme pendelten zur Erde. Zahlreiche Besatzungen konnten heute dem Inferno der Luftschlacht nicht lebend entrinnen. Ein amerikanischer Bordfunker sagte hinterher: "Ich habe nie etwas Schlimmeres erlebt." Einen besonders hohen Prozentsatz verlor die 447. US-BG *). Sie war mit 29 Maschinen aufgestiegen. Bereits auf dem Hinflug wurden zehn Bomber abgeschossen, so daß nur 19 am Ziel erschienen. Diese Gruppe meldete nach ihrer Rückkehr 100 Vermißte, 1 Toter und 5 Beschädigungen.

Im Raum Gardelegen stießen Maschinen des Jagdgeschwaders Udet in 5.000 m Höhe auf den Feind. Hauptmann Moritz Wilhelm meldet den Abschuß einer Liberator: "Angriff von vorne; aus 300 bis 100 m Entfernung erfolgte der Abschuß. Treffer in Kanzel und rechter Fläche. Blieb zurück, verlor an Höhe, weiße Fahne. Munitionsverbrauch: 40 Schuß = 2 cm, 80 Schuß = 13 mm mit Bf 109 G 6. Start 12.35 Uhr Fliegerhorst Salzwedel, Landung 13.30 Uhr."

Ebenfalls vom JG Udet meldet Oberfähnrich Erhardt Nolting (Stab IV) einen Abschuß mit seiner Me 109 G 6. (Munitionsverbrauch: 24 Schuß = 3 cm, 60 Schuß = 13 mm).

Der Kommandeur der I/JG 11, Hans-Heinrich König, konnte an diesem Tag vier Bomber abschießen. Auch Nachtjagd- und Zerstörergeschwader wurden an den Feind herangeführt. Oberstleutnant Hans-Joachim Jabs, der Kommodore des NJG 1 konnte an diesem Tag zwei Spitfire abschießen.

Auch auf dem Rückflug entstand keine Pause in der weiter mit Erbitterung geführten Luftschlacht.

**) Bombergruppe*

Eine Me 109

und der abgeschossene Gegner, eine amerikanische P-51-Mustang.

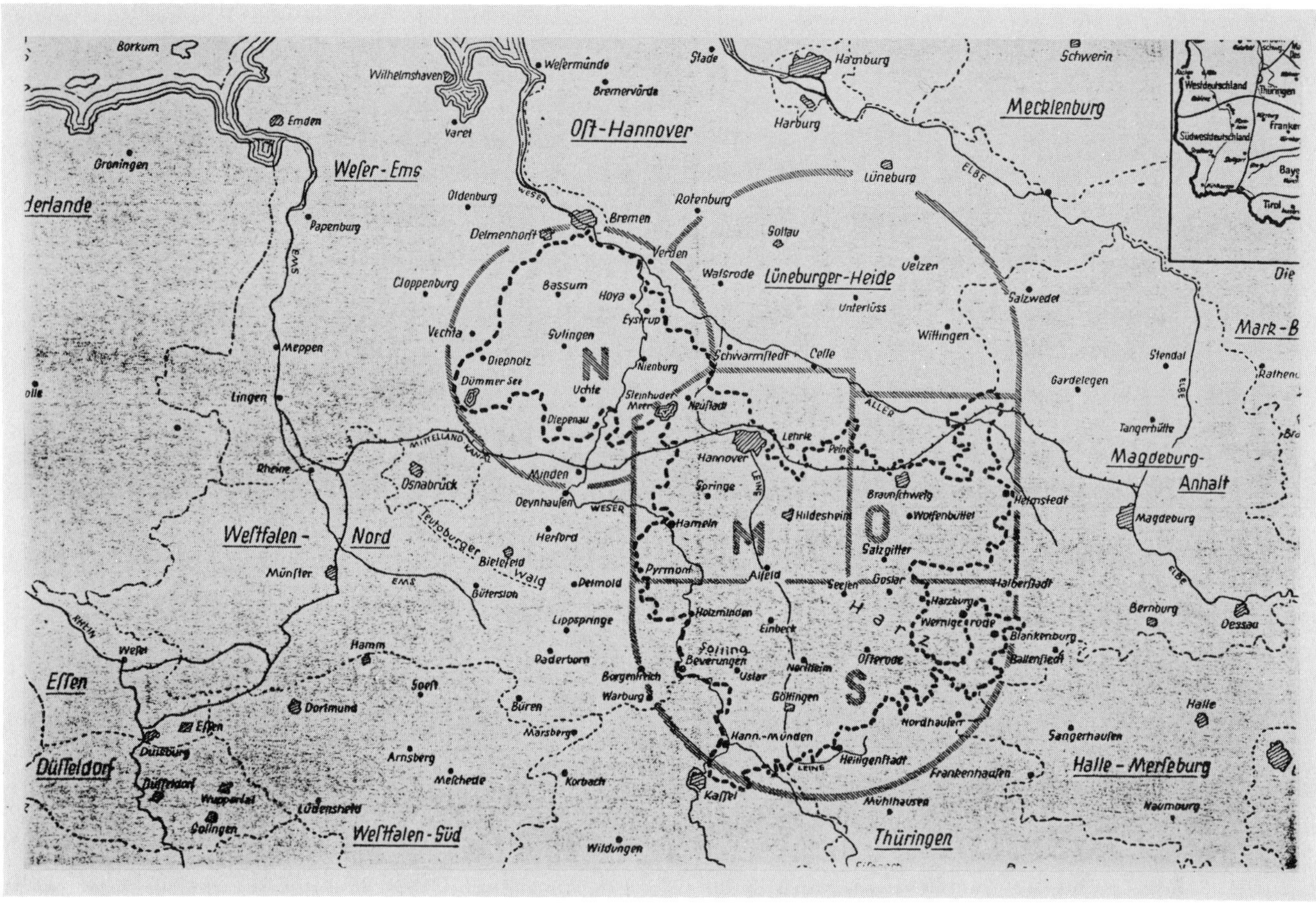

Um die Luftlagemeldungen aus dem Rundfunk verfolgen zu können, war diese Übersichtskarte in den Zeitungen abgedruckt. (N = nördliches, m = mittleres, o = östliches, s = südliches Gaugebiet.)

Durch immer neue Flankenstöße der deutschen Jagdzerstörerverbände hatte der Feind weiterhin schwere Verluste, besonders an Viermot-Bombern.

Andere Boeing-Bomber, die bereits vorher angeschossen worden waren und vergeblich hinter ihren Formationen herhinkten, versuchten nach Norden auszuweichen und die See oder schwedisches Gebiet zu erreichen.

Auch Hauptmann Knoke vom JG 11 ist wieder dabei. Er wird abgeschossen und hat ein besonderes Erlebnis. Er berichtet darüber:

"Dicht sitzt eine Thunderbolt hinter mir, von weiteren 7 gefolgt. Berstend schlagen die Geschosse aus ihren 8 Maschinenwaffen in meinen Vogel ein. Meine rechte Fläche brennt sofort!
Ich lasse mich in einer Linkskurve in die Wolken fallen. Da hängt der Schatten einer Thunderbolt vor mir. Ich schieße. Ihr Leitwerk brennt!
Jetzt sehe ich die Erde. Ich sehe die Erde. Ich werfe die Kabine ab, will aussteigen, ehe es zu spät ist! Da rasselt es wieder in meine brennende Mühle hinein. Wieder sitzt auf dreißig Meter eine Thunderbolt hinter mir! Ganz dicht höre ich das hämmernde Rattern ihrer Maschinengewehre.

Verdammt! Ihre Luftschraube zerschlägt mich zu Brei, wenn ich jetzt aussteige! Ganz klein mache ich mich in meinem Sitz. Die Panzerplatte fängt die für mich bestimmten Geschosse hinter meinem Rücken

ab. Es hagelt nur so in Rumpf und Flächen hinein. Ein großes Loch klafft neben meinem rechten Bein. Flammen lecken herein. Es wird heiß!
Spritzend haut ein Treffer in das Armaturenbrett vor mir. Ein Schlag trifft meinen Kopf!
Scheiße! Jetzt ist es vorbei!
Da setzt mein Motor aus. Er hat gefressen. Schlagartig verliere ich an Fahrt. Mein Gegner schießt über mich hinweg. Sekundenlang sitzt er in meinem Visier! Ich drücke auf die Knöpfe. Meine Nerven sind zum Zerreißen gespannt! Wenn ich vor die Hunde gehe, dann soll er mitgehen!
Sauber sitzt meine Garbe in seinem Rumpf. Er reißt seinen rauchenden Vogel steil hoch. Er brennt! Seine Kabine löst sich, ein Körper drückt sich heraus!
Da ist der Boden! Ich rase über ein paar lange Felder hinweg, drücke in sie hinein. Flammen schlagen mir ins Gesicht! Erde spritzt auf. Mit dumpfen Schlag setzt meine Kiste auf, rutscht wenige Meter, gräbt sich fast in den lockeren Boden ein. Ich stemme die Beine in die Pedalen. Hebe die Hände vors Gesicht. Bruchteile von Sekunden dauert das nur. Ein furchtbarer Schlag trifft meinen Kopf! Das ist das Ende, denke ich nur noch. Dann verliere ich das Bewußtsein! ---
Ich weiß nicht mehr, wie ich aus der brennenden Maschine herausgekommen bin. Entsetzliche Schädelschmerzen nehmen mir die Denkfähigkeit. Stolpernd, stürzend, wieder aufstehend laufe ich weg vom explodierenden Bruch. Knallende Munition fliegt mir pfeifend, surrend um die Ohren.
Hoch schießt eine Rauchwolke von meiner lichterloh brennenden Maschine in den Himmel auf. Einige hundert Meter weiter brennt eine zweite Maschine. Der Ami!
Mein Kopf, mein Kopf! Es dreht sich vor meinen Augen. Ich gehe in die Knie und halte den Schädel in beiden Händen, muß mich übergeben, bis ich den

Starke Bomberverbände

Geschmack der grünen Galle im Munde habe.
Immer wieder stoßen die übrigen 7 Thunderbolts auf mich herab. Sie schießen! Ich lasse mich in einen flachen Graben am Feldrande fallen. Hier bin ich sicher.
Ich bin am Ende meiner Kräfte. ---
Ein baumlanger Kerl steht vor mir, als ich wieder zur Besinnung komme. Er starrt mich unentwegt an. Es ist ein Amerikaner. Ich hocke auf dem Grabenrand. Er setzt sich zu mir. Beide schweigen wir. Ich halte meinen schmerzenden Schädel in den Händen und stütze die Ellbogen auf die Knie.
Der Ami reicht mir eine Zigarette. Ich danke und biete ihm aus meinem Etui an. Er dankt auch, und beide zünden wir uns unsere eigenen Glimmstengel an.
'Sind Sie der Messerschmittpilot?' 'Ja.' 'Sind Sie verwundet?' 'Scheint so.' 'Sie bluten am Hinterkopf.' Ich fühle, wie mir das Blut in den Nacken sickert.
Der Ami fragt weiter: 'Haben Sie mich heruntergeholt?' 'Ja.' 'Das ist unglaublich! Ihr Vogel brannte!' "

Ebenfalls vom Jagdgeschwader 11 (4. Staffel) mußte sich Oberfeldwebel Seibel zwischen Ith und Osterwald gegen zwei feindliche Flugzeuge wehren. Er unterlag schließlich; seine Me 109 stürzte auf die Ithklippen bei Lauenstein. Zehn Minuten später kämpfte Leutnant Trockels (6./JG 11) mit seiner Me 109 G 6 über dem Osterwald vergeblich gegen drei feindliche Jagdflieger. Die Maschine schlug in einer Tannenschonung im Nesselberg auf. Leutnant Trockels konnte noch aussteigen; am nächsten Tag wurde er am Fallschirm hängend tot in einer Buche gefunden.

Der Gaubefehlsstand Hannover meldet ab 12.02 Uhr laufend Rückflüge. Um 13.35 Uhr wird Vorentwarnung gegeben. Die Masse der feindlichen Flugzeuge befindet sich inzwischen in Ostfriesland

mit starkem Jagdschutz, hier Mustang-Jäger, sind am 29.04.1944 unterwegs.

und Westdeutschland. Das hannoversche Gaugebiet ist um 13.53 Uhr feindfrei.

Danach werden nur noch drei Meldungen durchgegeben:

14.12 Uhr ein Flugzeug in 56 B Kurs Südost,
14.20 Uhr ein Flugzeug kreist in 56,
14.30 Uhr das Flugzeug in 56 B nunmehr abgeschossen.

Aus dem Wehrmachtsbericht geht hervor, daß an diesem 29.4.1944 insgesamt 129 feindliche Flugzeuge, darunter 121 viermot. Bomber, abgeschossen wurden.

Festnahme der Flugzeugbesatzungen

Die Bevölkerung sah jedes Flugzeug am blauen Himmel als in der Sonne glitzernden Punkt. Etwa 30 solcher Punkte bildeten einen Bomberverband. Ein leises Tackern verriet, daß ein Luftkampf in etwa 8.000 Meter Höhe stattfand. Die Jagdflugzeuge waren in dieser Höhe nur sehr schwer mit bloßem Auge zu erkennen. Wer ein Fernglas besaß, holte es sofort. Plötzlich wurde eine Rauchfahne sichtbar, ein Flugzeug überschlug sich. "Ein Abschuß" wurde befriedigt festgestellt. Schließlich trudelte das Flugzeug näher, es löste sich eine Tragfläche. Oft hatte der Beobachter den Eindruck, als komme die Maschine auf ihn zu. Dann waren weiße Punkte am Himmel zu sehen. Es war die Besatzung, die sich mit dem Fallschirm gerettet hatte. Die Teile des Viermot-Bombers schlugen inzwischen in weiterer Entfernung auf. Die Fallschirme jedoch brauchten mehrere Minuten, um den Erdboden zu erreichen. Die Bevölkerung, insbesondere auf dem Lande, hatte sich inzwischen mit Hiebwaffen versehen und in die vermeintliche Richtung begeben. Der niedergekommene Flieger ergab sich sofort angesichts der Übermacht. Der Gefangene wurde einem Polizeibeamten übergeben, dieser meldete den Vorgang unverzüglich an die nächste Wehrmachtsdienststelle.

Dieses war der Normalfall. Dem US-Flieger Tyre C. Weaver, geb. 19.06.1918 in River-View, Alabama, erging es anders. Bei seinem Angriffsflug auf Hannover am 26.07.1943 wurde der Bomber, indem er sich befand, durch deutsche FW-Jäger stark beschädigt. Der Pilot war tödlich getroffen worden. Weaver verlor den linken Arm. Da keine Aussicht bestand, daß er den Rückflug lebend überstehen würde, wagte der Schwerverletzte den Absprung. Er landete mit seinem Fallschirm in einem Weizenfeld in der Nähe von Vechta, südlich von Bremen. Ein etwa 10-jähriges Mädchen lief auf ihn zu, löste den Helm, die Sauerstoffmaske und den Fallschirm, tränkte ihr Taschentuch in Wasser und kühlte das Gesicht. Die Bäuerin Siemer auf dem allein gelegenen Hof in Aldrup rief den Arzt Dr. med. Gerh. Maier in Harpstedt. Dieser leistete ärztliche Hilfe und ließ Weaver in ein Lazarett bringen. Noch während des Krieges, nach 15-monatiger Gefangenschaft, konnte dieser US-Flieger im Austausch in die USA entlassen werden.

Flugzeugbesatzungen, die nachts ihre brennende Maschine verlassen mußten, fielen ins Ungewisse. Bei dem Nachtangriff am 8. Oktober 1943 auf Hannover schoß der deutsche Jagdfliegerpilot Felix Müller im Weserbergland eine Lancaster ab. Aus der brennenden Maschine konnte sich Geoff Taylor mit dem Fallschirm retten. Einige Kilometer von Aerzen (Kr. Hameln-Pyrmont) entfernt, kam er unversehrt an. Von weitem konnte er die brennenden Reste seiner Lancaster sehen. Er begab sich nicht in Gefangenschaft, sondern hielt sich noch zwei Nächte im Wald zwischen Aerzen und Gut Schwöbber auf. An einem Morgen setzte er sich an den Waldrand; der Hunger quälte. Es kamen Fremdarbeiter vom Gut Schwöbber, um Feldarbeit zu verrichten. Ihnen schloß er sich jetzt an und wurde von Ortsansässigen der Polizei übergeben. Über

Hameln wurde der Gefangene nach Frankfurt weitergeleitet. Inzwischen waren weitere gefangene Flieger in seiner Gesellschaft. In Kreiensen, auf dem Umsteigebahnhof, befanden sich zahlreiche Ausgebombte aus Hannover. Das Schicksal wollte es, daß er und seine Kameraden hier eingesetzt wurden, um ihren Opfern aus dem Luftangriff Koffer und Gepäck zu tragen.

Aus dem gleichen Luftangriff auf Hannover war eine Lancaster bei Rehburg-Stadt niedergegangen. Auch hieraus hatte sich die Besatzung retten können. Bereits um 5.45 Uhr wurde der engl. Fliegersergeant John Gordon Kernaghan, geb. 07.12.1920, Wallererzwang-Australien, Erk.-Nr.: A 413 611 festgenommen. Er wurde dem Fliegerhorst Wunstorf zugeführt. Sein Kamerad, der FL-Offizier Frank Webster, Erk.-Nr.: 133 807 hielt sich noch einen Tag und eine Nacht versteckt. Am 20. Oktober 1943, gegen 11.00 Uhr, wurde er von Schulkindern in Großenheidorn angehalten und der Gendarmeriedienststelle Steinhude zugeführt. Der zuständige Meister der Gendarmerie Niemeier war nicht anwesend. Die Tochter setzte von sich aus den Fliegerhorst Wunstorf in Kenntnis. Die Abholung des Gefangenen geschah darauf sofort.

Der Tagesangriff vom 11. Januar 1944 kostete die Amerikaner über dem Weserbergland mehrere Viermot-Bomber. Eine Besatzung stieg zwischen Ith und Osterwald aus. Acht US-Flieger wurden in der Feldmark Coppenbrügge-Dörpe aufgegriffen. Auf dem "Ruhbrink" konnte ein in Urlaub befindlicher Soldat einen Flieger festnehmen. Bei Dörpe landete ein Amerikaner neben dem mit Miststreuen beschäftigten Landwirt Oppermann. Mit der Mistgabel in der Hand konnte er seine Angst wenigstens etwas überwinden und den Flieger festnehmen. Er führte ihn in das Dorf. Auch weitere in der Nähe aufgegriffene Flieger wurden bis zur Abholung in der Backstube Dreyer festgehalten. Diesen Männern ist nichts zu Leide getan worden; dennoch ergaben sich bei Kriegsende Komplikationen. Drei Bewohner (Conrad Marahrens, Heinrich Dreyer, Friedrich Oppermann) wurden denunziert und mußten einige Zeit im Internierungslager zubringen.

Der Weg der gefangenen Flieger ging über die Polizei zur nächsten Wehrmachtsdienststelle. Von dort wurden sie in das Fliegeraufnahmelager Oberursel weitergeleitet. Vereinnahmte Gegenstände mußten im Protokoll aufgenommen werden. Der Amtsbürgermeister in Vlotho übergab am 24. Februar 1944 dem Standort Herford:

"Vier amerikanische Fallschirmspringer, deren Maschinen über Vlotho abgeschossen und bei Möllbergen Kr. Minden niederstürzten. Es handelt sich um den

techn. Sergeanten E. H. Berker,
Nr. 3723654/T 43 O. A.,
Stabssergeanten Robert F. O. Gormann,
Nr. 13116773,
Stabssergeanten Robert Graham,
Nr. 35497331 T 42/30,
Stabssergeanten John D. Speakmann,
Nr. 32488263 T. 43 O.

Der gesamte Tascheninhalt der vier Mann befindet sich im beiliegenden Karton. Ferner übergebe ich

1 Stadtkarte von Kiel,
1 Karte von Nordafrika (auf Leinen),
1 Karte von Nordwestfrankreich,
5 Fallschirme und
1 Verzeichnis der 10 Mann starken Besatzung.

gez. Sappke."

Mit der Zunahme der Luftangriffe, insbesondere der Tieffliegerangriffe, nahm die feindselige Haltung der Bevölkerung zu. Besonders Angriffe auf die Zivilbevölkerung auf Straßen und in den Eisenbahnzügen verursachten Übergriffe auf soeben gefangengenommene Feindflieger. Tiefangriffe auf Lazarettzüge hatten ergeben, daß sich der Gegner von den Vereinbarungen des Haager Abkommens entfernte. Um diese Übergriffe straflos zu lassen, fand eine Besprechung mit dem Chef des Sicherheitsdienstes, SS-Obergruppenführer Dr. Ernst Kaltenbrunner, am 6. Juni 1944 statt. Daraus wird folgendes zitiert:

"In einer Besprechung mit Oberst von Brauchitsch am 6.6. wurde festgestellt, daß nachstehende Hand-

lungen als Terrorhandlungen zu gelten haben, die eine Lynchjustiz rechtfertigen:

a) Bordwaffentiefangriffe auf die Zivilbevölkerung, und zwar sowohl auf Einzelpersonen wie auf Ansammlungen;

b) Beschuß von am Fallschirm hängenden abgeschossenen eigenen (deutschen) Flugzeugbesatzungen;

c) Bordwaffenangriffe auf Personenzüge des öffentlichen Verkehrs;

d) Bordwaffenangriffe auf Lazarette, Krankenhäuser und Lazarettzüge, die mit dem Roten Kreuz deutlich gekennzeichnet sind.

Diese Tatbestände werden dem Leiter des Fliegeraufnahmelagers Oberursel zu übermitteln sein. Wenn sich das Vorliegen einzelner solcher Tatbestände durch Vernehmungen ergibt, sind die Gefangenen dem SD zu überstellen."

Das Auswärtige Amt ging davon aus, daß deutschen Fliegern bei Angriffen auf England die Anwendung von Bordwaffen gegen Zivilbevölkerung ganz allgemein untersagt ist. Es wurde weiter in Erwägung gezogen, daß man verdächtige feindliche Flieger zunächst überhaupt nicht in den rechtlichen Status von Kriegsgefangenen eintreten läßt, d. h., daß man ihnen sofort bei der Festnahme erklärt, sie würden nicht als Kriegsgefangene, sondern als Verbrecher betrachtet, daß sie nicht den für Kriegsgefangene zuständigen Stellen, sondern den für die Verfolgung von Straftaten zuständigen Behörden übergeben werden.

Ein Fall der Lynchjustiz hätte sich fast in Hastenbeck bei Hameln zugetragen: Am 25. März 1945 flogen sechs Lightnings Tiefangriffe auf Fahrzeuge und Bahnanlagen zwischen Emmerthal und Hameln. In Hagenohsen erhielt auch die Domäne Beschuß. In Hameln waren die Gebäude der Fa. Concordia in Brand gesetzt worden. Vierlingsflaks, die zwischen Hameln und Hastenbeck in getarnter Stellung lagen, schossen gegen 13.00 Uhr eine Lightning ab. Hinter dem Grundstück des Sägewerks Müller in Hastenbeck kam die Maschine zu Boden. Müller befand sich gerade auf Urlaub zu Hause und konnte den Amerikaner, der den Namen "Busse" trug, gefangennehmen. Inzwischen versammelten sich zahlreiche Zivilisten. Zwei weitere Lightnings kreisten, ohne zu schießen, um die Absturzstelle; sie wollten das Schicksal ihres Kameraden beobachten. Volkssturmangehörige und einige Zivilisten setzten sich lautstark für eine Erschießung des amerikanischen Piloten ein. Es kam soweit, daß ein Evakuierter aus Köln den Gefangenen an den Kopf schlug. Müller stieß ihn zurück und verhinderte weitere Schläge. Es kostete Mühe, daß Müller den Gefangenen in seinen Keller einsperren konnte. Der Hof war von aufgebrachter Bevölkerung belagert. Es wurde die Hinrichtung verlangt. Nach einiger Zeit wurde der Flieger in eine Hamelner Kaserne geführt. Bereits einen Monat später, Hastenbeck war inzwischen besetzt, kam der Bruder des amerikanischen Fliegers zu Müller, um sich zu erkundigen. Ihm konnte noch ein Koppel seines Bruders übergeben werden.

Zwei Zivilisten, die diesen Gefangenen geschlagen hatten, sind nach dem Kriege vor ein US-Militärgericht gestellt worden. Ein Beteiligter wurde zu zwei Jahren, der andere zu sechs Monaten Haft verurteilt.

Ausgeführt wurde die Lynchjustiz im nordlippischen Raum kurz vor Kriegsende. In der Nähe von Langenholzhausen waren aus einem abgeschossenen Flugzeug drei amerikanische Offiziere niedergekommen. Sie wurden verhaftet und in einer Gastwirtschaft festgehalten, angeblich durch SA-Leute, die Polizeiuniform trugen. Anschließend wurden die US-Flieger auf höheren Befehl erschossen. Der sogleich nach Kriegsende in Detmold eingesetzte Landespräsident Heinrich Drake hatte noch Gelegenheit, mit einem dieser "Polizisten" 1945 im Arrestlokal zu sprechen. Heinrich Drake berichtet darüber:

"Er weinte mit rollenden Tränen. Ich sagte ihm: Wie konnten Sie nur! Dann erzählte er ganz offen die reine Wahrheit:

Die Leutnants seien von ihnen dreien in den Raum einer Wirtschaft eingesperrt gewesen, dann auf-

Angeklagte in einem Prozeß gegen fünf Männer und zwei Frau wegen Tötung von 6 amerikanischen Fliegern. (August 1945)

Auf ihrer Fliegerkombination trugen einige US-Besatzungsmitglieder die Bezeichnung "Murder Incorporation", zu deutsch: Mörder-Vereinigung. Auch ihr am 26. November 1943 bei Eggese (Gr. Mackenstedt) abgeschossener Bomber trug diese Bezeichnung.

grund irgendeiner allgemeinen Weisung herausgeholt und kurzerhand erschossen. Das sei so gewesen: Jeder der Amerikaner sei auf einen ca. 50 m seitswärts liegenden, von Bäumen umgebenen freien Platz geführt und dort 'umgelegt'. Er selber habe das schon unterwegs gemacht, in einem geeigneten Augenblick seine Pistole gezogen, wobei der Amerikaner ängstlich versucht habe, sich umzusehen. Und dann habe er selber schnell ihm die Pistole an den Hinterkopf gesetzt und abgedrückt. Der Mann sei lautlos umgefallen."

Die Täter wurden 1945 nach Süddeutschland transportiert, zum Tode verurteilt und hingerichtet.

Im Juli 1944 sollen im hessischen Raum sechs amerikanische Flieger durch deutsche Zivilisten getötet worden sein. Als die amerikanischen Truppen Anfang April 1945 erschienen, meldete sich auch eine Kommission, die nach Fliegerbesatzungen forschte. Sie machte diesen Vorfall und die beteiligten Deutschen ausfindig. Die sechs toten Flieger vom Juli 1944 wurden exhuminiert, um zunächst die Todesursache festzustellen. In Haft genommen wurden neun Männer und zwei Frauen. Die Amerikaner hatten inzwischen in ihrer Besatzungszone ein Militärgericht für Verbrechen von deutschen Staatsangehörigen eingerichtet, das von der Militär-Commission der 7. US-Armee in Darmstadt betrieben wurde. Im Juli 1945 stand dort die Strafhandlung gegen die elf Inhaftierten wegen des Tötungsdeliktes an. Die Urteile fielen wie folgt aus: Zwei Frauen und fünf Männer wurden zum Tode verurteilt, drei Männer erhielten längere Haftstrafen und ein Mann wurde freigesprochen. Auf nähere Angaben, insbesondere Namen, soll mit Rücksicht auf lebende Angehörige verzichtet werden.

Zum Kriegsende versuchten abgesprungene Flieger, sich zum Frontgebiet durchzuschlagen. Aus diesem Grunde führten sie zumeist eine Pistole bei sich. Die Gauleitung Ost-Hannover — Gaustabsamt — weist in einem Rundschreiben vom 12.1. 1945 auf die Gefahr hin und führt aus: *"Die Besatzungen haben zwar den Befehl, bei Festnahme durch Wehrmachtsangehörige keinen Gebrauch von der Schußwaffe zu machen, sondern sie wegzuwerfen oder zu übergeben. Trotzdem ist bei jeder Festnahme feindlicher Luftwaffenangehöriger Vorsicht am Platze und eine gründliche Untersuchung nach Waffen erforderlich. Bis zum Abschluß der Untersuchung hat daher der Gefangene grundsätzlich 'Hände hoch' zu nehmen."*

Feindflugzeuge brachten einen heißen Sommer

Mit der Invasion an der Atlantikküste in diesem Sommer wurde allgemein gerechnet. Luftangriffe im Monat Mai auf Verkehrsverbindungen im besetzten Frankreich deuteten auch darauf hin. Französische Widerstandskämpfer ließen darüber hinaus Eisenbahnbrücken hochgehen und trugen dadurch an der Zerstörung von Verbindungen zur Atlantikbefestigung bei. Die deutsche Luftabwehr stand im Osten wie im Westen im Abwehrkampf, sie hatte längst die Überlegenheit verloren, trotz aller Anstrengungen in der Rüstung. Die ungeheuren Zerstörungen der deutschen Städte, der Industrieanlagen und die Lahmlegung des Verkehrs- im Sommerhalbjahr 1944 gab den Alliierten die Möglichkeit zum Vorstoß an die Reichsgrenze. Nordwestdeutschland hat fast täglich Angriffe über sich ergehen lassen müssen. An folgenden Tagen waren besondere Wirkungen zu vermerken:

5. Mai 1944: Angriff auf Stadt und Bahnhof Rheine. Etwa 2.500 Bomben richteten große Zerstörungen im Bahnhofsviertel und im Stadtteil hinter der Bahn an. Der gesamte Bahnverkehr war für mehrere Tage lahmgelegt. Zwischen 200 und 300 Tote

Bombardement auf Minden (Schleuse).

Die Bordkamera eines US-Jägers filmt den Abschuß einer Me 109:

Die ersten Flammen

Nach einem Augenblick Rauchentwicklung

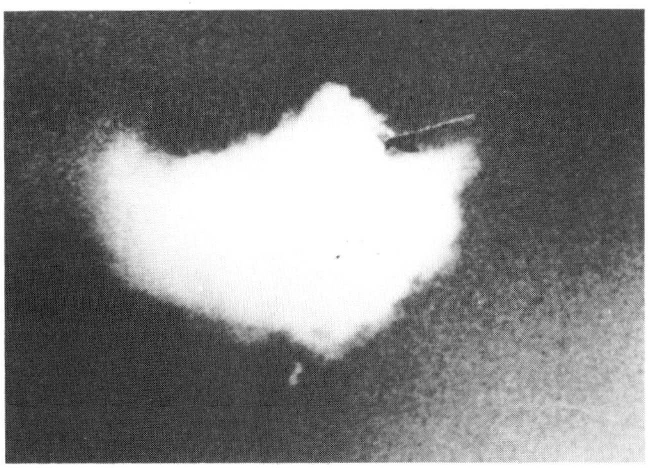

Der Pilot springt ab.

und zahlreiche Verletzte sind zu beklagen. Die Firmen Hammersen AG, Rheiner Maschinenfabrik Winterhoff AG, Schneeglanz & Co., W. Jackson und H. u. J. Altmeppen sind restlos vernichtet.

7. Mai 1944: Angriffsziel war heute Berlin.
28 Bomber der 392. US-Gruppe greifen die Flugplätze Gütersloh und Osnabrück an.

13. Mai 1944: In Werfen bei Bünde fiel eine Sprengbombe, die 5 Gebäude beschädigte. In Holsen bei Bünde richteten 22 Sprengbomben Gebäudeschäden an 12 Häusern an. Drei Verwundete sind zu beklagen.

Ein Verband griff Osnabrück an, es fielen 63 t Bomben. Eine Flugzeugbesatzung (10 Vermißte) ging dabei den Amerikanern verloren. Acht Maschinen wurden beschädigt.

19. Mai 1944: Starke feindliche Einflüge mit Jagdschutz im Raum Amsterdam bis nördlich der Westfriesischen Inseln um 11.58 Uhr. An der Spitze befinden sich Jagdverbände mit Kurs Ost. Meldung um 12.36 Uhr: Hannover und die nördlichen Gebiete werden von feindlichen Jägern mit Ostkurs überflogen. 7.600 Meter." Weitere Meldungen:

12.41 Uhr: 40 feindliche Jäger im Raum 115 bis 116 Kurs Ost.

12.53 Uhr: Im Raum Nienburg deutsche Jäger am Feind.

12.55 Uhr: Bomberverbände stehen zur Zeit über Hannover in 105 und 85. Weitere Verbände folgen.

13.11 Uhr: Im Raum Braunschweig laufend Bombenabwürfe. Der über der Nordsee eingeflogene Verband steht im Raum Lübeck/Schwerin.

13.14 Uhr: Bomber aus Raum Braunschweig mit Westkurs im Rückflug.

13.30 Uhr: Über Hannover drehen zur Zeit mehrere feindliche Flugzeuge. Im Raum Hildesheim Luftkämpfe.

Angriffsziele waren heute Braunschweig und Berlin.

28. Mai 1944: Nordwestdeutschland wurde von Verbänden mit Jagdschutz durchflogen. Das Ziel war u. a. die Stadt Königsberg. Es entwickelten sich heftige Luftkämpfe. Auch die deutschen Jäger verloren im nordwestdeutschen Raum zahlreiche Maschinen, u. a. bei Hannover, Magdeburg, Halberstadt, Salzwedel und Gardelegen. Der Gegner verlor 32 Viermot-Bomber, insgesamt waren 31 deutsche Jagdflugzeuge zu beklagen.

30. Mai 1944: Die Briten griffen in der Nacht zum 30. Mai die Städte Bremen und Hannover an. Allein in Hannover wurden 121 Menschen getötet. Die auf Bremen und den Fliegerhorst Rotenburg angesetzten B-24 Bomber erlitten nur 3 Beschädigungen durch Flakbeschuß. Jäger sind ihnen nicht in den Weg gekommen. Sie melden zu Hause, daß sie gute Ergebnisse erzielt haben.

31. Mai 1944: Wieder einmal waren Bahnanlagen von Hamm das Ziel der US-Bomber. Sämtliche 180 Sprengbomben fielen auf das Bahngebiet. Der Nahverkehr mußte durch Omnisbusse aufrechterhalten werden. Erst nach 3 Tagen konnte der Durchgangsverkehr wieder aufgenommen werden. Es waren 43 Güterwagen beschädigt. Die Bahnbediensteten hatten 33 Tote zu beklagen.

Auch die Bahnanlagen von Osnabrück waren weitere Ziele. Es fielen dort etwa 200 Sprengbomben, davon 100 auf den Güterbahnhof. Dreißig Loks wurden stark beschädigt.

Schließlich ist Gütersloh Ziel von etwa 200 Flugzeugen. Es fallen dort mehrere hundert Sprengbomben á 9 kg. Inzwischen haben sich deutsche Jäger genähert, die heftige Luftkämpfe liefern. Allein ostwärts Gütersloh fallen 4 deutsche Jagdmaschinen auf kleinstem Raum auf eine Wiese. Die Piloten können mit dem Fallschirm abspringen.

Die Alliierten landeten am 6. Juni 1944 in der Normandie. In den ersten Tagen benötigten sie alle einsatzfähigen Flugzeuge, um ihr Landungsunternehmen zu unterstützen. Das brachte eine Schonung für die deutsche Bevölkerung in den ersten Junitagen mit sich. Bei der längst verlorenen Luftüberlegenheit konnten deutsche Flugzeuge auch in Frankreich keine Erfolge mehr erzielen.

Bereits Mitte Juni 1944 begannen wieder die regelmäßigen Anflüge auf Nordwestdeutschland:

Zielmarkierungs- und Sprengbomben werden durch B-24-Bomber abgeworfen.

18. Juni 1944: Mit 36 fliegenden Festungen der 392. US-Bombergruppe griffen Amerikaner die Hafenanlagen in Bremerhaven und Wesermünde an. Sie warfen 360 500-lb-Bomben. Wegen schlechter Sicht konnten sie die Erfolge nicht erkennen. Die Flugzeuge sind ohne Verluste zurückgekehrt.

20. Juni 1944: In breiter Front fliegen zahlreiche Bomberverbände in den frühen Morgenstunden nach Nordwestdeutschland ein. Als Ziele gelten Fallersleben, Hannover-Misburg und Magdeburg.

21. Juni 1944: Über der Insel Borkum werden um 8.20 Uhr die ersten Jagdverbände gemeldet. Nach 25 Minuten befinden sich diese im Raum Cuxhaven und bei Schleswig. Kurz darauf werden Bomberverbände mit Kurs Südost im Raum Kiel festgestellt. Aus den Luftlagemeldungen ist zu erkennen, daß ganz Nordwestdeutschland von feindlichen Flugzeugen überflogen wird. Um 9.45 Uhr befinden sich über Hannover feindliche Flugzeuge. Das mittlere Gaugebiet wird um 10.00 Uhr auch von zahlreichen Tieffliegern überflogen. Der Jagdfliegeranteil ist heute besonders groß, denn um 10.18 Uhr heißt es: "Im gesamten Warngebiet z. Z. nur Jäger, zum Teil Westkurs."

Starke Bomberverbände, die Berlin angegriffen hatten, kehrten um 10.23 Uhr zurück. In der Folgezeit lauteten die Luftlagemeldungen ständig: "Vor Tiefangriffen wird gewarnt." Sämtliche feindliche Flugzeuge befinden sich um 11.49 Uhr bereits west-

Sofern noch Pumpen vorhanden waren, konnten sich die Bewohner nach der Zerstörung des Wasserleitungsnetzes notdürftig versorgen. Nach einem Angriff vom 24.6.1944 auf Bremen (hier Gellertstraße) war das der Fall.

lich der Weser. Um 11.10 Uhr beschossen Tiefflieger in Hausberge-Porta die dortigen Bahnanlagen. Tödlich getroffen wurde der Ladeschaffner Karl Müller aus Holzhausen an der Porta. Vier Verletzte waren zu versorgen. An der Rangierlokomotive wurden 25 Einschüsse festgestellt.

Im ostfriesischen Raum erscheinen um 13.15 Uhr vier Aufklärer mit Kurs Ost. Sie fliegen um 14.11 Uhr wieder ab.

23. Juni 1944: Luftangriff auf Kassel. Während der Luftkampftätigkeit im Weserbergland stürzt ein britischer Bomber in Lügde ab. Am Abhang des Bierberges, in der Nähe der Kilianskirche, schlägt der Bomber auf. Es krepierte noch eine Bombe, die zehn Fenster der Kirche zertrümmerte. Fünf Engländer waren tot, zwei verwundet geborgen.

24. Juni 1944: In der Nacht um 1.16 Uhr wurde Bremen von Mosquitobombern angegriffen. Die Bevölkerung hatte noch nicht in ihren Luftschutzbunkern Schutz suchen können. Daher sind hohe Personenschäden zu registrieren: 113 Tote, 478 Verwundete und 4 Vermißte. Diese verhältnismäßig kleinen Bomber konnten heute 98 Gebäude

Hitler-Jugend hilft Schäden beseitigen; hier in Bremen (Auenweg) nach dem Angriff vom 24.6.1944.

total zerstören, 78 schwer beschädigen.

Um 11.41 Uhr erfolgte ein weiterer Angriff auf Bremen von 400 Bombern mit starkem Jagdschutz. Sie sollten die Ölraffinerie bombardieren. Es gab 910 Sprengbombentreffer.

15. Juli 1944: Fliegerangriff auf Accumulatorenfabrik AG, Werk Stöcken in Hannover. Zwei Luftminen richteten fast Totalglasschaden an.

Die Modell-Torpedo-Versuchsstation in Hannover wurde durch Bombenschaden außer Betrieb gesetzt und unter Aufbietung aller Kräfte bis zum 11. September 1944 wieder hergestellt.

20. Juli 1944: Fliegerangriff auf Cuxhaven. Es waren einige Tote zu beklagen; sie wurden am 24. Juli 1944 beigesetzt.

29. Juli 1944: Bremen war Angriffsziel um 10.25 Uhr. Die hohe Zahl von 444 Bombern verwüstete den gesamten Hafen vom Grambke bis Walle und die anschließenden Wohngebiete. Es wurden abgeworfen: 4.299 Sprengbomben, 7.250 Stabbrandbomben und 117 Flüssigkeitsbrandbomben, es waren 421 Wohngebäude zerstört und 295 schwer beschädigt, 2.379 Personen obdachlos.

Goebbels: Ein Wort zum feindlichen Luftterror

Die neuen Mordmethoden haben nichts mehr mit Krieg zu tun

Berlin, 26. Mai. 44

Der „Völkische Beobachter" veröffentlicht unter der Ueberschrift „Ein Wort zum feindlichen Luftterror" einen Artikel von Reichsminister Dr. Goebbels, in dem es heißt:

Die anglo-amerikanischen Terrorflieger sind in den letzten Wochen dazu übergegangen, neben der wahllosen Bombardierung der Wohnviertel unserer Städte die deutsche Zivilbevölkerung offen, direkt und ohne jede auch nur äußerliche Respektierung der internationalen Kriegsgesetze anzugreifen, sie mit Bordwaffen zu beschießen und kaltblütig hinzumorden. Ausreden können hier nicht mehr vorgebracht werden, da die Feindflugzeuge in geringer Höhe über Dörfer, Aecker und Landstraßen einherstreichen und ihre Maschinengewehrläufe in harmlos ihres Weges gehende Menschengruppen hineinhalten. Das hat nichts mehr mit Krieg zu tun, das ist nackter Mord!

Am vergangenen Sonntag beispielsweise wurden, um nur eines aus tausend Beispielen herauszugreifen, in sächsischen Landkreisen spielende Kindergruppen durch Bordwaffenbeschuß angegriffen, wodurch unter ihnen erhebliche Verluste entstanden.

Niemand wird sich darüber wundern, daß sich der betroffenen Bevölkerung, die, wie in der ganzen Welt bekannt ist, für jede soldatische Art der Kriegführung jedes Verständnis hat, angesichts dieser zynischen Verbrechen eine rasende Wut bemächtigt. Es ist nur mit Hilfe der bewaffneten Macht möglich, bei solchen Angriffen abgeschossene Feindpiloten in ihrem Leben zu sichern, da sie sonst von der heimgesuchten Bevölkerung totgeschlagen würden. Wer hat hier recht, — die Mörder, die nach ihren feigen Untaten noch eine humane Behandlung seitens ihrer Opfer erwarten oder die Opfer, die sich nach dem Grundsatz zur Wehr setzen wollen: Auge um Auge, Zahn um Zahn! Diese Fragen dürften nicht schwer zu beantworten sein.

Jedenfalls wäre es zuviel von uns verlangt, wenn man von uns forderte, daß wir deutsche Soldaten zum Schutz für Kindermörder einsetzen, gegen die die von rasender Wut ergriffenen Eltern, die gerade ihr kostbarstes Gut durch den brutalen Zynismus des Feindes verloren haben, zur Selbstwehr schreiten. Wenn die Engländer und Amerikaner, wie sie das ja selbst sagen, uns wie lästige Eingeborenenstämme ansehen und behandeln wollen, so ist es unsere Sache, ob wir uns das gefallen lassen.

Es erscheint uns kaum noch möglich und erträglich, deutsche Polizei und Wehrmacht gegen das deutsche Volk einzusetzen, wenn es Kindermörder so behandelt, wie sie es verdienen. Auch die anglo-amerikanische Kriegswillkür muß irgendwo ein Ende haben. Die Piloten können sich nicht darauf berufen, daß sie als Soldaten auf Befehl handelten.

Es ist in keinem Kriegsgesetz vorgesehen, daß ein Soldat bei einem schimpflichen Verbrechen dadurch straffrei wird, daß er sich auf seinen Vorgesetzten beruft, zumal, wenn dessen Anordnungen in eklatantem Widerspruch zu jeder menschlichen Moral und jeder internationalen Uebung der Kriegführung stehen.

Wir treffen diese Feststellungen in aller Sachlichkeit. Unser Volk denkt in diesen Fragen viel radikaler als seine Regierung. Es ist immer unser Wunsch gewesen, daß der Krieg sich in ritterlichen Formen abspielt. Der Feind scheint das nicht zu wollen. Die ganze Welt ist Zeuge dafür. Sie würde bei Anhalten dieses empörenden Zustandes auch Zeuge dafür werden, daß wir Mittel und Wege zu finden wissen, um uns gegen diese Verbrechen zur Wehr zu setzen.

Darüber hinaus griffen Bomberverbände auch Mitteldeutschland an. In Hildesheim gab es Schäden bei den VDM-Halbzeugwerken. Der Fertigungsausfall betrug nur 5%.

Der Wehrmachtsbericht gibt die feindlichen Verluste mit 34 Flugzeugen, darunter 31 Viermots, bekannt.

4. August 1944: Nordwestdeutschland wird von Bomberverbänden mit Jagdschutz überflogen. Sechzig Bomber greifen Bremen an. Da klarer Himmel herrscht und die Bombenschützen freie Sicht haben, erfolgt am Boden Einnebelung. Ziel ist offenbar die Vacuum-Oel-AG am Industriehafen. Der Angriff erfolgt von 13.05 — 13.10 Uhr. Die Bomber trafen, das Öl stand in hellen Flammen. Außerdem wurden noch 47 Wohngebäude zerstört und 29 Gebäude schwer beschädigt. Es gab 5 Tote und 7 Verwundete.

13./14. August 1944: Nachtangriffe auf verschiedene Orte in Nordwestdeutschland. Deutsche Nachtjäger sind wieder im Einsatz. Ein getroffener britischer Bomber stürzte dicht unterhalb der Weserbrücke in Rinteln in die Weser. Die Besatzung hatte wenige Sekunden vorher im Notwurf die gesamte Bombenlast ausgeklinkt. Sie schlug in die Wiesen südwestlich der Stadt Rinteln. Sechs schwere Sprengbomben gruben sich als Blindgänger an der Dankerser Straße tief in den Boden. Der schwere Heckstand des Bombers mit 4 Maschinengewehren und Spornrad war im engen Hof des Hauses Bäckerstraße 6 aufgeschlagen. Die Bewohner des Hauses können von Glück sprechen. Ein Teil der siebenköpfigen Besatzung war rechtzeitig mit dem Fallschirm abgesprungen. Ein Flieger landete in einem Baum in der Nähe der katholischen Kirche, ein weiterer schlug tödlich verletzt am Weserufer vor dem Zollschuppen auf. Ein anderer wurde südlich Engern tot aufgefunden. Die übrigen kamen unverletzt mit dem Fallschirm in Strücken, Uchtdorf, Neelhof und Engern an.

16. August 1944: Ein Tageseinsatz richtete sich hauptsächlich auf Magdeburg und Dessau. Auf den Hin- und Rückflügen gibt es heftige Kämpfe zwischen deutschen und amerikanischen Jagdflugzeugen. Der Wehrmachtsbericht gibt an, daß 49 feindliche Flugzeuge vernichtet sind.

Mosquito II.: Am Abend des 18.8.44 richteten sie in Bremen Unheil an. 50.000 Menschen wurden obdachlos.

18. August 1944: Gegen 22.40 Uhr greifen 60 - 80 Mosquitos Bremen an. Die Abwurfmittel trafen das gesamte Hafengebiet. Der Wehrmachtsbericht spricht nur von "Gebäudeschäden und Personenverlusten." Dabei entsteht tatsächlich zwischen dem Freihäfen und der Innenstadt ein Flammenmeer. Die ungeheure Zahl von 1.054 Toten ist zu beklagen. 50.000 Personen werden obdachlos.

24. August 1944: Die 392. Bombergruppe hat mit 36 Viermots Langenhagen bei Hannover zum Ziel. Sie sind beladen mit 400 Bomben zu 500 lb. Etwa 70% aller Bomben sind nach amerikanischen Angaben günstig gefallen. Getroffen wurde die Focke-Wulf-Flugzeugbaufirma. Keine Jäger, aber Flakschäden mit mehreren Verwundeten meldeten sie. 26 Bomber waren beschädigt.

In Braunschweig wurden die Büssing-NAG-Werke beschädigt.

Bei Luftkämpfen stürzen im Weserbergland mehrere deutsche Jagdflieger ab. (Osterwald, Holzminden)

26. August 1944: Die Bewohner von Salzbergen zählen über 100 viermot. Bomber. Der Angriff gilt ihrer Stadt. Es werden etwa 2.000 Bomben geworfen. Das Gebiet um die Erdölraffinerie und Schüttorfer Straße ist schwer beschädigt, die Straßenverbindungen sind unterbrochen. 22 Menschen starben unter den Trümmern. Zur Beseitigung der Schäden wurden 200 Ostarbeiter und etwa 250 Arbeiter der Organisation TODT eingesetzt. An diesem Angriff waren u. a. 24 Bomber der 392. US-Bombergruppe beteiligt. Allein diese Einheit warf 491 Bomben zu je 250 lb. Nach ihrer Rückkehr berichten sie, daß 88% der Abwurfmittel im Ziel lagen. Diese Gruppe kehrte ohne Verluste nach England zurück.

30. August 1944: Angriff von etwa 500 amerikanischen Maschinen in der Zeit von 15.35 — 16.20 Uhr auf Bremen. Der Himmel war stark bewölkt. Es wurden abgeworfen: 866 Sprengbomben, 500 Stabbrandbomben und 1.625 Flüssigkeitsbrandbomben. Neben Wohngebieten wurden Bahnanlagen zerstört. Allein auf dem Verschiebebahnhof vernichtete ein Bombenteppich 30 Gleise und mehrere Güterwagen.

2. September 1944: Heute nur im nordwestdeutschen Raum mehrere Tieffliegerangriffe. Sie richteten sich gegen Bahnanlagen. Bei der Blockstelle Luthe/Neustadt/Rbge. wurde ein haltender D-Zug und bei den Fulguritwerken ein Personenzug beschossen. Auf den Feldern beschäftigte Landarbeiter flüchteten.

5. September 1944: In den Abendstunden werden schnelle Kampfflugzeuge im Raum Hannover gemeldet. Im mittleren Gaugebiet fallen vereinzelt Sprengbomben. Auch in Osterwald (Krs. Hameln) fallen auf den Grundstücken Haves, Nottbohn und Hinse mehrere Blindgänger. Sie werden am nächsten Tag von einem Feuerwerker und mehreren Sträflingen geborgen und gesprengt.

11. September 1944: Luftangriffe am Tage richteten sich gegen Hannover und Magdeburg. Die 392. US-Bombergruppe fliegt vom Rheinland aus ein. Bereits dort werden sie von 20 bis 30 Me 109 angegriffen. Einige fliegende Festungen werden bereits beim Anflug abgeschossen.

Die Hanomag-Werke in Hannover erhielten Bombentreffer. Es handelt sich um ein Rüstungswerk, das u. a. schwere Flak herstellt. Die Fertigung wird beeinträchtigt.

Auch Tieffliegerangriffe unternehmen die Amerikaner heute. Auf der Strecke Ottbergen-Nordhausen/Harz war bei Wulften eine Lokomotive von 52 Durchschüssen aus Bordkanonen bewegungsunfähig gemacht. Der Lokomotivheizer Anton Hillebrand war auf der Maschine tödlich getroffen.

12. September 1944: Luftangriffe auf die Raffinerien in Hannover-Misburg und verschiedene Bahnanlagen. In Misburg fallen 296 500-lb-Bomben.

Die Stadt Northeim wird gegen 12.00 Uhr angegriffen. Die Straßenzüge Wolfshof, Parkstraße, Friedrichstraße, Teichstraße und Göttinger Straße wurden schwer getroffen. Es sollen etwa 130 Bomben gefallen sein. 36 Tote sind zu beklagen.

Die Stadt Lehrte erleidet leichte Schäden.

13. September 1944: Terrorangriffe richten sich heute hauptsächlich gegen Mittel-, West- und Süddeutschland. Im nordwestdeutschen Raum erleidet nur die Stadt Osnabrück einen Großangriff um 18.30 Uhr. Auf das Bahngebiet fallen etwa 300 Spreng- und Brandbomben. Der Osnabrücker Hauptbahnhof und die Bahnanlagen wurden erheblich beschädigt.

Das Empfangsgebäude erhält mehrere Volltreffer. Es entstehen auch Brände. In den Tagen darauf sind mehrere Blindgänger zu entschärfen.

Die deutsche Luftabwehr meldet 81 abgeschossene Feindflugzeuge, davon 58 Viermotorige.

16. September 1944: In der Mittagszeit befinden sich nur 3 feindliche Aufklärer bei Stendal, die nach Osten weiterfliegen. Ein Flugzeug kehrt um 13.21 Uhr zurück und befindet sich über Osterholz-Scharmbeck. Um 16.25 Uhr wird Fliegeralarm gegeben, nachdem inzwischen zahlreiche Feindflugzeuge westlich Emden und westlich Cloppenburg festgestellt sind. Die Bewegungen der Flugzeuge gehen aus den Luftlagemeldungen in Bremervörde hervor:

16.52 Uhr: Kampfmaschinen im Raum Hamburg drehen auf Kurs Süd, Südwest. Schnelle Kampfflugzeuge jetzt südwestlich Oldenburg, Kurs Ost. Einzelziele bei Syke, Kurs Nordwest.

16.54 Uhr: Kampfverbände jetzt im Raum Bremervörde, Zeven und Buchholz. Kurs West, Südwest.

16.56 Uhr: Masse der Kampfmaschinen ostwärts Wesermünde, jetzt Kurs West.

17.01 Uhr: Achtung Tiefflieger.

17.07 Uhr: Maschinen aus dem Raume Wilhelmshaven nach Kursänderung jetzt bei Brake. Kurs Südost.

17.10 Uhr: Kampfverband aus dem Raume Brake wieder auf Westkurs. Stand 30 km ostwärts Emden. Im Raume Oldenburg, Rotenburg und Osnabrück drehen mehrere Feindmaschinen.

17.13 Uhr: Feindmaschinen aus dem Raume Wesermünde und Wilhelmshaven nach Westen abgeflogen. Stand bei Emden und Norderney. Im Raume Zeven Tiefflieger.

In den Abendstunden von 22.20 — 22.30 Uhr greifen 42 Mosquito-Bomber Bremen an. Sie werfen 59 Sprengbomben, davon 15 Minenbomben und 5 Flüssigkeitsbrandbomben. Getroffen wird in erster Linie das Focke-Wulf-Werk. Darüber hinaus werden 3 Wehrmachtsbaracken in Seehausen schwer beschädigt.

22. September 1944: Luftangriff auf die Stadt Kassel in den Vormittagsstunden. Die 392. US-Bombergruppe nimmt mit 23 Maschinen teil.

26. September 1944: Angegriffen werden heute die Zweigwerke von Focke-Wulf in Hastedt und Hemelingen. Es sind 381 Fortress-Bomber mit starkem Jagdschutz angesetzt. Der Himmel war bedeckt, teilweise heiter.

Bomben fallen zwischen 16.30 und 17.00 Uhr. Auf Seebaldsbrück, das Steintorviertel und den Flughafen fallen insgesamt 793 Sprengbomben und 53.439 Stabbrandbomben. An Personenopfern waren zu beklagen: 136 Tote und 58 Verletzte. Der größte Teil der getöteten Personen kam in Luftschutzbauten ums Leben. Es wurde der Bunker "Straßenbahndepot Seebaldsbrück" getroffen. Allein dort gab es 54 Tote und 2 Verletzte. Der öffentliche Luftschutzraum "Vietorschule" erhielt ebenfalls Volltreffer. Dort fand man die Leichen von 44 Personen und 26 Verletzte. Der Schaden war beträchtlich: 1.036 Wohngebäude wurden zerstört und 450 schwer beschädigt, es wurden 6.571 Personen obdachlos.

Im Großraum weitere Schäden: 20 Bauernhäuser zerstört, hinzu kommt der Verlust von 28 Stück Großvieh und 7 Stück Kleinvieh. Folgende Zerstörungen auf industriellem Sektor sind zu beklagen: Es wurde das Borgward-Werk Seebaldsbrück völlig ausgeschaltet. Auch die Bremer Silberwarenfabrik (eingesetzt im Jägerprogramm) und die Ziegelei in Habenhausen erhielten Volltreffer. Ein Weiterarbeiten dort war nicht möglich. Die Focke-Wulf-Werke Flughafen erlitten infolge schwerer Beschädigungen 20% Produktionsausfall, in Hemelingen konnte das Focke-Wulf-Werk nicht mehr weiterarbeiten. Darüber hinaus wurden mehrere öffentliche Gebäude zerstört, u. a. auch Städtische Krankenanstalten.

Die 392. US-Bombergruppe wirft mit 29 fliegenden Festungen 360 Bomben (500-lb) durch 7/10 geschlossene Wolkendecke auf Hamm. Die wesentlichen Bewegungen der Flugzeuge lassen sich aus folgenden Luftlagemeldungen der Luftschutzwarnstelle Bremervörde entnehmen:

15.34 Uhr: Ca. 100 Kampfmaschinen bei Cloppenburg, Kurs Nordwest.

15.37 Uhr: Angriffsziel Osnabrück.

15.40 Uhr: Feindjäger 30 km nördlich Hannover, Kurs Südost.

15.45 Uhr: Ein Jagdverband 30 km südwestlich Uelzen.

15.47 Uhr: Die Masse der Feindmaschinen aus dem Raume Osnabrück auf West- bzw. Ostwestkurs. Ein neuer Anflug 50 km nördlich Ameland, Kurs Ost.

16.00 Uhr: Anflug von schnellen Kampfverbänden in der südlichen Nordsee, Spitzen bei Borkum, Kurs Südost.

16.03 Uhr: Anflug von 4 Feindjägern bei Rotenburg.

16.06 Uhr: Ein Bomberverband 20 km nördlich Norderney, Kurs Ost. Ein Jagdverband nordwestlich Aurich, Kurs Südost. 4 Feindmaschinen südlich Bremen.

16.10 Uhr: Fliegeralarm in Bremervörde.

16.22 Uhr: Ein kleiner Kampfverband 30 km südlich Oldenburg, Kurs Ost, weitere Durchflüge südlich Bremen.

27. September 1944: Der Himmel ist 10/10 bedeckt. Ziel ist die Panzerfabrik in Kassel. Allein die 392. Bombergruppe wirft 142 Bomben zu 1.000 lb. Die beteiligte 445. Bombergruppe hat anschließend Befehl, Göttingen anzugreifen. Dabei stößt sie auf etwa 100 deutsche Jagdflugzeuge (Me 109 und FW 190). Die Amerikaner verlieren innerhalb 5 Minuten 25 Liberators, 2 beschädigte B-24 müssen in Frankreich notlanden. Die Stadt Göttingen bleibt hiernach weitgehend verschont.

Auf Gütersloh fallen 1.200 Stabbrandbomben.

28. September 1944: Wieder ist Angriffsziel die Stadt Kassel.

30. September 1944: Bielefeld gibt um 13.49 Uhr Fliegeralarm. Nach kurzer Zeit meldet der Turmbeobachter: "Über Bielefeld stehen Rauchwolken." Die ersten Bomben fallen nach 14.00 Uhr. Gegen 14.45 Uhr gleicht die Innenstadt einer einzigen schwarzen Rauchwolke. Da Wasserleitungen getroffen waren, mußte das Wasser über lange Wegstrecken aus Stauteichen zur Innenstadt befördert werden. Die Löscharbeiten dauerten bis Dienstag, den 3. Okt. 1944. Die Feuerwache an der Heeper Straße mit der Feuermeldezentrale wurde u. a. vernichtet.

In Herford fallen um 14.08 Uhr zwei Sprengbomben auf unbebautes Grundstück der Fa. Eisenwerk Streuter u. Lohmann. Leichter Glasschaden.

28 Bomber greifen Hamm an. 244 Bomben (500 u. 1.000 lb) können sie abwerfen, ohne von deutschen Jägern gestört zu werden. Die Flak beschädigt 6 B-24. Der Wehrmachtsbericht über diesen Tag gibt bekannt, daß westdeutsche Städte, auch Bielefeld und Münster, angegriffen wurden.

2. Oktober 1944: In den Morgen- und Mittagsstunden Einflug starker feindlicher Kampfverbände mit Jagdschutz nach West- und Mitteldeutschland. Angegriffen werden die Städte Kassel, Hamm und Unna. Auf Hamm wurden 368 Bomben (500 lb) geworfen. Die Flak schoß aus allen Rohren, konnte aber nur 19 B-24 beschädigen. Sie kehrten sämtlich nach England zurück. Der Bahnhof Hamm meldet folgende Schäden: Neun Munitionswagen ausgebrannt und detoniert, weitere 30 Güterwagen und 40 Personenwagen ausgebrannt, außerdem 30 Wagen durch Sprengbomben zerstört oder stark beschädigt. Die Bahnsteige 4 und 5 durch Volltreffer zerstört.

Die 447. Bombergruppe beteiligte sich mit 30 Maschinen an dem Angriff auf Kassel. Die deutsche Abwehr war so stark, daß in den Maschinen nach der Rückkehr 17 Tote aufgefunden wurden. (2 Verwundete).

3. Oktober 1944: Luftangriff auf Kassel durch britische Flugzeuge in der Nacht. Vermutlich durch Notabwürfe nach Luftkämpfen wurden in der Umgebung (Weserbergland) Bomben geworfen. Denn um 22.30 Uhr wurden in der Privatforst des Herzogs von Ratibor, Schloß Corvey, 4 Morgen Buchenwald total zerstört, 3 Gebäude leicht beschädigt. Eine schwere Bombe fiel in der Gemeinde Herstelle/Weser auf ein Wiesengrundstück. Der Trichter hatte eine Tiefe von 7 Metern und eine Breite von 10 Metern. Eine Minenbombe fiel in die Feldmark Langenthal (bei Haarbrück); dort wurden 3 Morgen Buchenwald total und 3 Morgen teilweise beschädigt.

5. Oktober 1944: Im norddeutschen Raum wurden die Städte Münster, Wilhelmshaven, Dortmund, Rheine und Esens betroffen. Auf Nordhorn fielen 45 Bomben. Den Fliegerhorst Lippstadt griffen 31 B-24-Bomber an. Sie haben dort 327 Bomben (500 lb) abgeworfen und melden bei der Rückkehr, daß 65% der Bomben im Ziel lagen. Angeblich keine Verluste durch Flak und Jäger.

Nach Bombenabwürfen auf Esens um 11.10 Uhr werden 2 Frauen tot geborgen.

In Herford fallen zwischen 12.13 und 12.15 Uhr 60 Sprengbomben. Schäden: Sechs zerstörte Wohnhäuser, 233 beschädigte Wohnhäuser. Die Bürstenfabrik König u. Böschke in der Engerstraße wird von 12 Sprengbomben getroffen. Die Schokoladen- und Keksfabrik Weinrich, Zimmerstraße 1, erhält einen Volltreffer. Personenschäden: Fünfzehn Männer tot, 7 Frauen tot, 26 verwundete Männer, 47 verwundete Frauen.

Die Schäden auf dem Bahnhof Münster: Sämtliche Durchgangsgleise und Gleisanlagen schwer getroffen. Stellwerk MO und etwa 60 Güterwagen zerstört.

Der Bahnhof Rheine meldet: Gleise, Weichen und Bahnsteige an vielen Stellen zerstört. Ein- und Ausfahrten nach allen Richtungen gesperrt. Lokschuppen zu 1/3 ausgebrannt. Fünfzig Gefallene, davon zehn Reichsbahnbeamte.

Die deutsche Luftwaffe verlor heute einen ihrer bedeutendsten Nachtjäger, Oberst Helmut Lent. Bei einer Taglandung in Paderborn fiel ein Motor seiner Maschine aus. Nach Berühren einer Hochspannungsleitung stürzte sie ab. Schwerverletzt wurde Lent geborgen, während der Bordfunker Kubisch den Tod fand. Lent starb zwei Tage später. Er hatte 102 Nacht- und 8 Tagabschüsse erzielt. Vor einigen Monaten waren ihm die Brillanten zum Ritterkreuz verliehen worden.

6. Oktober 1944: Neben Angriffen auf nordwestdeutschen Raum ist besonders die Stadt Bremen wieder wegen großer Zerstörungen zu nennen.

7. Oktober 1944: Der Wehrmachtsbericht lautet:

"Bei Angriffen nordamerikanischer Terrorbomber wurden Kassel, Magdeburg und Bielefeld besonders betroffen. Die Flak und Luftwaffe schoß (auch im Westkampfraum) insgesamt 121 feindliche Flugzeuge, darunter 75 viermotorige Bomber ab."

Bei den Tageinsätzen verliert die deutsche Jagdabwehr 24 Maschinen.

Auch Bielefeld wird wieder angegriffen. Dieses Mal wird das Zentrum der Stadt fast völlig vernichtet. Die Bomben fallen in das Gebiet des Kamphofes, der Stadtwerke und der Herforder Straße. Ein Schutzbunker, in welchem sich Luftschutzkräfte für die Stadtwerke befanden, wird getroffen. Mehrere Tote sind zu beklagen.

12. Oktober 1944: Vormittags Einflug starker feindlicher Bomberverbände mit Jagdschutz nach Nord- und Westdeutschland.

Luftangriffe bezogen sich auf Osnabrück, Bremen und Orte in Westfalen. Die Reichsbahndirektion Hannover muß folgende Bahnstrecken sperren: Bremen — Hannover, Bremen — Osnabrück bei Hemelingen und die Strecke Marndorf — Seebaldsbrück.

Die 392. US-Bombergruppe hat den Flugplatz Achmer zum Ziel. Anschließend bombardiert sie die Eisenbahnlinie nach Osnabrück. Allein diese Gruppe wirft 554 (250 u. 500 lb) Bomben ab. Auf ihrem Hin- und Rückflug griffen deutsche Jäger nicht an. 10 Liberators wurden durch Flakbeschuß beschädigt.

Auf Osnabrück wurden zwischen 11.33 Uhr und 11.55 Uhr etwa 1.900 Sprengbomben, 100.000 Stabbrandbomben und etwa 5.000 Flüssigkeitsbrandbomben abgeworfen. Die Zahl der Toten ist noch gering. Am Tage darauf ist von etwa 70 Gefallenen die Rede.

Gebäudeschäden: Etwa 1.500 total zerstört,
etwa 1.000 schwer beschädigt,
etwa 600 mittelschwer beschädigt,
etwa 2.000 leicht beschädigt.

Im übrigen wurden folgende Gebäude völlig zer-

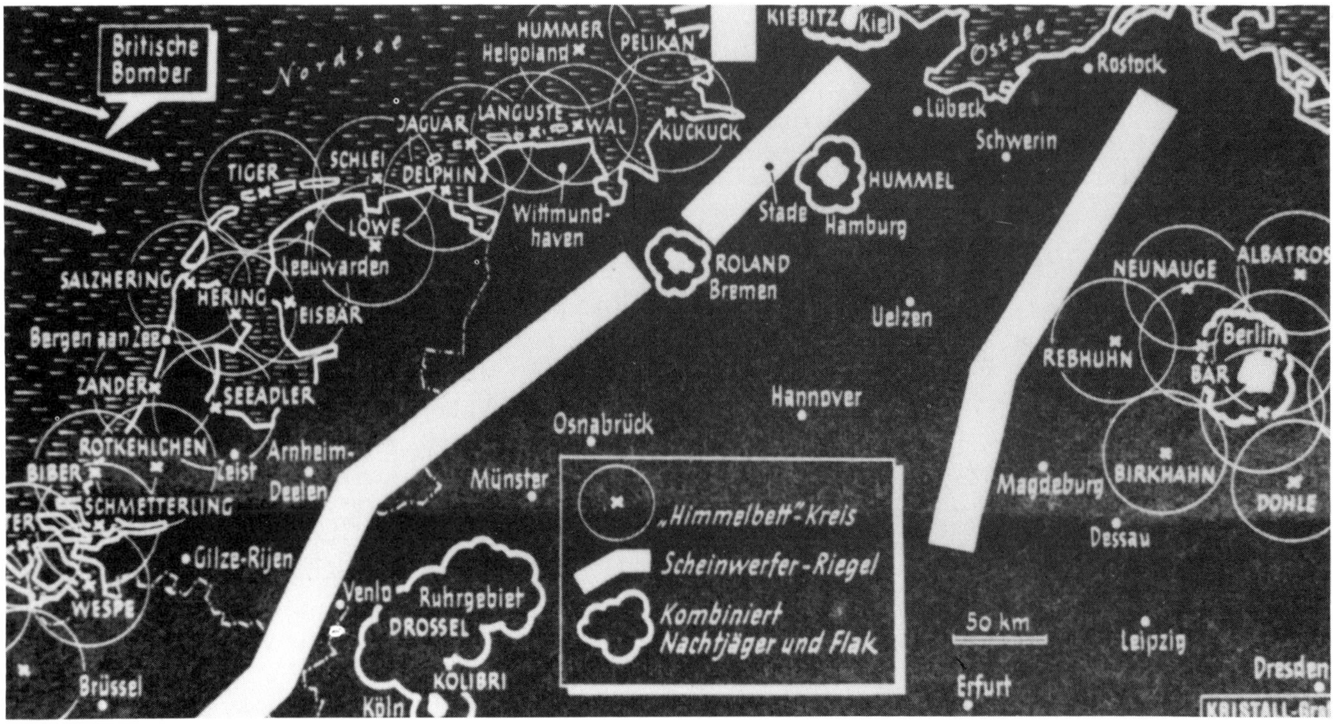

Für die "helle Nachtjagd" bestand ein 35 km breiter Scheinwerferriegel. Für die "dunkle Nachtjagd" ein dichtes Netz von "Himmelbett"-Kreisen, in denen einzelne Jäger vom Boden aus geführt wurden.

stört: Hauptfeuerwache, Arbeitsamt, Finanzamt, Städtisches Ernährungsamt und Telegrafenbauamt. Die Gas-, Licht- und Wasserversorgung war völlig unterbrochen.

15. Oktober 1944: Großangriff auf Wilhelmshaven. Die Zerstörungen waren so groß, daß sämtliche Schulen der inneren Stadt beschädigt oder zerstört waren. Ein Unterricht war mit Rücksicht auf die gesamte Verwüstung der Stadt nicht möglich. Erst nach einem Monat setzte der Unterricht in einigen Gebäuden oder Räumen wieder ein.

Ebenfalls Großangriff auf Braunschweig. Dort fallen schätzungsweise 12.000 Sprengbomben und 200.000 Brandbomben. Zahlreiche auswärtige Feuerwehreinsatzbereitschaften sind angefordert. Die Großbrandstellen können erst am 17. Oktober abends gelöscht werden. Bei diesem Angriff wurden 462 Tote und 22 tote Ausländer gezählt. Neben den Wohnungen waren es vor allem Kirchen, Lazarette und Schulen, die getroffen wurden.

Auch zahlreiche Tieffliegerangriffe fanden statt. Zwischen Lindhorst und Haste wurde ein Güterzug beschossen. Ein Heizer wurde durch ausströmenden Dampf verbrüht. Eine Viertelstunde später wurde auf derselben Strecke ein Personenzug beschossen. Der Lokomotivführer und 3 Reisende erlitten den Tod, der Heizer und 3 weitere Fahrgäste wurden schwer verletzt.

In Lügde fielen 14 Bomben in der Nähe der Eisenbahnbrücke, Mehrere Häuser wurden teilweise abgedeckt.

Den Bahnhof Schieder griffen heute Tiefflieger an. Eine Frau wurde getötet.

18. Oktober 1944: Luftangriffe auf die Gebiete Kassel, Hannover und Münster. Die Amerikaner haben es heute besonders auf die Bahnanlagen abgesehen. Durch Volltreffer wurden die Strecken

Eine bombardierte Industrieanlage (für synthetisches Öl) bei Marl.

Münster — Haltern, Dortmund — Coesfeld, Coesfeld — Münster und Coesfeld Rheine beschädigt und mußten gesperrt werden. Allein im Raum Münster wurden zehn Züge durch Tiefflieger beschossen, wobei zehn Loks betriebsunfähig wurden. Drei Bedienstete und zwei Reisende sind gefallen, sechs Bedienstete und 35 Reisende verwundet.

In Hannover erhielten die Bahnanlagen Leinhausen Volltreffer. Ein Güterzug wurde in Seelze von Bomben getroffen. Fünf Wagen brannten aus.

Um 14.30 Uhr Tiefangriff auf Güterzug zwischen Bodenfelde und Karlshafen/Weser. Zwölf Lightnings machten zu dieser Zeit das Wesertal unsicher.

Am Wahmbecker Tunnel Lokführer Dohmann und Heizer Löneke schwerverletzt.

Bei Wehrden/Weser Bomben auf ein Militärtransportzug.

22. Oktober 1944: Neben kleineren Orten werden auch folgende Städte angegriffen: Die Stadt Hamm fliegt die 392. US-Bombergruppe an. Sie wirft 587 Bomben. Die Viermots können sämtlich zurückkehren, nur zwei werden durch Flak beschädigt.

Münster wird von 28 Viermots der 447. Bombergruppe heimgesucht. Auch diese Flugzeuge kehren ohne Verluste zurück.

Bis zum Kriegsende werfen sich deutsche Jäger trotz aller Übermacht dem Feind entgegen und erzielen Abschüsse. Im Bild eine brennende B-17.

Etwa 60 — 80 Flugzeuge werfen 202 Spreng- und 6.000 Brandbomben auf Gütersloh. Ein Toter ist zu beklagen.

Wesentlich schwerer fällt der Angriff gegen 15.00 Uhr auf Braunschweig aus. Die Bombenlast fällt hauptsächlich in den südlichen Stadtbezirk. Es werden dort die Büssing-NAG-Werke, Vereinigte Signalwerke und Reichsbahnanlagen getroffen. Es gibt 18 Todesopfer, 36 total beschädigte Häuser werden gezählt.

In Hemeringen (Kr. Hameln-Pyrmont) werden an diesem Nachmittag 16 Gebäude in Brand geworfen. Zahlreiche Feuerwehren aus der Umgebung beteiligten sich an der Brandbekämpfung.

26. Oktober 1944: Hannover, Bielefeld und mehrere Kleinstädte werden angegriffen. Am ganzen Tag Fliegertätigkeit. Um 11.15 Uhr gibt Bielefeld Fliegeralarm. Nach kurzer Zeit fallen zahlreiche Spreng- und Brandbomben. Es erhielt das Polizeipräsidium Viktoriastraße 9 einen Volltreffer, ferner das Bürogebäude der Feuerwache Kesselbrink Nr. 1 sowie der gesamte westliche Stadtteil zwischen Jöllenbecker Straße und Werther Straße. Da zahlreiche Brände entstanden, wurden auswärtige Kräfte für den Feuerlöschdienst herangezogen.

In Hannover waren Bahnanlagen das Ziel. Zahlreiche Volltreffer im Haupt- und Güterbahnhof, in Hannover-Linden ebenfalls Gleisschäden. Sämtliche Ein- und Ausfahrten in die Richtungen Hamm, Hameln, Göttingen und Berlin sind unterbrochen. Allein die 447. US-Bombergruppe, die mit 32 Flugzeugen am Ziel ist, wirft auf Hannover 84 t Bomben. Ohne Verluste kehrt die Gruppe nach England zurück.

Auf die Stadt Minden wirft die 392. US-Bombergruppe 120 Sprengbomben. Auch diese B-24-Bomber kehren sämtlich zurück. Es sollte in Minden die Kanalüberführung zerstört werden. Es wurde aber die Kistenfabrik Gebr. Busch, Friedrich-Wilhelm-Straße getroffen. Minden hatte 65 Tote zu beklagen.

Ein Bomber mit zahlreichen Flügen, der nie abgeschossen wurde. Er hatte 129 Angriffe überstanden.

In Bückeburg fielen um 14.45 Uhr 30 Sprengbomben und 6 Phosphorbrandbomben. Dadurch wurden zwei Häuser völlig zerstört, drei schwer und 35 leicht beschädigt. Auch die Kaserne wurde getroffen; 26 Soldaten waren getötet, 22 Wehrmachtsangehörige verwundet. In den umliegenden Dörfern wurden folgende Abwurfmittel registriert: In Vehlen zwei schwere Sprengbomben, Cammer eine Phosphorbombe, Schaumburger Wald 20 Sprengbomben (2 Gefallene), Helpsen 5 Sprengbomben, 300 Stabbrandbomben, davon 50 Blindgänger. In Päpinghausen fielen zwischen 14.40 und 15.00 Uhr eine Bombe auf das Wohngebiet, eine Bombe auf das Bahngelände, 25 Bomben auf freies Gelände. In Wietersheim fielen ca. 200 Sprengbomben, hauptsächlich auf freies Gelände.

27. Oktober 1944: Schwere Minenwürfe auf Rheine 20.00 Uhr. Schäden: Deutsche Bank, Thieschule, Bahnkörper Neukirchener Straße und Poststraße. Dreißig Tote.

Eine am Leitwerk beschädigte B-17, die dennoch heimkehrte.

2. November 1944: In den Vormittagsstunden Einflug von Bomberverbänden mit starkem Jagdschutz in das mittlere Gaugebiet. In Rheine erhielt der Personenbahnhof 30 Volltreffer. Im Weserbergland wurden die Bomberverbände von deutschen Jagdfliegern angegriffen. Im Notwurf fielen 10 schwere Sprengbomben in die Gemarkung Wennenkamp bei Rinteln. Aus demselben Bomberverband wurden sechs Sprengbomben auf Westendorf abgeworfen. Scheune des Bauern H. Meier Nr. 5 zerstört. Ebenfalls im Notwurf fielen 8 Sprengbomben in die Gemarkung Apelern. Hier entstand nur Flurschaden. Auf dem Rückflug wurden über Pötzen 10 schwere Bomben abgeworfen. In die geschlossene Ortschaft fielen 8, in freies Gelände zwei Bomben. Schule, ein Wohnhaus und zwei Scheunen schwer, 6 weitere Wohnhäuser und Scheunen leichter beschädigt.

Auf die Stadt Bielefeld fielen 1.200 Sprengbomben, davon 77 Blindgänger, 33.000 Brandbomben. An Verlusten traten ein: 31 Tote, 27 Verwundete. Schäden an Wehrmachtsanlagen: 3 Kriegsgefangenenlager völlig zerstört, 1 Lager der Luftwaffe schwer beschädigt, eine Flakstellung mittelschwer beschädigt.

Ein Tieflieger beschoß im Bahnhof Ahle bei Bünde einen haltenden Personenzug mit Bordwaffen. Zwei weibliche Personen wurden sofort getötet, 13 weitere zum Teil schwer verwundet. Es starben später noch 3 Personen.

Ein auf der Strecke Bad Pyrmont-Lügde haltender Personenzug wurde ebenfalls von Tieffliegern angegriffen. Vier Personen wurden getötet und mehrere Häuser an der Bahn durch Bordwaffen beschädigt.

In der Gemarkung Springe/Deister fielen in der Nähe des Osterfeuerplatzes 19 Bomben.

3. November 1944: Zwischen 20.00 und 21.00 Uhr fielen im Raume Lemgo, Blomberg, Detmold, Lage und Herford verstreut Sprengbomben. In Oberschönhagen waren die größten Schäden zu verzeichnen (Bauer Dickewied und Nolte). Eine Bombe fiel an der Bahnlinie Salzuflen — Herford in freies Gelände. Eine weitere Bombe traf ein Grundstück der Hoffmanns-Stärke-Fabriken, ohne bedeutenden Schaden anzurichten. Bei Blomberg wurden Dächer abgedeckt und Fensterscheiben zerbrochen.

4. November 1944: Nach 11.00 Uhr beginnen die Einflüge im nordwestdeutschen Raum. Es werden wieder zahlreiche Jagdverbände gemeldet. Bei Bünde (Ostkilver) fällt zunächst eine Luftmine schwersten Kalibers. Glas- und Luftdruckschäden entstehen in den Gemeinden Ostkilver und Ennigloh.

Hauptangriffsziel ist jedoch Misburg. Es erschien

dort u. a. die 392. Bombergruppe mit 21 Flugzeugen. Flakfeuer beschädigte einen Viermot-Bomber schwer; er konnte sich noch bis Frankreich in der Luft halten und mußte bei Reims notlanden.

Im gesamten nordwestdeutschen Raum Jagdverbände mit wechselndem Kurs. Um 11.34 Uhr wurde in Hannover Vollvernebelung angeordnet.

Am Abend um 20.45 Uhr, 28 Minuten nach der Entwarnung erschien ein einzelnes Flugzeug über Herford. Es warf eine Sprengbombe, die 10 Meter vom Wohnhaus Maschstraße 94 entfernt fiel. Das Haus stürzte in sich zusammen. Die fünfköpfige Familie, die sich nicht mehr im Luftschutzraum befand, wurde unter den Trümmern begraben. Es wurden später 3 Personen tot, eine schwer- und eine leichtverletzt geborgen.

Der Gaubefehlsstand Hannover war heute ständig in Alarmbereitschaft. Meldungen über Kursänderungen und Warnungen über Tiefangriffe überschlugen sich. Am Abend wurde über das hannoversche Gebiet folgende Schadensmeldung abgegeben: Angriffe auf: Kirchröder Turm, Sutelstraße 49, Bothfeld (Flakkaserne), Wittekindstraße, Heidesiedlung, Berkhusenstraße, Langenforterstraße, Güterzug beschossen, Strecke Hameln — Hannover, Bennigsen mit Bordwaffen beschossen.

Die Besatzungen machten sich einen Spaß daraus, die Bomben zu beschriften.

Major Walter Nowotny erzielte 258 Luftsiege. Am 8.11. 1944 stürzte er bei einem Einsatz mit einer Me 262 am Fliegerhorst Achmer tödlich ab. Die tatsächliche Ursache wurde nicht genau geklärt. Er war 24 Jahre alt.

5. November 1944: Bei Bückeburg auf dem Weinberg fielen durch Fliegerangriff 20 Arbeitsdienstmänner.

6. November 1944: Bereits um 9.47 Uhr besagt die erste Meldung, daß sich Verbände im Anflug über der Nordsee befinden. Um 9.58 Uhr wird ein Jagdverband in der Helgoländer Bucht festgestellt. Feindliche Anflüge sind alsbald auf Hannover festzustellen. Misburg wird um 10.24 Uhr vernebelt. Inzwischen überfliegen Bomber- und Jagdverbände das gesamte Gaugebiet und ändern ihre Kurse.

In diesen Vormittagsstunden greift ein Bomberverband mit 31 Flugzeugen die Kanalanlagen in Min-

Ladbergen, südwestlich von Osnabrück am Dortmund-Ems-Kanal wurde in der Nacht vom 21./22. November 1944 durch Lancaster-Bomber angegriffen. Zum Schutz der Kanalüberführung waren hier Bielefelder Luftwaffenhelfer eingesetzt. (10,5-cm-Geschütze) Das Gebiet wurde in eine Kraterlandschaft verwandelt.

den an. Es fallen 116 Bomben. Noch am Nachmittag wird Feindtätigkeit gemeldet. Auch vor Bordwaffenbeschuß wird gewarnt. Um 18.30 Uhr: Drei Fernnachtjäger in 125 A, Kurs Ost.

In den Abendstunden von 20.45 — 21.06 Uhr erlitt die Stadt Herford den wohl schwersten Luftangriff. Es fielen dort 13 Minenbomben. Die Innenstadt ist durch die wenigen — 36-Zentner-Minenbomben — als ziemlich zerstört anzusehen. Folgende Schäden sind registriert:

völlig zerstört:	106 Wohnhäuser
schwer beschädigt:	298 Wohnhäuser
mittelschwer beschädigt:	712 Wohnhäuser
leicht beschädigt:	568 Wohnhäuser.

Innerhalb von Luftschutzräumen mußten 24 Tote geborgen werden, 20 Verletzte waren zu versorgen. Außerhalb der Luftschutzräume gab es noch 18 Tote und 52 Verletzte.

8. November 1944: Der Gaubefehlsstand Hannover berichtet von 8.17 bis 13.20 Uhr über Bewegungen im nordwestdeutschen Luftraum. In der Stadt Rheine entstehen im Bahnhofsgebiet durch mehrere Teppichwürfe um 10.30 Uhr Riesenkrater. In Herford werden 10 Gebäude zerstört.

Immer wieder werden Tiefangriffe geflogen. Auf der Autobahn bei Rehren AO. erhält ein Milchtankwagen Treffer und läuft aus. Sämtliche Züge auf den Strecken um Hannover erhalten Bordwaffenbeschuß.

10. November 1944: Alarm von 23.27 bis 0.35 Uhr. Im Stadtgebiet Herford fallen 3 Sprengbomben, verursachen aber keinen Personenschaden.

21. November 1944: In den Morgen-, Mittag- und Abendstunden Einflug starker Kampfverbände nach Nord- und Westdeutschland. Bombenabwürfe auf die Bahnstrecke Bad Oeynhausen — Rehme. Mehrere Häuser an der Kaiserstraße, Mindener und Rehmer Straße werden getroffen.

Auf die Autobahnbrücke bei Schermbeck gerichteten 22 Sprengbomben verfehlen ihr Ziel. Über die im Regierungsbezirk Osnabrück registrierten Abwurfmittel gibt folgende Aufstellung Auskunft:

Bombenabwürfe im Reg.-Bezirk Osnabrück am 21. Nov. 1944:

Zeit	Ort	Anzahl der Sprengbomben	Schäden
12.00	Stadt Osnabrück	ca. 500	40 Häuser total, 30 schwer, 325 leicht bis mittel besch., Wasser- u. Lichtvers. unterbrochen, ü. 100 Tote, 30 Verwundete, 27 Verschüttete
12.30	Gemeinde Lehen Krs. Aschendorf	30 - 40	1 Haus leicht beschädigt
12.15	Quakenbrück	50	1 Haus stark, 15 leicht beschädigt, Bahnstrecke unterbrochen.
12.15	Vörden Krs. Bersenbrück	50	Abwurf auf Flugplatz
12.25	Grafold Krs. Bersenbrück	20	Flurschaden
12.15	Neuenkirchen Krs. Bersenbrück	10 (davon 7)*	Flurschaden
12.25	Stadt Lingen	300 - 350 (10)*	Eisenbahnausbesserungswerk. 12 Häuser total, 50 mittel, 120 leicht beschädigt. Stadt ohne Wasser, Hauptrohr zum Wasserturm getroffen. 8 Tote, 20 Verwundete, mehrere verschüttet.
12.00	Stadt Meppen	200 (12)*	2 Häuser total, 5 schwer, 50 sonst. Beschädigung. 2 holländ. Schleppkähne (100 t) versenkt, 1 schwer beschädigt. 2 Tote, 2 Verwundete, 35 Personen aus 10 Häusern umquartiert. 2 Eisenbahngleise zerstört, Eisenbahnbrücke über Haase beschädigt.
11.15	Varloh, Krs. Meppen	11	kein Schaden.
12.00	Geeste, Krs. Meppen	9	kein Schaden.
12.00	Lotten, Krs. Meppen	1	1 Haus leicht beschädigt.
12.45	Raken, Krs. Meppen	13	Geringer Forstschaden.
12.00	Vormeppen	40 (3)* 4 Phosphorbrandb.	1 Haus mittelschwer, 1 Haus leicht beschädigt.
12.00	Wachtum Krs. Meppen	12 3 Phosphorbrandb.	Flurschaden.
12.15	Votrup Krs. Osnabrück	100 (7)*	1 Haus zerstört.

*) Anzahl der Blindgänger

Bombenabwurf über Hannover erfolgt um 19.00 Uhr. Sogleich danach setzten Rückflüge ein. In den Meldungen haben die Verbände Stärken von 20, 30 und 50 Flugzeugen.

Der Wehrmachtsbericht meldete, daß 81 feindliche Flugzeuge, darunter 61 viermotorige Bomber, abgeschossen wurden.

23. November 1944: Feindtätigkeit fand erst in den Nachmittagsstunden statt. Um 18.27 Uhr wurde Fliegeralarm angeordnet. Etwa 70 - 80 Flugzeuge warfen um 18.44 Uhr Bomben über Hannover ab. Um 19.01 Uhr befanden sich die Bomber bereits im Abflug westlich der Weser.

In Hannover gab es folgende Schäden: Roonstraße 3 u. 4, Gausstraße 9 u. 10, Höfestraße 10 A, Am Wallberg 4, Kronenstraße 2, 38, 39, 40, Langensalzastraße 4 u. 5, Geibelstraße 4, 5 u. 80, Wiesenstraße 54, 55, 58, Stiftstraße 3.

Demoralisierende Wirkung durch Tiefflieger

Unter Tieffliegerangriffen hatte in erster Linie die Landbevölkerung zu leiden. Größere Bedeutung bekamen diese Angriffe in den Jahren 1944 und 1945, als die Jabos zur Überwindung weiterer Entfernungen mit Zusatztanks ausgerüstet waren. Erste Erfahrungen machten britische Tiefflieger schon im Jahre 1942. Zu diesem Zeitpunkt reichte der Aktionsradius aber nur von den britischen Inseln bis in das norddeutsche Küstengebiet. Bahnanlagen waren zunächst Ziele von Tieffliegern. Zahl und Auswirkungen der Angriffe können noch als gering bezeichnet werden. Die Bahnhöfe der Kreisbahn in Emlichheim und Ringe (Raum Grafschaft Bentheim) wurden am 1. Nov. 1942 beschossen. Erneut wurde diese Kreisbahn am 13. Mai 1943 angegriffen. Ein Lokomotivführer und ein Heizer aus Neuenhaus wurden dabei schwer verletzt.

Eine Zunahme nicht nur von Bombenangriffen, sondern auch von Tiefangriffen war Anfang 1944 zu verzeichnen. Durch Bordwaffenbeschuß erzielten die Angreifer in erster Linie Sachschäden. Fahrzeuge auf Straßen und Schienen sowie Transportkähne auf Flüssen, waren gesuchte Objekte. Wenn auch Einzelpersonen schwer zu treffen waren, stießen dennoch mitunter die Jabos auf sie herab und drückten auf die Auslöseknöpfe. MG-Garben auf Personengruppen lösten verheerende Wirkungen aus.

Während amerikanische Bomber in den Mittagsstunden des 29. März 1944 über Nordwestdeutschland mit Kurs Ost ihre Bahn zogen, um Braunschweig anzugreifen, suchten Tiefflieger ihre Angriffsobjekte in den Landkreisen Bersenbrück und Meppen. Die Wirkung läßt sich zwar in folgender Aufstellung ablesen, die Schrecken und Ängste der Zivilbevölkerung aber, die noch lange Zeit unvergessen blieben, können derartige Aufzeichnungen nicht wiedergeben.

Landkreis Bersenbrück:
Zwischen Quakenbrück u. Rheine, am Ausgang der Gemeinde Nortrup, gegen 13.15 Uhr, Personenzug durch Tiefflieger mit Bordwaffen beschossen. 3 Gefallene, 2 Schwerverwundete und 10 Leichtverwundete.

Gemeinde Balkum, gegen 13.15 Uhr, 1 Wohnhaus durch Bordwaffen leicht beschädigt.

Zwischen Quakenbrück und Osnabrück, vor der Gemeinde Alfhausen, gegen 13.18 Uhr, Personenzug durch 2 Tiefflieger mit Bordwaffen beschossen. 1 Gefallener, 4 Schwerverwundete und 1 Leichtverwundeter.

Gemeinde Vörden, gegen 13.30 Uhr, 2 Wohnhäuser durch Bordwaffenbeschuß mittelschwer beschädigt.

Flughafen Quakenbrück, gegen 13.50 Uhr, durch Tiefflieger mit Bordwaffen beschossen. Gebäudebrände.

Auf der Straße Schwagstorf — Fürstenau, gegen 15.00 Uhr, 1 Lieferkraftwagen durch Bordwaffen beschossen. 1 Gefallener und 1 Schwerverwundeter.

Fürstenau (Bahnhof), gegen 15,20 Uhr, Bordwaffenbeschuß auf Personenansammlung. Keine Personenverluste.

Gemeinde Vechtel, gegen 15.20 Uhr, 1 Bauer auf dem Acker mit Bordwaffen beschossen und gefallen. 1 Pferd verletzt.

Gemeinde Lonnerbecke, gegen 15.20 Uhr, 1 Wohnhaus durch Bordwaffenbeschuß leicht beschädigt.

Gemeinde Hesepe (Bahnhof), gegen 15.20 Uhr, durch Bordwaffenbeschuß 1 Lokomotive betriebsunfähig geworden und 1 Lagerschuppen leicht beschädigt. 2 Verwundete.

Landkreis Meppen:
Gemeinde Altharen, gegen 15.00 Uhr, 1 Wohnhaus durch Bordwaffenbeschuß leicht beschädigt.

Gemeinde Fehndorf, gegen 15.00 Uhr, 2 Wohnhäuser durch Bordwaffenbeschuß leicht beschädigt.

Gemeinde Borken, gegen 15.20 Uhr, 1 Wohnhaus durch Bordwaffenbeschuß leicht beschädigt.

Gemeinde Vormeppen, gegen 15.20 Uhr, 1 Wohnhaus und 1 Industriewerk durch Bordwaffenbeschuß leicht beschädigt.

Gemeinde Wesuwe, gegen 15.20 Uhr, 2 Wohnhäuser durch Bordwaffenbeschuß leicht beschädigt.

Jabos, die am 8. April 1944 Begleitschutz für Liberator-Verbände flogen, entdeckten bei klarem Wetter nordwestlich Celle einen Fliegerhorst mit etwa dreißig Flugzeugen, darunter mehrere He 177

Diese Mustang war mit dem Kosenamen der Frau des Piloten "Floogie" beschriftet. Sie ging im Luftkampf über Deutschland am 13. Januar 1945 verloren. Der Pilot stürzte tödlich ab.

und Me 210. Aus einer Höhe von 14.000 Fuß ließen sich die Jabos fallen. Eine Ju 88, die sich ihnen entgegenstellen wollte, wurde jedoch von drei Mustangs beschossen. Danach schlug sie brennend auf und explodierte. Die Jabos vernichteten danach am Boden mehrere deutsche Flugzeuge.

Neben zahlreichen nicht genannten Beschädigungen durch Tiefflieger meldet die Reichsbahndirektion Münster am 11. April 1944: Insgesamt 15 Züge (davon 12 Güterzüge) mit Bordwaffen beschossen, ein Lokführer gefallen, 8 Loks unbrauchbar.

Günstiges Fliegerwetter herrschte am 15. April 1944. Überall, wo sich lohnende Bodenziele blikken ließen, stürzten die Jabos zum Angriff nieder. Auf der Bahnstrecke Hameln — Lemgo wurde in der Mittagszeit bei Aerzen ein Triebwagen beschossen. Bevor dieser zum Halten kam, prasselten die Geschosse in den vollbesetzten Zug. Die Reisenden flüchteten am Bahndamm entlang, während die 4 Lightnings erneut zum Angriff ansetzten. Der durchlöcherte Triebwagen blieb bewegungsunfähig mit sieben Toten zurück, darunter drei Frauen aus Reher Krs. Hameln-Pyrmont. Ein 16-jähriges Mädchen hatte einen Kopfschuß erhalten.

An diesem 15. April beschossen einige Jabos den Bahnhof Karlshafen an der Weser. Das Lokomotivpersonal war abgesprungen und suchte Deckung. Heizer Winter aus Brakel traf ein Leuchtspurgeschoß in die rechte Ferse. An diesen Verletzungen starb er nach zwei Wochen.

Ganz Nordwestdeutschland wurde an diesem Frühlingstage in Unruhe gebracht. Die Räume Rendsburg, Elmshorn und Stade wurden von Jabos der 56. Fighter Groop angegriffen. Allein im Gebiet der Reichsbahndirektion Münster blieben an diesem Tage 22 Züge auf der Strecke. Vom Zugperso-

Deutscher Flakturm, der von Tieffliegern gerade beschossen wird.

2-cm-Vierlingsflak auf Eisenbahnwaggons montiert, sollte Tiefflieger bekämpfen.

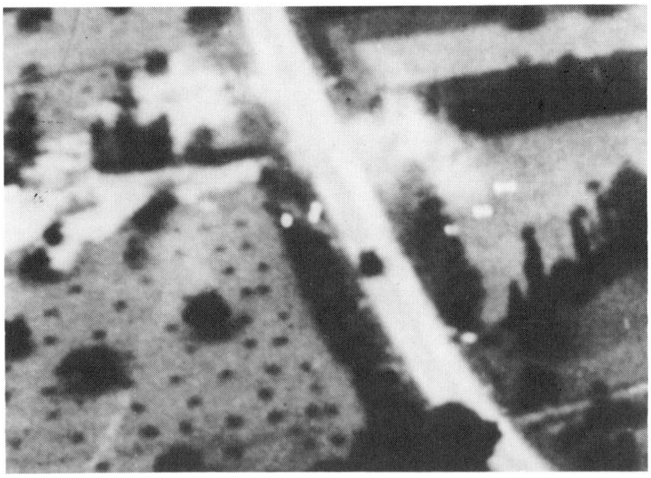

Aufnahmen eines amer. Tieffliegers:

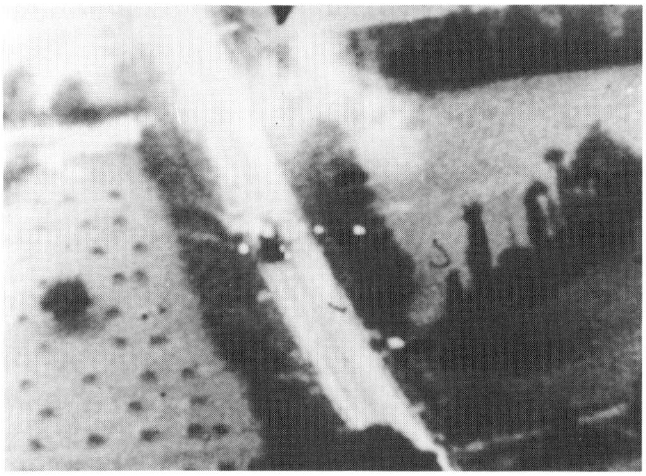

Die weißen Punkte sind Leuchtspurgeschosse.

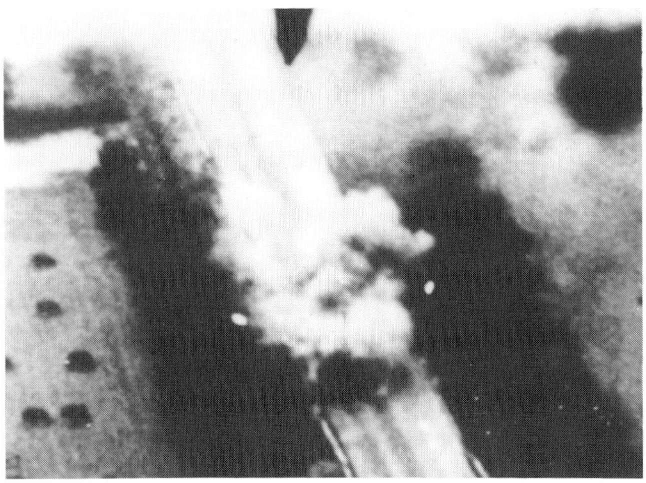

Hier ist die Explosion zu erkennen.

nal war ein Lokführer und ein Reisender gefallen, drei Lokführer und drei Heizer wurden verwundet.

Die Reichsbahndirektion Hannover meldet, daß eine Rangierlok und sechs Züge beschossen wurden. Das Zugpersonal hatte 2 Gefallene und 6 Verwundete zu beklagen.

Am nächsten Tag, den 16. April 1944, haben die Tiefflieger zwischen Veldhausen und Esche (bei Bentheim) einen Zug beschossen. Lokführer und Heizer sind verletzt.

Bedeutendere Schäden sind am 22. April 1944 zu verzeichnen: Zwischen 18.00 und 19.00 Uhr waren etwa 200 feindliche Jagdmaschinen im norddeutschen Raum unterwegs, um Tiefangriffe durchzuführen. Allein im Raum Hannover wurden 21 Züge beschossen, wobei 5 Loks zerstört, 16 schwer beschädigt wurden. Vier Lokführer und ein Heizer kamen zu Tode. Ein Tieffliegerangriff auf den Bahnhof Haselünne am 4. Mai 1944 forderte 2 Tote.

Fast täglich ist mit Angriffen zu rechnen, die Bevölkerung kennt schon das geeignete Wetter. Der Monat Juni 1944 brachte nur eine geringe Atempause; die Anglo-Amerikaner hatten in Frankreich an der Invasionsfront Einsätze zu fliegen.

Von Zugbeschießungen ist aber schon wieder am 21. Juni 1944 zu berichten. Zwei Jäger hatten sich um 10.20 Uhr bei Hobbensen/Stadthagen einen Güterzug vorgenommen. Die Lok mußte ausgewechselt werden. Es entstanden Brände am Zug, wodurch auch 60 - 70 Kisten Steinhäger vernichtet wurden. Anschließend um 10.25 Uhr beschossen diese genannten Jäger einen Lazarettzug aus 20 bis 50 m Höhe, der mit belgischen Ärzten und Schwestern besetzt war. Auch zwei Wohnhäuser wurden getroffen (Gemeinde Achum bei Bückeburg). Der Lokführer wurde verwundet, die Lok unbrauchbar.

Allein am 2. Oktober 1944 registriert der Reichsbahnbezirk Hannover 19 Zugbeschießungen.

Daß der Feind nicht nur zur Tageszeit, sondern auch bei Dunkelheit Tiefangriffe flog, zeigt nachstehende Aufstellung vom 2. Oktober 1944:

Landkreis Aschendorf:
Gemeinde Esterwege gegen 2.20 Uhr mit Bordwaffen beschossen. 4 Kähne leicht beschädigt.

Landkreis Bentheim:
Gemeinde Quendorf gegen 2.10 Uhr mit Bordwaffen beschossen. Außerdem Abwurf von 1 Sprengbombe. Drei Personen verwundet.

Gemeinde Hestrup gegen 23.00 Uhr Bordwaffenangriff auf einen Personenzug. Kein Schaden. Außerdem Abwurf von 1 Sprengbombe. Zwei Personen verwundet.

Gemeinde Veldhausen gegen 20.10 Uhr Bordwaffenangriff. Kein Schaden.

Landkreis Bersenbrück:
Gemeinde Alfhausen gegen 23.55 Uhr Personenzug Nr. 9288 mit Bordwaffen angegriffen. Kein Schaden. (Zug war nicht flakgeschützt).

Gemeinde Woltrup gegen 2.05 Uhr Güterzug Nr. 7566 mit Bordwaffen angegriffen. Kein Schaden. (Zug war nicht flakgeschützt).

Gemeinde Nortrup gegen 23.25 Uhr Güterzug Nr. 6712 mit Bordwaffen angegriffen. Kein Schaden. (Zug war nicht flakgeschützt).

Landkreis Osnabrück:
Gemeinde Iburg gegen 14.30 Uhr Abwurf von 2 Sprengbomben. 3 Wohnhäuser leicht beschädigt.

Gemeinde Wellendorf gegen 2.15 Uhr Güterzug mit Bordwaffen angegriffen. Kein Schaden.

Große Auswirkungen hatte der Tiefangriff am 15. Oktober 1944: Bei Lindwedel (Walsrode) wurde ein Munitionszug in Brand geschossen. Neben diesem Zug hielt ein Personenzug, der die ganze Zerstörungskraft aufzufangen hatte. Dadurch wurden etwa 200 Zivilpersonen getötet.

Der deutsche Wehrmachtsbericht meldet am 30. Oktober 1944: "Die anglo-amerikanischen Tiefflieger terrorisieren weiter die Bevölkerung in West- und Norddeutschland." Dieser Bericht bezieht sich auf die Fliegertätigkeit vom 29. Oktober 1944, als wieder die Bahnlinien von den Jabos abgesucht wurden. Auch die Strecke Ahle — Kirch-

Die Bahnhöfe Visselhövede und Soltau wurden, ebenso wie zahlreiche Bahnstrecken, am 22. Februar 1944 beschossen.

Hier Aufnahmen der Tiefflieger, die soeben diese Bahnhöfe unter Beschuß nehmen.

lengern wurde beschossen. Die Reisenden suchten rechtzeitig Schutz; sie kamen mit dem Schrecken davon.

Zu beobachten war danach über Südlengern ein Luftkampf zwischen zwei Jagdflugzeugen. Der Amerikaner unterlag und konnte sich mit dem Fallschirm retten.

Über Tiefangriffe am 8. November 1944 im nördlichen Weserbergland ist zu vermerken:

12.20 Uhr Bahnhof Stadthagen:
Lok stark beschädigt, Lokführer verwundet.

12.22 Uhr Georgenschacht Stadthagen:
Leichter Sachschaden, 1 Person schwer verwundet.

12.25 Uhr Güterzug bei Scheie/Bückeburg:
Eine Lok stark beschädigt, 1 Bahnbeamter schwer verwundet.

12.30 Uhr Militärtransportzug und Güterzug bei Bahnhof Evesen bei Bückeburg:
2 Loks und Telefonleitungen stark beschädigt, 2 Güterwagen ausgebrannt, 1 Bahnbeamter verwundet, 1 Ausländer verletzt.

12.31 Uhr Buchholz, Krs. Bückeburg:
Zwei männl. Personen verwundet.

12.32 Uhr Bad Eilsen, Badehotel:
Leichter Sachschaden, 2 männl. und 2 weibl. Angestellte der Firma Focke-Wulf gefallen, 2 weitere Personen der Firma verwundet.
(Die Fa. Focke-Wulf hatte in Bad Eilsen ein Ausweichlager.)

Diese, nur auf einen kleinen Raum bezogenen Angaben, lassen ahnen, wie es sonst im nordeutschen Gebiet an diesem Tage ausgesehen haben mag.

Transportzüge waren in erster Linie Ziel für Tieflieger.

Denn im Reichsbahnbezirk Hannover wurden heute neunzehn Züge beschossen, davon sind 13 betriebsunfähig. Der Bezirk Kassel meldet weitere 12 Zugbeschießungen, wobei sämtliche Loks auf längere Zeit nicht mehr benutzt werden können. Bomber haben es an diesem Tage auf Bahnhöfe abgesehen. Rheine erlebt 6 Teppichabwürfe, wobei 40 Wehrmachtsangehörige umkommen und weitere 40 schwer verwundet werden. Die Gleisanlagen sind stark beschädigt.

Mit Bomben und MGs griffen Jabos am Sonntag, den 26. November 1944, den Fliegerhorst Handorf bei Münster an. Es gab Tote und Verletzte. Auch von den Luftwaffenhelferinnen, die auf dem Platz stationiert waren, wurde eine getötet.

Das Kriegsjahr 1944 ging zu Ende. Der Luftkrieg auf die Bevölkerung hatte verheerende Ausmaße angenommen. Das sollte sich auch noch am 29. Dezember 1944 zeigen, als um 10.40 Uhr an der Scheldemündung Jaboverbände einflogen. Weißer Dampf der Lokomotiven ließ aus weiter Ferne die Ziele für die Jabos anzeigen. Allein im Bezirk Münster wurden 29 Züge beschossen. Aus den Zügen mußten anschließend 5 tote Reichsbahner und 4 tote Soldaten geborgen werden. Verwundet wurden bei diesen Angriffen 21 Reichsbahner, 40 Reisende und 5 Soldaten.

Unter den deutschen Jagdfliegern, die sich an diesem Tage den Angreifern stellten, befanden sich auch Teile des JG 54. Bei Lingen/Ems stand die II. Gruppe im Luftkampf mit Spitfires; sie verlor dort ihren Gruppenkommandeur, Hauptmann Robert Weiß. Er war bereits in 121 Luftkämpfen Sieger geblieben, diesmal konnte er jedoch mit seiner Erfahrung gegen eine Übermacht nichts ausrichten. Nach dem Tode wurde ihm noch das Eichenlaub zum Ritterkreuz verliehen.

Unvermutet, am Horizont nicht einmal erkennbar, tauchten die Tiefflieger in Tälern auf, nutzten jede Falte des Geländes aus, um möglichst Feuergarben der leichten Flakbatterien zu entkommen. In Sekundenschnelle hielten sie ihre MG-Garben auf bewegliche Ziele. Der Erfolg lag in der Überraschung.

Die Tiefflieger traten gewöhnlich in einer Stärke von sechs Maschinen auf. Sie zeigten sich in ein- und zweimotorigen Flugzeugen, wobei der Typ "Lightning" besonders gefürchtet war. Die übrigen Tiefflieger waren mit dem Begleitschutz für die Bomberverbände identisch.

Die Jagd auf Menschen begann hauptsächlich in den Jahren 1944/45. Immer wieder wurden Fälle bekannt, daß Schüler, Spaziergänger oder auf einem Marktplatz einkaufende Frauen beschossen wurden. Und oft prasselten MG-Garben auf Pferdegespanne nieder und töteten auf dem Feld arbeitende Landwirte.

In erster Linie aber waren Eisenbahnzüge Ziel der Tiefflieger. Auf bestimmte Strecken sind an einem einzigen Tage drei bis vier Tiefangriffe geflogen worden. Auch die eingesetzte Ersatz-Lokomotive wurde wieder zerstört. Das Ziel, die Bahnstrecke zu blockieren, war erreicht.

Bei Tiefangriffen hielten die Züge auf freien Strekken. Die Reisenden waren angewiesen worden, in diesem Falle den Zug zu verlassen und nach allen Seiten auszuschwärmen und Deckung zu suchen. Eine Personenanhäufung hätte nur mehr Treffsicherheit gegeben.

Schwerste Luftkämpfe an einem Sonntag (26. November 1944)

Die erste Luftlagemeldung an diesem Tage um 8.35 Uhr spricht von 10 feindlichen Flugzeugen. Diese dringen aber noch nicht weit in das Reichsgebiet ein, sondern halten sich im Küstengebiet auf. Ab 10.15 Uhr wird die Lage ernster: "Mehrere Kampfflugzeuge im Gebiet 87 D mit Kurs Südost." Danach ist um 10.45 Uhr die Rede von einem Jagdverband mit Kurs Ost. Außerdem folgen über Holland mehrere Kampfverbände. Es werden alsbald 150 Flugzeuge mit Kurs Ost gemeldet. Weitere Verbände nähern sich im Raum Marburg, Gießen. Ab 11.08 Uhr fällt Vollvernebelung für Hannover. Nach den Luftlagemeldungen werden Rauchzeichen über der Stadt Hannover aber erst um 12.11 Uhr festgestellt. Es befinden sich zur gleichen Zeit etwa 30 Bomber über der Gauhauptstadt. Nachdem auch über Misburg Rauchzeichen gesetzt werden (12.21 Uhr), beginnt das Bombardement. Die Raffinerieanlagen werden wieder angegriffen. Es entstehen bedeutende Brände. Der Himmel über Misburg ist zum wiederholten Male schwarz.

In Herford wird der Güterbahnhof stark beschädigt. Der Rüstungsbetrieb Hettich, Leopoldstraße erhält Volltreffer, der Betrieb wird ausgelagert. Weitere Volltreffer erhalten der Rüstungsbetrieb Knemeyer & Co., Goebenstraße und die Wehrmachtssortieranstalt (Goebenstraße).

Die Bombenlast, die über Nordwestdeutschland an diesem Vormittag abgeladen wurde, ist aus nachstehender Aufstellung ersichtlich:

Bombenabwürfe am 26. November 1944:

Zeit	Ort	Anzahl der Sprengbomben	Schäden
12.00 — 12.20	Gütersloh	212 (7)*	80 Tote, 52 Verletzte, u.a. Miele-Werke schwer beschädigt.
11.25 — 11.50	Altenbeken	257 (5)*	Angriff auf Eisenbahnviadukt, 8 Tote, 4 Verletzte.
12.13 — 12.52	Bielefeld	459	Volltreffer Turnhalle, Gebäudeschäden Plaßstraße.
12.41 — 13.00	Bad Lippspringe	350 (7)*	276 Bomben in Feldmark, 74 Bomben im Stadtgebiet, 18 Tote, 7 Verletzte.
12.46 — 12.48	Herford	158 (4)*	Auf Eisenbahnanlagen 52 Bomben, 90 auf Wohngebiet, 11 auf Industriewerke, 5 auf militär. Anlagen, 19 Tote, 13 Verletzte.
12.10 — 12.40	Langenhagen/Hann.	862 t	Erlenweg 19
	Misburg		Brände in den Raffinerieanlagen
	Hann.-Kirchrode		43 Tote
12.00	Holzhausen (Kr. Höxter)	54 (4)*	Mittel und leichte Gebäudeschäden, sonst Flurschäden.
12.00 — 13.00	Osnabrück	186	Wohngebiete beschädigt.

*) Anzahl der Blindgänger

Unaufhörlich werden an diesem Mittag die Warnmeldungen durchgegeben:

12.43 Uhr: Etwa 30 Bomber über Hannover. Bombenabwurf in 186 a und b.

12.44 Uhr: Weitere Rauchzeichen über Hannover, weitere Bombenabwürfe in 186 d. Weitere Durchflüge durch den Raum 187 und 167.

Neue Anflüge auf Hannover z. Z. nicht gemeldet. Sondermeldung! Im Raum Hannover ca. 100 deutsche Jäger, zahlreiche Abschüsse werden gemeldet.

Die an die feindlichen Verbände herangeführten deutschen Jagdflugzeuge vom Jagdgeschwader 301 erlitten in den Luftkämpfen schwere Verluste. Auf verhältnismäßig kleinem Luftraum stürzten etwa 30 Flugzeuge (amerikanische und deutsche) als brennende Fackeln zu Boden. Das Jagdgeschwader 301 hatte allein an diesem Tage im Raum Braunschweig 16 Maschinen und im Raum Weser/Deister 23 FW-Maschinen verloren. Von den 23 Verlusten waren 10 Piloten verwundet, 13 tot geborgen oder vermißt. Die im Weserbergland gefallenen Flugzeugführer wurden durch Soldaten des Fliegerhorstes Wunstorf auf dem Stadtfriedhof beigesetzt.

Um 13.04 Uhr gibt es Vorentwarnung für Hannover. Sämtliche Flugzeuge befinden sich im Abflug. Aus den ersten Schadensmeldungen, die dem Gaubefehlsstand zugingen, läßt sich entnehmen:

"Neu-Bethesda vollkommen zerstört, Langenhagen, Erlenweg 19, Brände in Misburg. Bombenabwürfe in Kirchrode. Oberleitungsschaden am Lindener Schlachthof. Ein Flugzeugabschuß 300 m nördlich Sarstedt, 2 Flugzeugabschüsse bei Hoteln, Ingeln, Gehlen. Bombenabwurf zwischen Jeinsen und Gehlen. Zwölf Fallschirmspringer Richtung Kipphut — Sarstedt.

1 Flugzeugabschuß bei Grasdorf
2 Flugzeugabschüsse bei Schliekum
1 Flugzeugabschuß bei Pattensen
1 Flugzeugabschuß bei Jeinsen

Bombenabwürfe bei Heisede, Gleidingen."

Bei diesen Angaben kann davon ausgegangen werden, daß es sich bei einem Großteil der angegebenen Abschüsse um deutsche Jagdflugzeuge handelt.

An diesem Sonntagnachmittag sind Rettungsmannschaften noch am Werk, als bereits wieder um 14.00 Uhr ein Aufklärer mit Kurs Ost gemeldet wird. Er soll die Erfolge vom Vormittag fotografieren. Zehn feindliche Jagdflugzeuge kreisen später zwischen 15.15 und 15.30 Uhr westlich Hannover, drehen dann aber nach Westen ab. Indessen nähern sich wieder drei schwere feindliche Kampfflugzeuge mit Kurs Nordost. Es wird Luftwarnung erforderlich, die bis 16.31 Uhr anhält, als die Flugzeuge abfliegen.

Auch am Abend zwischen 20.00 und 21.00 Uhr erscheinen noch einige Fernnachtjäger, die die letzte Luftwarnung an diesem Tage auslösen.

Grabstätte des Jagdfliegers Siegfried Baer in Eldagsen/Holtensen.

Flugzeugabstürze am 26. Nov. 1944 zwischen Weser und Deister.

Gemeindebezirk/Kreis	Typ	Angaben über Besatzungsmitglieder
Holtensen/Kr. Springe	FW 190	Uffz. Siegfried Baer, JG 301, tot
Pötzen b. Hameln	FW 190	Uffz. Willi Huke, JG 301, tot
Pohle-Lauenau/Deister	FW 190	Ofw. Erich Meyer, JG 301, tot
Deckbergen b. Rinteln	B-24	4 tot, 6 Fallschirmabsprung
Fischbeck b. Hameln	B-24	unbekannt
Weibeck/Hess.-Oldendorf	FW 190 A 8	Uffz. Anton Schmidt, tot
Rehren A. O.	B-24	8 tot, 2 gefangengenommen
Eimbeckhausen (Gem.-Bezirk)	FW 190	Ofw. Löffler, tot
Eimbeckhausen (Gem.-Bezirk)	FW 190	Fähnrich Raygrotzky, tot
Kreis Springe	FW 190	Uffz. Kirchhais, tot
Dankersen, Kr. Minden	B-24	Gesamte Besatzung tot
Tallensen Kr. Schaumburg-L.	FW 190 A 9	unbekannt
Bad Münder/Eimbeckhausen	FW 190	Leutnant Brinkmann, tot
Eimbeckhausen (Ortsrand)	FW 190	Feldw. Werner Meyer, tot
Eimbeckhausen/Deister	FW 190	Fw. Helmut Thiemann, tot
Gehrden Landkr. Hannover	Viermot.	unbekannt
Bredenbeck Kr. Springe	FW 190	Uffz. Schäper, mit Fallschirm
Coppenbrügge-Pulvermühle	FW 190	Gefr. Hennig, tot
Krückeberg Kr. Rinteln	FW 190	Pilot, verbrannt, Name unbekannt
Wahrendahl Kr. Hameln	FW 190	Pilot verbrannt, Name unbekannt
Kalldorf b. Vlotho	Viermot.	4 Gefangene (Amt Hausberge)
Reinsdorf b. Stadthagen	Viermot.	unbekannt
Raum Kreis Springe	FW 190	Uffz. Gabler, tot

Weitere bedeutende Angriffe bis zum Jahresende:

27. November 1944: Bomberverbände und Tiefflieger setzen den gesamten norddeutschen Raum in Alarmbereitschaft. Die deutsche Abwehr kann etwa 450 Maschinen einsetzen; sie können angeblich nach amerikanischen Angaben 52 US-Jäger abschießen bei 89 eigenen Verlusten. Die schwersten Luftkämpfe entwickeln sich am Steinhuder Meer und am Dümmer See. Vom Jagdgeschwader 26 werden nach Luftkämpfen im Raum Münster-Osnabrück und Gütersloh Uffz. Robert Röhrig und Oberfähnrich Helmut Lorberg vermißt. Tiefflieger sind noch in den Mittagsstunden im Einsatz. Um 13 Uhr wird auf der Strecke Hameln — Löhne ein fahrender Güterzug beschossen, nur der Heizer wird leicht verletzt.

29. November 1944: Tagesangriff auf Hamm/ Westf. und weitere Bahnanlagen in Nordwestdeutschland. Etwa 200 Bombentrichter werden in den Gleisanlagen bei Hamm gezählt. Auch die Umgebung von Heeßen, Pelkum und Rhynern wird angegriffen. Die 392. Bombergruppe greift mit 18 B-24-Bombern den Eisenbahn-Viadukt Altenbeken an. Es fallen dort 127 1.000-lb-Bomben. Der Verband hat guten Jagdschutz und kehrt vollständig zurück. Die 56. Jäger-Gruppe der Amerikaner beharkt den Raum Bielefeld.

5. Dezember 1944: Erneut werden die Bahnanlagen in Hamm angegriffen. Die Ein- und Ausfahrten der Güterzugstrecken nach Minden und Münster müssen gesperrt werden. Bahnsteige 2 und 4 beschädigt. In Ennigloh bei Bünde fielen 20 Sprengbomben. Die 392. Bombergruppe greift Münster an. Der Himmel ist 10/10 bewölkt. Es fallen dort 108 Sprengbomben zu 500 lb.

Luftverteidigungskräfte können 42 Feindflugzeuge abschießen. Zwei amer. Jagdflugzeuge stürzen bei Niengraben - Idensermoor und Riepen ab. Ein Jäger, dessen Typ nicht zu ermitteln war, durchschlug in der Gemeinde Hävern (Krs. Minden) die Straßendecke und bohrte sich ca. 2 m tief in den Erdboden ein. Durch Benzinspritzer wurde das Wohnhaus Witte in Hävern Nr. 31 angezündet. Es brannte bis auf die Grundmauern ab. Der Pilot fand den Tod.

6. Dezember 1944: Angriffe auf Bielefeld und Minden meldet der Wehrmachtsbericht. Abends erfolgt ein Terrorangriff auf Osnabrück. In Bielefeld Fliegeralarm von 10.30 bis 13.45 Uhr. Die 392. Bombergruppe wirft 130 Sprengbomben zu 1.000 lb hauptsächlich in die Saarstraße. Von 20 Viermots werden 16 beschädigt. Die 447. BG überfliegt Nordwestdeutschland mit dem Ziel Merseburg.

Die deutschen Luftlagemeldungen besagen im wesentlichen:

10.42 Uhr: Spitzen der Jagdverbände nördlich und südlich Osnabrück, Kurs Südost. Ein Bomberverband mit Jagdschutz bei Zwolle mit Südostkurs.

10.54 Uhr: Etwa 80 Feindjäger bei Meppen, starke Bomberverbände bei und westlich Zwolle, Kurs Ost.

10.57 Uhr: Spitzen der Jäger bei Quakenbrück, Kurs Ost. Bomberverbände bei Lingen, Meppen und Zwolle, Kurs Ost.

11.07 Uhr: Die bisher gemeldeten Verbände stehen im Raume Osnabrück, Kurs Südost.

11.14 Uhr: Spitzen im Raume Osnabrück, Minden und Hameln, Kurs Ost. Verband mit etwa 200 Maschinen bei Quakenbrück, Kurs Ost.

11.17 Uhr: Nördlich und südlich Cloppenburg einzelne Verbände feindlicher Jäger, Kurs Ost.

11.24 Uhr: Im Raume Meppen bis Nienburg einzelne Jagdverbände und kleinere Bombergruppen, Kurs Ost. Weitere Einflüge noch über Mittelholland, Kurs Ost.

11.30 Uhr: Die Masse der Verbände sind in das mittlere Reichsgebiet weitergeflogen.

11.40 Uhr: Kleinere Gruppen Feindjäger ostwärts Quakenbrück und bei Fallingbostel. Die letzten Verbände, etwa 280 Maschinen, bei Lingen, Kurs Ost.

Im Weserbergland werden einzelne Bombenabwürfe gemeldet, und zwar in den Gemarkungen Obernkirchen, Lickwegen und Fischbeck. Geringe Schäden. Minden wird in der Zeit von 11.57 bis 12.05 Uhr angegriffen. Dort fallen 202 Sprengbomben, davon 48 in freies Gelände, und 50 Minenbomben. Es sind 37 Tote und 27 Verwundete zu beklagen. Darüber hinaus wurden 36 Häuser völlig zerstört und 296 Häuser leicht bis schwerbeschädigt. Auch in Dankersen fielen 35 Sprengbomben in freies Gelände und 35 in Wohngebiete. Sechs Sprengbomben richteten in Quetzen Flurschaden an.

Erwähnenswert noch die Tiefangriffe, und zwar auf die Strecken Lindhorst — Haste (3 Lokomotiven und 1 Güterzug), Hameln — Löhne zwischen Welsede und Deckbergen (eine Lokomotive). Im übri-

Bombardement auf Löhne (Bahnanlagen).

Eine Bomberbesatzung vor ihrem Start nach Deutschland.

gen Beschuß von Fahrzeugen auf Landstraßen.

11. Dezember 1944: In Minden wird der Kreisbahnhof Königstor bombardiert. Fünf Tote.

12. Dezember 1944: In den Abendstunden nach 19.30 Uhr Feindflugzeuge im Raume Aurich, Emden, Oldenburg und Papenburg. Außerdem befinden sich schwache Verbände südlich Rheine. Um 19.52 Uhr wird Feindtätigkeit (Luftangriff) über Osnabrück gemeldet. Um 19.58 Uhr fliegen die Bomber in Richtung Westen ab.

15. Dezember 1944: Angriffe konzentrieren sich auf Kassel und Hannover. Im Weserbergland fallen einzelne Bomben (mittags) in Hohenrode, Ahe und Engern bei Rinteln. Bei Hohenrode fiel eine Bombe in die Weser, die andere beschädigte das Haus Wilhelm Brandt stark.

24. Dezember 1944: Obwohl gegen Gebiete des Mittelrheins Bombenangriffe geflogen wurden, entwickelten sich in Nordhessen, im Weserbergland und in Ostfriesland bei Rückflügen heftige Luftkämpfe. Über Uttersheim bei Wabern (Bez. Kassel) fiel Leutnant Günter Rudolph mit seiner Bf. 109 G 10; der Fallschirm öffnete sich nicht. Bei diesen Kämpfen stürzten weitere 5 Bf 109 im Raume Kassel, Hersfeld und Göttingen ab. Sämtliche Piloten wurden tot geborgen. Ritterkreuzträger Oberleutnant Klaus Brettschneider wurde bei Kassel mit seiner Focke-Wulf 190 - A 8 (rote 1) von Mustangs tödlich abgeschossen. Er hatte vorher 31 Luftsiege errungen.

Der Wehrmachtsbericht meldet, daß 87 feindliche Flugzeuge, darunter 43 viermotorige Bomber, abgeschossen wurden.

29. Dezember 1944: Angriffe richten sich besonders auf das Rhein-Main-Gebiet. Im Emsland kommt es dennoch zu Luftkämpfen mit gegnerischen Jägern. Dabei unterliegt Hauptmann Robert Weiß im Luftkampf mit Spitfires bei Lingen. Er hatte bisher 121 seiner Gegner bezwungen.

Nach dem Wehrmachtsbericht verloren die Angreifer durch Jäger und Flakartillerie 47 Flugzeuge, darunter 25 Viermot-Bomber.

Auch für den US-Piloten Moore war die Rückkehr nicht bestimmt.

30. Dezember 1944: Um 12.03 Uhr befinden sich 30 Feindjäger im Raum Meppen mit Kurs Ost. Ein anderer Jagdverband dreht im Raum Rheine. Ein Kampfverband überfliegt das Gebiet Meppen — Lingen mit Kurs Ost.

Die Luftlagekarte

In den Luftlagemeldungen, die seit längerer Zeit über den Rundfunk verbreitet werden, um der Bevölkerung den Einflug feindlicher Flugzeuge anzuzeigen, werden stets diejenigen Reichsgebiete genannt, die von den Feindflugzeugen überflogen oder, nach der Kursrichtung zu urteilen, voraussichtlich berührt werden. An Hand der Luftlagekarte, aus der die Abgrenzung und Bezeichnung dieser Reichsgebiete hervorgeht, kann jeder Volksgenosse feststellen, ob er von den Feindeinflügen betroffen werden kann. Bei Durchgabe der Luftlagemeldungen ist ein luftschutzmäßiges Verhalten noch nicht erforderlich. Das Wirtschafts- und Verkehrsleben muß vielmehr ungehindert weitergehen. Die Bevölkerung wird nach wie vor durch öffentliche Alarmierung rechtzeitig gewarnt, wenn die Gefahr eines feindlichen Angriffes besteht.

Kassel gibt um 12.35 Uhr Fliegeralarm. Ein schwerer Luftangriff zeichnet sich hier ab. Es entstehen Schäden an der Strom- und Wasserversorgung, die erst am 6. Januar 1945 beseitigt werden können. Entwarnung in Kassel: 13.25 Uhr.

Am späten Nachmittag und Abend nochmals zahlreiche Flugzeuge im gesamten norddeutschen Raum. Bereits um 15.43 Uhr Feindflugzeuge mit wechselndem Kurs im Raum Norderney. Um 17.59 Uhr gibt Wesermünde Fliegeralarm. Meldungen des Gaubefehlsstandes benennen: Jever, Varel, Wangerooge, Bremervörde, Elsfleth, Jade-Wesermündung, Brake, südlich Bremen, Fallingbostel, Juist, Hannover.

31. Dezember 1944: Kampfverbände der 3. US-Luftdivision erreichen das Weserbergland. Es herrscht Winterwetter mit Schneedecke, klarer Himmel. Aus der Reichsverteidigung werden die Jagdgeschwader 300 und 301 eingesetzt. Bomber, die das Hydrierwerk in Misburg angreifen sollen, werden über dem Wesertal von deutschen Jägern angegriffen. Im Notwurf beschädigen einzelne Bomben den Friedhof in Brünnighausen (Krs. Hameln), auch andere richten bei Coppenbrügge Flurschaden an. Ein Viermot-Bomber geht bei Afferde in die Tiefe. Die Besatzung springt mit dem Fallschirm ab und gerät im Raum Springe — Bad Münder in Gefangenschaft. Die 10. Staffel des JG 300 verliert bei Kaltenweide und Bissendorf (nördlich Hannover) zwei deutsche Jäger. Nach dem Wehrmachtsbericht wurden an diesem Tage 66 Feindflugzeuge vernichtet, darunter 61 Viermot-Bomber.

Erstes Vierteljahr 1945

1. Januar 1945: Die Wohnviertel der Stadt Kassel erleiden Schäden. Auch die Bahnanlagen sind betroffen. Im Nachbarbezirk Ihringhausen fallen auch zehn Bomben. Der Abwurf galt anscheinend der unweit entfernten 1. Flakbatterie. Der Zugverkehr wurde stellenweise unterbrochen.

Eine Eigentümlichkeit war die Verwendung zahlreicher Bomben mit Zeitzünder. In den ersten drei Tagen nach dem Angriff waren immer wieder die Detonationen dieser Bomben mit Verzögerungszünder zu hören.

In Rheine erhielt der Rangierbahnhof 28 Volltreffer.

2. Januar 1945: Tagsüber Tiefangriffe gegen die Zivilbevölkerung. Die 447. BG greift Dollbergen östlich Hannover an. Es werden Bomben zum Gewicht von 100, 250 und 500 lb geworfen. Zwölf Maschinen der Gruppe kehren beschädigt zurück.

Im westlichen Grenzgebiet entwickeln sich abends bei Veldhausen (Grafsch. Bentheim) Luftkämpfe. Die Bevölkerung sieht den Horizont voller Leuchtzeichen. Eine JU 88 stürzt brennend bei Veldhau-

Ehemaliger Landes-Bahnhof in Münster. Münster ist zu 65% zerstört worden.

sen ab. Die Besatzung kann sich retten.

5. Januar 1945: Gegen 19.00 Uhr Angriff auf Hannover. Die Scheinwerfer stehen sichtbar am Himmel, die Flak schießt, "Tannenbäume" lassen die Angriffsabsicht erkennen. Ein Bomber gerät nach Flaktreffer in Brand; er stürzt in Richtung Springe ab. Die Trümmer liegen in einer Wiese bei Alvesrode. Zwei Mann der Besatzung gehen bei Mittelrode in Gefangenschaft.

In Hannover wurde der Hauptbahnhof erneut getroffen und der Stadtteil von der Goseriede bis nach Vahrenwald wird in ein Trümmerfeld verwandelt. Auch Limmer hatte schwer gelitten. Es sind 119 Tote und 14 Kriegsgefangene zu beklagen.

In Gehrden/Hann. fielen auf den Weg südlich der Schönen Aussicht einige Bomben.

Vermutlich im Notwurf fällt eine Bombe (ca. 5 Zentner) in Herford, Elverdisser Straße 208 auf freies Feld.

7. Januar 1945: In der Zeit von 11.40 bis 12.00 Uhr fallen in Bad Lippspringe 45 Sprengbomben, davon zwei in Wohngebiete. Es wird ein Wehrmachtsgelände getroffen, auf dem ein Truppenteil übte.

Zwei Soldaten wurden getötet, 30 verwundet. Ein Haus wird schwer-, 20 Häuser leichtbeschädigt.

In Ahle bei Bünde fallen sechs Sprengbomben, durch die zwei Personen verwundet und 23 Häuser beschädigt werden.

Beerdigung der Luftkriegsopfer nach dem Angriff vom 17.01.1945 auf Paderborn.

Die Wirkung einer Luftmine ist hier auf dem Bahnhof Münster am besten zu erkennen.

In Bierde Kr. Minden werden um 22.40 Uhr drei landwirtschaftliche Gebäude leicht beschädigt.

Bei Varrel-Oldenburg streifte im Nebel bei der Landung der Hauptmann Alfons Köster mit seinem Nachtjäger das Dach eines Bauernhauses. Die Besatzung wurde getötet. (IV/NJG 3).

10. Januar 1945: Zwischen 11.56 und 12.03 Uhr überfliegt ein schwacher Verband schneller Kampfflugzeuge die Stadt Paderborn in nordöstlicher Richtung. Ein Flugzeug setzt zum Tiefangriff an und beschießt die auf dem Rollfeld startbereiten deutschen Flugzeuge. Drei Flugzeuge geraten in Brand.

16. Januar 1945: Vormittags bei einem Tiefangriff auf die Autobahn wird bei Pohle (zwischen Bad Eilsen und Bad Nenndorf) K. F. Eggersmann aus Westendorf (Kr. Grafsch. Schaumburg) getötet. Vier Jabos beschießen auf dem Bahnhof Rodenberg/Deister einen Güterzug. Der Lokheizer wurde getötet, zwei Bahnbeamte verletzt. Auch bei Haste werden zwei Loks getroffen.

Am späten Nachmittag und Abend immer wieder Störungen im Luftraum. Um 22.30 Uhr schießen deutsche Nachtjäger bei Dehnsen (Kr. Alfeld) ein britisches Flugzeug ab. Aus den Trümmern werden später vier Tote verbrannt geborgen, ein Kanadier konnte vier Tage später tot im Wald gefunden werden.

17. Januar 1945: Fünfzehn Jabos greifen im Tiefflug die Bahnstrecke zwischen Ahle und Ennigloh an, wo durch Bordwaffenbeschuß erheblicher Personen- und Sachschaden angerichtet wird. Das Haus des Stellwerkmeisters Bauschulte an der Bahnstrecke trug 50 Einschüsse. Die Ehefrau und ihr schwerkriegsbeschädigter Sohn erlitten Verletzungen: Frau Bauschulte wurden beide Arme durchschossen und zwar so schwer, daß der linke Arm und der rechte Unterarm amputiert werden mußten. Der 19-jährige Sohn und auch Frau Bauschulte starben später an den Folgen dieser Verletzungen.

Um 12.45 Uhr fielen in Elsen bei Paderborn 119 Sprengbomben in freies Gelände. In Nordborchen fallen 137 Sprengbomben in die Feldmark. Drei Kriegsgefangene werden getötet. Den größten Schaden erleidet die Stadt Paderborn: 31 Minenbomben, 600 Sprengbomben auf Wohngebiete, 1.316 auf freies Gelände, 500 Brandbomben, 80 Phosphorkanister. Außerdem werden militärische Anlagen mit 513 Bomben bedacht. Personenverluste: 250 Tote, 301 Verwundete. Bei diesem Angriff wurden 133 Häuser völlig zerstört, 296 schwer

Im Bild die Verwüstungen von Kleve.

beschädigt und 1.935 leicht beschädigt. Es ist von sieben Bombenteppichen die Rede.

In Sande/Paderborn fielen um 12.45 Uhr 31 Sprengbomben in freies Gelände. Auch in der Feldmark Vewer werden nach diesem Angriff 69 Bombentrichter gezählt.

20. Januar 1945: Etwa zehn Jabos beschießen den Bahnhof Haste, wo gerade zwei Personenzüge halten. Zwei Soldaten werden tödlich verletzt. Zahlreiche Zivilisten hatten Deckung im Bahnhofsbunker gesucht. Sie blieben unverletzt.

Anschließend griffen diese Flugzeuge die Schachtanlage Beckedorf an. Ein kleiner Brand im Maschinenhaus konnte gelöscht werden.

Im Oberwesergebiet Tiefangriffe bei Gut Schirmecke, Eisenbahnstrecke Wehrden — Beverungen. Den Lokführer Hollenstein traf eine MG-Garbe auf dem Fahrersitz. Heizer und Zugführer suchten Deckung an der jeweils entgegengesetzten Böschungsseite. Sie wurden erst von Süden, dann von Norden angegriffen. Die Jagd ging noch weiter, als beide unter der Straßenunterführung Schutz suchten. Auch hier wurden sie einmal vom Nord-, einmal vom Südausgang beschossen. Das wiederholte sich mehrmals. Zugführer Hecker aus Ottbergen verlor dabei seinen Arm.

Bombenabwürfe auf Wietesch und Bahnhof Rheine. Zerstörungen auch im Stadtteil rechts der Ems.

22. Januar 1945: In Hannover Abwurf von Sprengbomben. Es gab zwei Tote. Im übrigen wurden im nordwestdeutschen Raum zahlreiche Tiefangriffe geflogen. Bei Apelern (Kr. Grafsch. Schaumburg) beschossen die Jabos fünf Personenkraftwagen. Verletzte gab es diesmal nicht. Anschließend wurde bei Rehren AR. ein Personenzug beschossen.

Gegen 14.20 Uhr flogen Lightnings die Bahnstrekke bei Höxter entlang. Sie griffen einen zwischen Brakel und Herste befindlichen Zug an. Lokomotivführer Büse erhielt einen Bombensplitter in das rechte Knie.

Bei einem Angriff auf den Bahnhof Walsrode sind heute zehn Tote zu beklagen.

Nach 15.00 Uhr Tiefangriff auf Bahnhof Exten. (Extertalbahn). Der zwölfjährige Fritz Kripahle wurde durch Kopf- und Brustschüsse schwer verletzt und starb nach Einlieferung ins Krankenhaus. Die Mutter trug Kopf- und Armverletzungen davon. Auch der Bahnhof Rinteln erhielt Tieffliegerbeschuß. In zwei Wohnungen gab es Mobiliarschäden.

Bei Völksen (Kr. Springe) Tiefangriffe auf einen von Hameln kommenden Zug.

Auch die Bahnlinie zwischen Ahle und Spradow (b. Bünde) war Ziel von drei Tieffliegern. Ein Lokomotivheizer wurde getötet, ein Lokomotivführer schwer verwundet, eine weitere männliche Person ebenfalls verwundet. Drei Lokomotiven und fünf Häuser sind leicht beschädigt worden.

23. Januar 1945: Tieffliegerbeschuß Bahnstrecke Brakel — Hembsen (Raum Höxter). Aus dem blauen Himmel stürzten zwei Jabos heran. Der Personenzug hielt und die Reisenden suchten hinter einer Böschung Schutz. Eine Frau aus Iserlohn wurde am Kopf tödlich getroffen. Im übrigen starb an ihren Verletzungen Frau Reuter, die in Amelunxen bestattet wurde. Der Heizer Oppermann war sofort tot, und Oberlokführer Kruse mußte mit Bauchschuß ins Krankenhaus gebracht werden. An den Folgen starb er jedoch nach vier Tagen.

Auf der Autobahn bei Vennebeck wurden zwei Personen in einem LKW getötet. Tiefangriffe auch auf den Bahnhof Hess.-Oldendorf. Bei Rehren AR. wurde eine Lokomotive und Postwagen schwer beschädigt. Drei Postbeamte wurden verletzt. Ein bei Veltheim auf der Weser befindlicher Schleppzug erhielt Bordwaffenbeschuß. Eine darauf befindliche Frau wurde durch Kopfschuß getötet.

Bei Osterwald (Kr. Hameln) beschossen die Tiefflieger einen mit roten Kreuzen versehenen Lazarettzug. Dieser Vorfall wurde auch besonders im Wehrmachtsbericht erwähnt: *"Durch Tiefflieger wurden unter Verletzung des Völkerrechts zwei Lazarettzüge bei Remagen und bei Hameln bombardiert und mit Bordwaffen beschossen."* Einige bereits an der Front verwundete Soldaten wurden getötet. Sie ruhen auf dem Friedhof Am Wehl in Hameln.

24. Januar 1945: Anglo-amerikanische Lufttätigkeit besonders im westlichen Reichsgebiet.

Im Raum Bünde wurden wieder Lokomotiven zerstört und Häuser beschädigt. Acht Jabos griffen auf der Autobahn Fahrzeuge an. Bei Steinbergen geriet ein Fahrzeug in Brand. Der Fahrer wurde verletzt. Eine Lokomotive, die gerade Moringen (Kr. Northeim) passiert hatte, wurde von Tieffliegern angegriffen und der Lokführer Wassmann aus Northeim getötet.

28. Januar 1945: Bei einem Angriff auf Gütersloh gab es 32 Tote. Allein das Gebiet um Mohns Park wurde von über 600 Bomben verwüstet.

29. Januar 1945: Erneuter Angriff auf Gütersloh. 60 bis 70 Flugzeuge warfen vier Minenbomben und 374 Sprengbomben. Es gab 29 Tote.

Die Stadt Hamm wurde durch 27 Bomber angegriffen. Sie kehrten ohne Verluste zurück.

Auch in Bielefeld und Bethel fielen Spreng- und Brandbomben, Beschädigungen gab es in der Detmolder Straße, Kastanienstraße und im Gerichtsgefängnis.

Nach einem Angriff auf die Bahnanlagen von Münster (1945).

Bahnanlagen Münster

2. Februar 1945: Durch einen Bombenangriff, der der Weserbrücke Emmerthal bei Hameln gelten sollte, wurden in Kirchohsen Häuser getroffen. Vier Tote waren zu beklagen: Franz Härtel, Wilhelmine Härtel, Luise Runge, Sophie Runge-Röhrsen.

Bei Heinsen/Weser beschossen vier Tiefflieger unterhalb des Steinbruchs die mit Beladen der Schiffe beschäftigten Arbeiter.

3. Februar 1945: In Haselünne fielen um 11.45 Uhr zahlreiche schwere Bomben in der Neustadtstraße. Sechs Häuser zerstört, 8 Tote und 9 Verletzte.

11. Februar 1945: Vormittags ununterbrochener Einsatz von Tieffliegern. Zwischen Hameln und Rinteln suchten neun Jabos die Bahnstrecke ab. Sie beschossen um 9.00 Uhr in Rinteln einen Güter- und einen Wehrmachtszug. Im Hafen Rinteln wurden Bockschiffe beschädigt. Um 10.15 Uhr Beschuß des Schrankenwärterhäuschens unterhalb Ossendorf. Schrankenwärter Ladage erlitt durch mehrere Schüsse Verletzungen. Geschoßgarben auch auf's Bahnhofsgebäude Deckbergen. Bei Engern/Rinteln wurden zwei Schiffe in Brand geschossen.

Weitere Jaboangriffe erfolgten auf die Bahnhöfe Eisbergen, Bögerhof und Schaumburg. In Bögerhof wurden drei Reisende getötet. (Bernhard Steffen, Fritz Brandt u. a.).

Nr. 313, Freitag, 23. Februar 1945

NACHRICHTEN FÜR DIE TRUPPE

6000 Flugzeuge hämmern auf Nervenstränge des Reichs

Auf der Karte sind die wichtigsten der am Donnerstag gebombten Verkehrszentren auf schwarzem Feld hervorgehoben.

Verkehrs-Rückgrat für beide Fronten gelähmt

EIN Nacht-Angriff alliierter Schnellbomber auf die Reichshauptstadt folgte gestern auf die bisher schwerste Tagesoffensive des Krieges gegen das deutsche Transportwesen. Der gesamte Eisenbahnverkehr zwischen West- und Ostfront ist seit den Mittagsstunden lahmgelegt.

Im ganzen Reichsgebiet westlich Berlin sind die wichtigsten Durchgangsstrecken unterbrochen und über 30 Eisenbahnknotenpunkte stehen in Flammen.

Über 6 000 alliierte Flugzeuge aller Typen vom viermotorigen Bomber bis zum raketenfeuernden Jäger wurden zu diesem Vernichtungsschlag gegen das deutsche Transportwesen eingesetzt — mehr als 4000 vom Westen und der Rest von Italien aus.

Im Tiefflug

Im ganzen Reichsgebiet von der Nordsee bis in die Donau-Alpengaue konnte man beobachten wie die Bomber, Jagdbomber und Jäger im Tiefflug Eisenbahnknotenpunkte, Stellwerke, Überführungen, Tunnels, Wehrmachttransporte und Güterzüge auf offener Strecke mit Bomben und Bordwaffen angriffen.

Die Luftoffensive setzte gestern kurz nach Mittag ein und dauerte eine Stunde.

Eisenbahner getötet

In dieser einen Stunde wurden mehr als 30 Eisenbahnknotenpunkte in Brand geworfen, mehr als 300 Züge zusammengeschossen und Hunderte von Eisenbahnern, Männer und Frauen, getötet.

Auf der Strecke Berlin—Hamburg sind die Eisenbahnknotenpunkte Wittenberge und Ludwigslust seit gestern nacht, nur noch rau-

(Fortsetzung Seite 4)

Alliierte nehmen Saarburg

Brillantenträger General der Panzertruppen Hasso von Manteuffel, der Oberbefehlshaber der 5. Panzerarmee, erklärte gestern abend: „Deutschland steht am Vorabend einer angloamerikanischen Grossoffensive und ist sogar schon Zeuge ihrer ersten Anfänge."

Schon vorher wurden neue Rückschläge von allen Brennpunkten der Kämpfe im Westen gemeldet. Im Norden ging Moyland bei Calcar verloren, im Süden Saarburg bei Trier.

Jabos stossen nieder

An der ganzen Front zwischen Goch und Calcar mussten die deutschen Linien zurückgenommen werden, nachdem die Fallschirmjager die Kampfgruppe Hutz in Moyland sich nicht mehr gegen die alliierte Übermacht behaupten konnten.

Auch gestern stiessen wieder Schwärme raketenfeuernder Bomber auf die deutschen Stellungen nieder. Kein deutscher Jäger war zu sehen.

Südwestlich Prüm, wo die

(Fortsetzung Seite 3)

Sowjets drängen auf breiter Front über die Neisse

Die Städte Guben, Forst und Görlitz sind jetzt im Brennpunkt der Kämpfe, nachdem die Sowjets fast auf der ganzen Breite zwischen Neisse-Mündung und Görlitz die deutschen Truppen zurückgeworfen haben und versuchen, zugleich mit den zurückgehenden deutschen Einheiten auf dem Westufer der Neisse Fuss zu fassen.

Nur Volkssturmbataillone und Einheiten, die eiligst aus Versprengten, Verwundeten und Polizisten zusammengestellt wurden, kann Generaloberst Schörner den Sowjets an der Neisse entgegenstellen.

Wichtigster Abschnitt

Verstärkungen, wurden versprochen, um den neuen Sowjetvorstoss an der Neisse zu halten, bevor die Sowjets Panzer und Geschütze über den Fluss bringen und weiter auf Kottbus und Dresden vordringen können. Sie sind aber mit Rücksicht auf die Lage im Oder-Abschnitt vor Berlin noch nicht geschickt worden.

Im Hauptquartier der Heeresgruppe Mitte ist man nach wie vor der Ansicht, dass die Abwehrfront vor Berlin unter dem Oberbefehl des Reichsführers-SS der wichtigste Abschnitt überhaupt ist, an dem die Sowjets schon in den nächsten Tagen die Entscheidung suchen werden.

Bisher beschrankt sich die Kampftätigkeit an der Oder noch auf Artillerieduelle und Aufklärungsvorstösse.

In Ostpreussen mussten die deutschen Truppen nach Strassenkämpfen die Stadt Zinten räumen und sich weiter in Richtung auf das Frische Haff zurückziehen. Auch bei Braunsberg greifen die Sowjets beiderseits der Reichsauto-

(Fortsetzung Seite 4)

Himmlers Bild für 19fache Mutter

Anlässlich der Geburt ihres 19. Kindes wurde der Frau Katharina Liesinger im Dorf Gutling, Kreis Grieskirchen, Oberdonau ein Handschreiben des Reichsführer-SS, sowie sein Bildnis mit eigenhändiger Widmung überreicht.

„Nur wenn der Sieg der Waffen durch Millionen Kinderhände festgehalten wird", so heisst es in dem Handschreiben, „kann das deutsche Volk fortbestehen. In der kinderreichen Mutter liegt die stärkste Gewähr unseres Sieges".

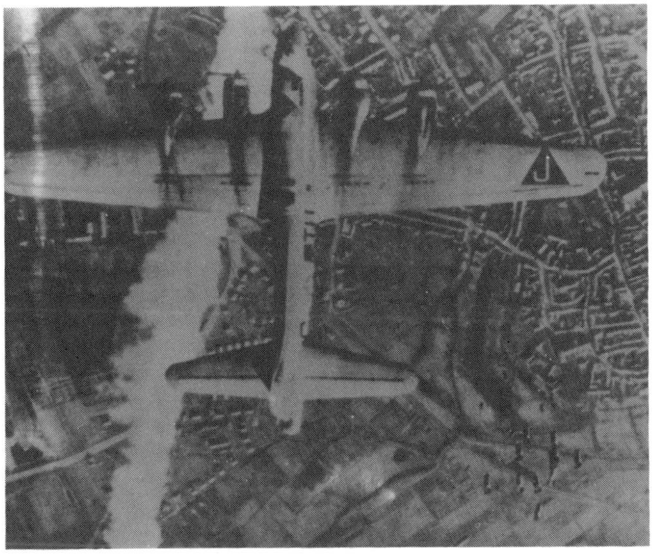

Im Bild fallende Bomben auf Salzwedel am 22. Febr. 1945.

Eine Liberator mit geöffnetem Bombenschacht; die todbringende Last wird sogleich fallen.

Gegen 10.00 Uhr wurde zwischen Schönemark und Schmedissen (Lippe) ein Güterzug beschossen. Zwei Güterwagen und zwei Tankwagen brannten. (Ein Toter, ein Verletzter).

Vom Fliegerhorst Gütersloh wollte heute Hauptmann Ernst Andres vom NJG 4 aufsteigen. Er wurde von einer Mosquito überrascht und beschossen. Er stürzte darauf bei Oelde tödlich ab. Auf Bahnhof Blomberg sechs reparaturbedürftige Lokomotiven von 8 Jabos erneut beschossen. Ebenso Stellwerk in Noltehof durch Beschuß beschädigt.

14. Februar 1945: Angriffsziele lagen im Münsterland und in Magdeburg. Tiefflieger machten auch das Weserbergland unsicher. Ein von Hameln kommender Zug wurde in der Mittagszeit bei Grohnde beschossen. Es fielen dabei der siebzehnjährige Horst Griese und der elfjährige Hartmut Heinemann, beide aus Bodenwerder.

In Eimbeckhausen (fr. Kr. Springe) fielen Spreng- und Brandbomben. Das alte Benzesche Haus Nr. 49 an der Nienstedter Straße wurde völlig zerstört. Außerdem brannten das Haus Tischlermeister Wente (Nr. 125) sowie Scheunen und Stallungen der Landwirte Wiesmer (Nr. 8), Hohbein (Nr. 9) und Holste (Nr. 24), sämtlich an der Hauptstraße gelegen, bis auf die Grundmauern nieder.

Der deutsche Wehrmachtsbericht meldet den Abschuß von 59 Feindflugzeugen.

Ein Bordschütze, der heil zurückgekommen ist.

16. Februar 1945: Die 392. Bombergruppe hatte 30 Bomber nach Salzbergen östlich Hannover entsandt. Sie warfen dort 300 Bomben zu 500 lb. Eine andere Bombergruppe hatte die Stadt Rheine zum Ziel.

Im übrigen wurden zahlreiche Tiefangriffe geflogen. Sie werden im Wehrmachtsbericht besonders erwähnt. Um 14.30 Uhr beschossen vier Jabos bei Westendorf/Rinteln einen Personenzug. In Engern/Rinteln fielen drei Bomben auf einen Güterzug. Zwischen Haste und Lindhorst wurden zwei Lokomotiven beschossen. Ein Lokführer ist getötet, der andere und zwei Heizer sind schwer verletzt worden.

21. Februar 1945: In Herford fielen von 14.27 bis 15.00 Uhr 76 Sprengbomben, davon drei Blindgänger. Getroffen wurden die Wohngebiete durch 28, freies Gelände durch 46 Bomben. Auf Eisenbahnanlagen fielen zwei Bomben. Die Eisenbahnbrücke Herford — Altenbeken über die Werre war schwer beschädigt. Die Möbelfabrik Tielker & Frickemeier, Fichtestraße 3, geriet in Brand. Es waren darüber hinaus vier Wohnhäuser völlig zerstört, 6 schwer beschädigt und 136 leicht- bis mittelbeschädigt. Fünf Tote und sechs Verletzte wurden geborgen.

In Rehme (Kr. Minden) fielen zwischen 14.30 und 14.50 Uhr 100 Sprengbomben auf freies Gelände, zehn auf Eisenbahngelände. Es gab drei Tote und sechs Verletzte.

Bei Tiefangriffen wurden ein Lokführer bei Westendorf/Rinteln getötet und ein Heizer verwundet. Zwischen Hess.-Oldendorf und Welsede schossen Jabos einen LKW in Brand. Fahrer und Beifahrer verbrannten in ihrem Fahrzeug. Auf der Autobahn bei Bernsen und Rodenberg je ein LKW beschossen. (Zwei Tote, sieben Verletzte).

Der Wehrmachtsbericht meldet, daß bei Tag und Nacht 117 feindliche Flugzeuge abgeschossen wurden.

Keine Bombenopfer im Todesstollen

Gerüchte erwiesen sich als unwahr — Bis in 32 Meter Tiefe vorgedrungen

Altenbeken/Westfalen. — Im „Todesstollen" am großen Eisenbahnviadukt in Altenbeken (Westfalen) liegen keine Bombenopfer mehr. Nach nahezu sechsmonatiger mühevoller Arbeit über und unter Tage wurde die Durchforschung des Stollens bis zu 32 Meter Tiefe beendet. Eine aus Vertretern der Detmolder Bezirksregierung, des Kreisbauamtes Paderborn und der Bergungsfirma zusammengesetzte Kommission unterrichtete sich „vor Ort" über den Abschluß der Arbeiten und traf nach gewissenhaften Untersuchungen und Messungen die Feststellung, daß der „Todesstollen" keine Bombenopfer mehr birgt.

Der in den Berg getriebene natürliche Luftschutzbunker war bei einem Luftangriff auf den stragetisch wichtigen Eisenbahnviadukt am 22. Februar 1945 durch eine britische 10-Tonnen-Spezialbombe zertrümmert worden. In dem Stollen hatten Fremdarbeiter, Durchreisende und Flakhelfer Schutz gesucht.

In den letzten 13 Jahren waren in Altenbeken die Gerüchte über das vermeintliche Massengrab im verschütteten „Todesstollen" nicht verstummt. Eine Woche nach dem furchtbaren Bombenhagel auf den Eisenbahnviadukt konnten elf tote Flakhelfer und ein sterbender russischer Fremdarbeiter aus den Trümmern des Stolleneingangs geborgen werden. In seiner Todesstunde hatte der Russe von über hundert Menschen gesprochen, die im Stollen beim Bombeneinschlag vom nachrutschenden Fels begraben worden seien.

Nach Abschluß der Arbeiten kann vielen Familien, die in dem Todesstollen einen ihrer vermißten Angehörigen vermuteten, endgültige Nachricht zugestellt werden. Auch der niederländischen Regierung, die seit Jahren auf eine Öffnung des Todesstollens gedrängt hatte, kann mitgeteilt werden, daß keine holländischen Fremdarbeiter bei dem Bombenangriff zu Tode kamen.

22. Februar 1945: Ziel der amerikanischen Verbände war Nord- und Südwestdeutschland. Es war ein Großangriff gegen Eisenbahnziele mit etwa 2.900 Bombern vorgesehen.

Die Stadt Lüneburg wurde durch 30 zweimotorige Flugzeuge vom Typ "Marauder" bombardiert. Das Bahnhofsviertel und die umliegenden Straßen waren nur noch ein Trümmerfeld. Das Wehrkreiskommando vermerkt 350 Tote. Das Museum ist ein Schutthaufen.

Im übrigen trifft den strategisch wichtigen Eisenbahnviadukt bei Altenbeken eine britische 10-Tonnen-Spezialbombe. In dem dort befindlichen Stollen hatten Durchreisende und Fremdarbeiter Schutz gesucht. Ob und wieviel Tote eingeschlossen wurden, war lange Zeit ungewiß (In der Nachkriegszeit erschienen immer wieder Berichte).

Bombenwürfe auf den Bahnhof Kreiensen löschten 53 Menschenleben aus. Aus Stadtoldendorf wurden dabei Elisabeth Clement, Alwine Thelen und Hedwig Grupe getötet.

In Lauenförde/Weser gab es zwei Tote (Friedrich und Sophie Sigges). Auch in Karlshafen wurden eine Frau und ein Mädchen getötet, die aus Wilhelmshafen evakuiert waren.

Der bedeutsame Bahnhof Northeim war Ziel der 392. BG. Diese Gruppe warf auf Bahnhof und einen Industriekomplex 6 Meilen nördlich 340 Bomben zu 500 lb. Zerstörungen waren an Bahnbetriebswerk, Gleisanlagen und Zuckerfabrik zu registrieren. Die Bevölkerung verlor 58 Einwohner, außerdem 10 Ausländer.

In den Mittagsstunden gegen 14.00 Uhr hat aber der Ort Ottbergen (Kr. Höxter) die schwersten Verluste zu beklagen. Zahlreiche Bomben trafen das Bahnhofsgebiet und die angrenzende Siedlung. Aus den Trümmern wurden in den nächsten Tagen 90 Tote, teils verstümmelt, geborgen. In den ersten Tagen waren etwa 500 Hilfskräfte tätig, um unter Trümmern Verletzte und Tote zu suchen. Noch während sich mehr als 100 Menschen um die Verletzten bemühten, beschossen die Jabos die Helfer mit Bordwaffen. Auch dabei gab es noch Verwundete. Keiner befahl, jeder setzte sich freiwillig ein. Der 15-jährige Konrad Kirchoff war nach dem Angriff vermißt. Er konnte erst mehrere Wochen nach Kriegsende bei der Aufräumung des Schutts als Leiche gefunden werden. Vermißt geblieben ist noch Uff. Josef Hasselmann. Von ihm wurden keine sterblichen Reste, vermutlich wegen eines Volltreffers, gefunden.

23. Februar 1945: Bombenabwurf in Bad Lippspringe zwischen 12.50 und 13.00 Uhr: 49 Sprengbomben in freies Gelände; sie sollen dem Eisenbahngelände Paderborn — Altenbeken gegolten haben. Glasschäden an 22 Häusern. In Paderborn 38 Tote.

24. Februar 1945: Der Wehrmachtsbericht lautet: *"Terrorflieger griffen Städte in West-, Nordwest- und Südostdeutschland an. Bombenabwürfe auf Wohngebiete und Tiefangriffe mit Bordwaffen."*

In Bielefeld wurden die Gerichtsstraße, Detmolder Straße und Werk I der Anker-Werke getroffen.

In Gütersloh warfen 15 - 20 Flugzeuge etwa 200 Spreng- und 1.000 Brandbomben. Auch auf Spradow, Ennigloh und Muckum bei Bünde fielen 9 Sprengbomben. Durch Bordwaffenbeschuß wurden fünf Personen verwundet. In Spradow ist ein Haus völlig zerstört worden, 12 Häuser beschädigt, eine Lokomotive total vernichtet.

In Minden fielen um 13.09 Uhr zwölf Sprengbomben; es wurden elf Häuser beschädigt. In Northeim traten Schäden in der Zuckerfabrik, Höckelheimer Straße und an den Bahnanlagen ein. Im übrigen wurde Misburg bei Hannover angegriffen. Allein die 392. BG warf 224 Bomben zu 500 lb.

25. Februar 1945: An diesem Sonntagvormittag erschienen schon um 8.15 Uhr die ersten Tiefflieger im Weserbergland. Zwischen Rinteln und Dankersen beschossen sie einen Personenzug.

Anschießend wurde ein LKW auf der Autobahn bei Bernsen in Brand geschossen. Der Fahrer war in Deckung gegangen.

Um 12.45 Uhr gab es zwei Tote nach Bordwaffenbeschuß im Personenzug Hannover — Minden in der Gemarkung Riepen. Auf dem Weg ins Krankenhaus starben weiter zwei Frauen, ein achtjähriger Junge und ein einjähriges Kind. Leicht verletzt wurden fünf Frauen und vier Wehrmachtsangehörige.

Mittags fielen in Fischbeck/Hameln sechs Sprengbomben. Auf dem Bahnhof wurde eine Lokomotive beschädigt. Vier Bomben fielen ins freie Feld.

Nach dem Wehrmachtsbericht wurden in erbitterten Luftkämpfen 23 feindliche Tiefflieger abgeschossen. Im übrigen konnten 28 Viermot-Bomber vernichtet werden.

3. März 1945: Es fliegen zwei Großverbände mit rund 1.100 Bombern von der Küste aus ein. Ziel sind Hydrierwerke in Dollbergen, Magdeburg und Misburg. Darüber hinaus werden weitere Kleinstädte Opfer eines Bombardements. Allein in Herford fallen an diesem Sonnabend zwischen 11.15 und 11.22 Uhr 200 Sprengbomben; 190 Bomben fallen ins Wohngebiet. Die Stadtmitte treffen auch etwa 15.000 Stabbrandbomben, etwa 2.000 davon zünden nicht. Die Möbelfabrik Detering, Hermannstraße wird völlig zerstört. Die Münsterkirche und 56 Wohngebäude werden beschädigt oder auch völlig zerstört. Im übrigen sind 15 Wasser- und 11 Gashauptleitungen getroffen. Herford hat 24 Tote und 40 Verletzte zu beklagen.

Über Gütersloh klinken 23 Liberators 190 Sprengbomben aus. Es werden 26 Tote gezählt.

Die deutsche Luftabwehr ist hauptsächlich im Raum Hannover aktiv. Ein Viermot-Bomber landet mit schweren Beschädigungen in der Aueniederung bei Apelern. Die 9-köpfige Besatzung gerät in Gefangenschaft. Ein Sergeant war durch Flaktreffer schwer verletzt. Das Flugzeug wurde von Offizieren des Fliegerhorstes Wunstorf übernommen.

Nach dem Wehrmachtsbericht werden am heutigen Tage auch die Städte Hannover und Bielefeld angegriffen.

An diesem nebelverhangenen Morgen wurden die Einwohner von Lütgenade bei Holzminden um 11.00 Uhr in Angst und Schrecken gebracht. Hinter dem Dorf fielen 180 Bomben, glücklicherweise nur 50-kg-Bomben. Wahrscheinlich haben diese eine Anzahl Jabos abgeworfen, die wegen der schlechten Sicht keine besseren Ziele haben finden können. Beiderseits der Landstraße Reileifzen — Bodenwerder befanden sich die Trichter. Neun Bomben lagen bis zu ihrer Entschärfung im November 1962 als Blindgänger im Erdreich.

6. März 1945: In der ersten Luftlagemeldung wird das Erscheinen von zwei Jagdverbänden um 9.37 Uhr über Mittel- und Nordholland angekündigt. Nach sechs Minuten befinden sich die Spitzen bei Meppen mit Kurs Ost. Wesermünde gibt nach 5 Minuten Kleinalarm. Ein Jagdverband dreht nach Osnabrück ab, der andere hält sich im Raum Papenburg auf. Während immer noch die Feindjäger Tiefangriffe im Raume Wilhelmshaven, Bremervörde, Emden und Wesermünde fliegen, nähern sich Bomberverbände um 10.31 Uhr im Raum Meppen mit Kurs Südost.

Soweit die Luftlagemeldungen.

Die Amerikaner flogen heute den letzten und schwersten Angriff auf Salzbergen. Um 12.15 Uhr belegten etwa 250 Bomber ein Quadrat von 5 x 5 km mit ca. 4.000 Sprengbomben. Es wurden dadurch 140 Häuser vollständig zerstört, 40 Häuser schwer- und 30 Häuser leichtbeschädigt. Es dauerte sechs Tage, bis der letzte Brand gelöscht war. Die Dorfbewohner beklagten 30 Tote, dazu 2 Soldaten und 8 Ausländer. Es soll sich um 14 Teppichwürfe in 46 Minuten gehandelt haben.

7. März 1945: Der gesamte Vormittag ist durch Luftlagemeldungen ausgefüllt. Während Bomberverbände ihre festgelegten Ziele aufsuchen, wird ganz Nordwestdeutschland von Feindjägern überflogen. Um 11.38 Uhr wird Bordwaffenbeschuß im Raume Bederkesa — Neuenwalde gemeldet. Kurz darauf wird das Gebiet Bremervörde, Rotenburg und Wesermünde vor Tiefangriffen gewarnt.

10. März 1945: Neben Dortmund wurde die Stadt Bielefeld angegriffen. Der Kesselbrink und die wiederaufgebaute Feuerwache Heeper Straße 9 erhielten Bombentreffer. Auch der Viadukt in Schildesche wurde schwer beschädigt (Dieses waren die

Angriff vom 14. März 1945 auf Hameln: Ecke Kreuzstraße/Deisterstraße.

letzten Bomben auf Bielefeld).

In Herford fiel um 12.08 Uhr eine 20-Zentner-Bombe auf das Grundstück der Gärtnerei de Koc u. Sohn, Brüderstraße 79.

11. März 1945: Zwischen 13.23 und 13.46 Uhr griffen 403 Bomber die AG-Weser in Bremen an. Es fielen 855 Sprengbomben zum Gewicht von 1.000 lb und 500 lb, 4.313 Sprengbomben zu 100 lb. Außerdem sind 3.086 Brandbomben gefallen.

13. März 1945: Angriff von ca. 20 Mosquitobombern auf Bremen mit 27 Spreng- und 198 Brandbomben. Keine Todesopfer, 3 Verwundete.

14. März 1945: Schwerster Luftangriff auf Hameln. Etwa 25 Flugzeuge waren beteiligt. Es entstanden 10 Brände im Bahnhofsviertel (Kreuzstraße, Hastenbecker Weg, Stüvestraße). Auf dem Bahnhof hielt ein vollbesetzter Flüchtlingszug. Da sich zahlreiche Menschen außerhalb der Luftschutzräume befanden, gab es 177 Tote und 93 Verletzte. 700 Personen waren obdachlos.

Sprengbomben fielen in den Orten Vlotho und Löhne. Die Königsstraße in Gohfeld wurde teilweise zerstört (19 Gebäude beschädigt). In Bischofshagen waren fünf Gebäude und im Bahnhofsgebiet Löhne 32 Gebäude beschädigt. Das traurige Ergebnis: 130 Tote und 136 Schwerverletzte.

Hameln, Ecke Bahnhofstraße/Deisterstraße.

Die 392. BG war mit 30 B-24-Bombern auf Gütersloh angesetzt. Nach ihren Angaben erzielte sie dort "gute bis sehr gute Resultate". Sie hatten 1.233 leichte Bomben zu 100 lb abgeworfen. Diese Gruppe kehrte vollständig zurück. Aus anderen Bombergruppen erschienen weitere 90 Liberators über Güterloh. Durch insgesamt 2.693 Spreng- und 20.000 Brandbomben sind das Selbstwählamt und die Betriebsanlagen des C. Bertelsmann-Verlages an der Eickhofstraße zerstört worden. Es war der schwerste Luftangriff, den Gütersloh während des ganzen Krieges erlebte. Er dauerte nur 12 Minuten. Danach mußten 63 Todesopfer geborgen werden.

Um 15.30 Uhr fielen im Auetal in die Feldmark Reinsdorf 5 schwere Sprengbomben, in die Feldmark Groß-Hegestorf 8 schwere und 3 leichte Bomben und etwa 200 Stabbrandbomben. In Reinsdorf entstand geringer Gebäudeschaden. Der in der Nähe der Abwurfstellen pflügende 81-jährige Bauer Schünemann wurde leicht verletzt, ein Pferd getötet, das zweite verletzt. Bei Groß-Hegestorf blieb der Bauer Feuerhake mit seinem Fremdarbeiter durch Bombensplitter getötet auf dem Acker zurück.

20. März 1945: Gegen 12.00 Uhr griffen zwischen Wehrden und Beverungen/Weser zwei Jabos einen Güterzug an. Der Zugführer Wilhelm Wittrock

In den letzten Kriegswochen wurde der als Nachschubbahnhof für die Westfront angesehene Bahnhof Bocholt immer wieder angegriffen. Es blieb ein Trümmerfeld.

Die militärisch unbedeutsame Stadt Hildesheim nach dem Angriff vom 22.03.1945.

wurde im Packwagen durch vier Geschosse an Armen und Beinen verletzt. Die Flak der Weserfähre bei Wehrden feuerte auf die Angreifer. Soldaten der Flak halfen mit, ihn in das nahe Gutshaus zu schaffen. Wittrock sagte: *Dieses ist mein Tod.*" Da sich die Einlieferung ins Krankenhaus verzögerte, verlor W. viel Blut. Er starb an diesem Tage, der auch sein 64. Geburtstag war.

Beim Angriff auf die Stadt Gütersloh fielen 414 Spreng-und 120 Raketenbomben.

Der Wehrmachtsbericht meldet den Abschuß von 37 viermot. Bombern.

21. März 1945: Nachdem in den frühen Morgenstunden ca. 50 britische Flugzeuge über Bremen ihre Last abgeworfen hatten, folgte 5 Stunden später der zweite britische Angriff. Dieses Mal waren es 131 Flugzeuge, die die Ölraffinerie bombardierten. Etwa 2.200 Sprengbomben richteten Schäden an. Es entstanden mehrere Brände an Tank- und Kesselwagen.

Der Flugplatz Achmer/Bramsche wurde durch B-24-Bomber bombardiert. Die Zerstörungen werden von den Amerikanern wie folgt angegeben: 12 AR 234 jets, 8 FW 190, 7 Me 109, 3 He 111, 2 Ju 88 und 1 unbekanntes zweimot. Flugzeug. Es treten 4 eigene Verluste (P 51) ein.

Nachmittags Großangriff auf Flugplatz Rheine-Bentlage. Bedeutende Zerstörungen. Auch zahlreiche Treffer in der Stadt Rheine.

Hildesheim, das alte Rathaus nach dem Angriff vom 22.3.45.

Hildesheim: Zerstörte Bahnanlagen

In Bierde (Kr. Minden) stürzte ein US-Bomber ab. Ein unbekannter Flieger erhielt auf dem Friedhof Bierde sein Grab. Es wurden noch Leichenteile von drei bis vier Personen geborgen. Weitere amerikanische Soldaten sind beim Absturz verunglückt.

22. März 1945: Gegen 13.00 Uhr Angriff auf Hildesheim. Nur 12 Minuten dauerte der Angriff. Der größte Teil der Stadt verwandelte sich in ein Trümmerfeld. Die Kultur eines Jahrtausends ist vernichtet. Rund 900 Menschen sterben, ersticken und verbrennen. Viele Tote blieben unbekannt. Die sämtlichen ehem. Klostergebäude einschließlich der Neubauten brannten bis auf die Außenmauern nieder. Das 1827 erbaute Pfarrhaus mit den Wohnungen, ein Fachwerkbau, brannte völlig aus. Von der Kreuzkirche blieben nur die Grundmauern. Die St. Bernwardkirche wurde durch Spreng- und Brandbomben völlig zerstört. Nach dem Angriff bildete sich ein 5.000 m hoher Rauchpilz über der Stadt. Er war noch in 300 km Entfernung zu sehen. Eine Stadt, die militärisch ohne Bedeutung war, hatte ihren Todesstoß erhalten.

23. März 1945: Ganz Norddeutschland ist Ziel alliierter Flugzeuge, insbesondere Bremen.

Rangierbahnhof und Stadtteil Gellendorf bei Rheine erleiden große Zerstörungen.

Die 447. US-BG greift mit 30 Maschinen Holzminden an. Es fallen 56 t Bomben mittlerer Größe. Die Amerikaner verlieren ein Flugzeug mit 9 Besatzungsmitgliedern; 15 Bomber kehren beschädigt zurück.

Überschwere Bomben fallen bei Bad Oeynhausen. Die dort eingesetzte Arbeitsgruppe der Organisation Todt erleidet hohe Verluste. Die Rehmer Brücke und die Eisenbahnbrücke in Vlotho wurden zerstört.

24. März 1945: Luftangriffe gegen 16 Flugplätze. Etwa 1.200 Bomben fielen auf den Flugplatz Störmede westlich Geseke. Hier lagen Teile des JG 27 und des NJG 1. Detmold, das bisher verschont blieb, erhielt Treffer im Bahnhofsviertel. Mehrere Häuser sind zerstört und beschädigt. Es gibt etliche Tote.

Tieffliegerangriff auf Güterzug am Bahnhof Barntrup. Häuser an der Hamelner Straße erhalten leichte Schäden.

In Northeim Bombentreffer von Jabos in der Bahnhofstraße. Im übrigen zahlreiche Tiefangriffe auf fahrende Züge.

Bombenabwürfe bei Horn/Teuteburger Wald. Es werden etwa 150 Häuser teilweise zerstört oder beschädigt.

25. März 1945: In Hannover sind an diesem Sonntagvormittag nach Zerstörungen in Wohnvierteln 86 Tote zu beklagen.

Der Flugplatz Rheine-Bentlage wird so stark bombardiert, daß er nicht mehr benutzbar ist.

Im übrigen werden einzelne Orte im Gaugebiet angegriffen. In Rehren AR. brennen 6 Bauernhöfe ab, Personen kommen nicht zu Schaden. Ein beschädigter Viermot-Bomber landet auf einem Acker zwischen Hastenbeck und Voremberg (Kr. Hameln). Die Besatzung gerät teilweise verletzt in Gefangenschaft.

26. März 1945: Die Front rückt näher. Im wesentlichen werden Tiefangriffe geflogen, um den Nachschub lahmzulegen. Bei Rinteln werden vier Rei-

Paderborn

sende und der Lokführer eines Personenzuges verletzt. Bei anschließendem Angriff auf Bahnhof Haste gibt es 6 Verletzte. Überall, wo sich Ziele auf Bahnhöfen bieten, prasseln die MG-Garben nieder.

In den Abendstunden um 19.00 Uhr werden über Paderborn 7 schwere Luftminen abgeworfen.

27. März 1945: Die Luftschutzwarnstelle Bremervörde meldet um 12.50 Uhr einen starken Bomberverband mit Jagdschutz im Raum Meppen. Um 13.05 Uhr wird der Bomberverband zwischen Bra-

Paderborn wurde in ein Trümmerfeld verwandelt.

ke und Bremen gesichtet. Nach einigen Minuten zeichnet sich ab, daß die Räume Wilhelmshaven und Oldenburg Angriffsziele werden sollen. Tiefflieger haben sich inzwischen im niedersächsischen Raum Ziele gesucht.

Wegen der heranrückenden Front haben sich viele Bewohner der Stadt Paderborn in umliegende Orte zu Bekannten und Verwandten begeben. Ihr wichtigstes Hab und Gut schaffen sie mit Handwagen, Fahrrädern und sonstigen Transportmöglichkeiten fort. Als sodann der Luftangriff auf Paderborn beginnt, wohnen nur noch etwa 6.000 Menschen in der Stadt. In den späten Nachmittagsstunden (17.24 Uhr) werfen britische Bomberverbände ihre todbringende Last ab. Für die restlichen Bewohner scheint die Stadt unterzugehen. Eine halbe Stunde lang prasselten etwa 3.000 Sprengbomben, 60 - 70.000 Brandbomben und etwa 50 Luftminen auf alle Stadtteile. 80% dieser alten Stadt Paderborn ist zerstört. Es war die schwerste Katastrophe in der langen Geschichte. Militärisch war der Angriff unnötig, da sich in der Stadt keine nennenswerten deutschen Truppen befanden. Es sind 344 Paderborner Bürger zu Tode gekommen.

Im Laufe des Nachmittags wurde die Luft um Paderborn kilometerweit trübe und grau wie bei einer Sonnenfinsternis. In entfernten Orten rieselte langsam aus der Luft verbranntes Papier und Asche. Sämtliche Telefonverbindungen nach Paderborn waren gestört. Vom Hauptbahnhof im Westen bis zum Gierstor im Osten stand kein Haus mehr. Der Dom hatte mehrere Volltreffer bekommen und war ausgebrannt. Nur im Nordteil der Stadt waren Kasernengelände unzerstört. Noch am nächsten Nachmittag brannte es an vielen Stellen in der Stadt. In den öden Fensterhöhlen der Ruinen wohnte das Grauen.

Achtzehn Lancaster-Bomber warfen 173 t Bomben in Bremen auf Wehrmachtsanlagen und den Bunker "Valentin", der als U-Boot-Werft benutzt werden sollte. Zahlreiche Langzeitzünder detonierten mehrere Stunden nach dem Angriff.

28. März 1945: Fredelsloh/Alfeld: Bei einem Angriff um 10.10 Uhr wurden 13 Häuser zerstört und 47 teilweise stark- und leichtbeschädigt. Es gab 17 Todesopfer. Als die Northeimer Feuerwehr nachmittags Hilfe leisten wollte, wurde ihr Fahrzeug in Höhe von Kilometerstein 1,8 (200 m über dem Ducksteinweg) von Tieffliegern angegriffen. Dabei fanden 8 Northeimer Feuerwehrmänner den Tod. Ebenso wurde auf der Lutterbecker Straße ein Pferdegespann beschossen. Der Gespannführer, der unter dem Wagen Schutz gesucht hatte, blieb unverletzt. Die beiden Pferde wurden getötet. Ein Kraftwagen auf der Straße wurde in Brand geschossen. In gefährliche Situation kam ein Munitionszug, der aus Richtung Northeim den Bahnhof Mohringen durchfuhr. Die Waggons waren nach dem Inhalt mit "Panzerfaust" kenntlich gemacht. Während der Zug noch fuhr, beschossen ihn schon die Tieffleger. Plötzlich eine Stichflamme, und kra-

Paderborn

Paderborn

chend und berstend gingen die Waggons mit Panzerfäusten in die Luft.

An dem Ort, an dem die 8 Feuerwehrmänner den Tod fanden, wurde 25 Jahre später im Rahmen einer Gedenkfeier ein Gedenkstein errichtet.

Auch das Stadtgebiet Hannover trafen an diesem Vormittag Spreng- und Brandbomben.

Stahle (Kr. Höxter): In der Schule fand ein Erfassungsappell des HJ-Bann Höxter statt. Es wurden die 14-jährigen Jungvolkangehörigen jetzt von der Hitlerjugend übernommen. Gegen 11.00 Uhr näherte sich ein Einzelflugzeug und warf 8 Bomben. Eine Bombe, die neben der Schule explodierte, drückte zwar den Luftschutzkeller ein, tötete aber niemanden von den in den oberen Räumen befindlichen Jugendlichen. Unterschiedliche Schäden durch die weiteren Bomben entstanden an den 4 Häusern. Zahlreiches Rindvieh, Schweine und Kleinvieh wurde getötet und verletzt. Außerdem fielen diesem Angriff 5 Zivilpersonen zum Opfer. Zwölf Schwer- und Leichtverletzte wurden durch das Rote Kreuz versorgt.

Gütersloh: Nach einer Aufstellung der Stadt Gütersloh sind an diesem Tage ca. 2.000 Sprengbomben gefallen.

Springe: Auf dem Gelände nördlich des Kalkwer-

Besonders bei Kriegsende wurde Minden stark angegriffen. Hier das brennende Rathaus nach dem Angriff vom 28. März 1945.

kes bis zum Schullandheim im Papenwinkel fielen 89 Bomben. Es wurden 6 Italiener getötet, die bei der Fa. Bähre beschäftigt waren und in Erdbunkern an der Jägerallee Schutz gesucht hatten.

Neuenheerse: Luftangriff um 9.30 Uhr auf das Benzinlager (Wifo). Beim ersten Anflug gerieten die Bomben in den angrenzenden Herbramer Gemeindewald. Die zweite und dritte Welle traf besser. Nach kurzer Zeit brannten die oberirdischen Benzinbehälter lichterloh. Dicke Rauchwolken standen am Himmel. Einige Wachsoldaten wurden getötet oder verletzt. Die übrige Belegschaft der Wifo war rechtzeitig in einen Sandsteinbruch geflüchtet. Das Dorf Neuenheerse blieb von dem Angriff verschont.

Minden: Bisher war die Innenstadt weitgehend unzerstört geblieben. Heute kam der gezielte Vernichtungsschlag um 11.25 Uhr. Zahlreiche Spreng- und Brandbomben trafen die Banken, das Regierungsgebäude, den Dom, das Postamt, die Domschänke, das Hauptzollamt, das historische Wirtshaus Wittekind, Kaufhaus Becker, das Rathaus und fast sämtliche Häuser an der Hohn- und Scharnstraße. Es fielen 171 Personen dem Bombenterror zum Opfer.

30. März 1945: Gütersloh mußte heute den letzten Angriff des Krieges über sich ergehen lassen. Im übrigen wurden zahlreiche Tiefangriffe im westfälischen Raum geflogen: In Lemgo beschoß ein Jabo das Industriegelände im Westen der Stadt und warf einige Phosphorbomben.

Bei einem Luftangriff auf Hann.-Münden wurden 30 bis 40 Ziviltote gezählt.

Die Fabrikationshallen der Fa. Weserhütte in Bad Oeynhausen erhielten zahlreiche Bombentreffer. Zahlreiche Betriebsangehörige aus umliegenden Orten fanden den Tod (Werste = 8 Tote, Eidinghausen = 14 Tote, Wulferdingsen = 7 Tote, Rehme = 15 Tote). Allein auf dem Firmengelände mußten einschließlich der getöteten Ostarbeiter 192 Personen geborgen werden.

Brennende Innenstadt von Minden, Blick vom Martinikirchturm am 28.3.1945 auf die Kampstraße.

Braunschweig

Einen Großangriff flogen die Amerikaner gegen Bremen. Die große Anzahl von 464 Bombern beförderte folgende Sprengbombenlast:

4.017	x	500 lb
142	x	1.000 lb
212	x	2.000 lb
62	x	4.500 lb RA/Sp.

Zum Abwurfzeitpunkt um 13.50 Uhr bestand gute Sicht, so daß die Ziele gut getroffen wurden. Das Bombardement dauerte 27 Minuten.

31. März 1945: Angriff auf Braunschweig; allein die 392. US-BG warf 340 Sprengbomben zum Gewicht von 500 lb. Diese Gruppe gelangte ohne Verluste zurück.

In den Nachmittagsstunden um 15.00 Uhr mußte Barntrup einen schweren Jabo-Angriff über sich ergehen lassen. Beschädigt wurden insgesamt 249 Gebäude, darunter 9 Totalschäden. Besonders betroffen waren die Burgstraße, Mittelstraße, Wolfstraße und Hagenstraße. Neben einigen Verletzten sind 6 Zivilpersonen und 3 Soldaten getötet worden.

Die feindlichen Bodentruppen hatten sich bei Bielefeld dem Teutoburger Wald genähert. Schon aus diesem Grunde wurde das Hinterland besonders intensiv durch Jagdbomber beobachtet. In den Abendstunden warf ein Jabo Leuchtschirme über Hess.-Oldendorf. Es fiel nur eine Bombe auf den Friedhof. Sonst wurden im Stadtgebiet nur geringe Schäden an Gebäuden verursacht.

Wo keine Bomben fallen werden

Eisenhower will Schutzzonen für die Bevölkerung schaffen

In Berlin ist die Meldung eingetroffen, dass General Eisenhower beabsichtigt, in den nächsten Tagen eine Anzahl von bombensicheren Zufluchtszonen bekanntzugeben, die von den Anglo-Amerikanern nicht gebombt werden sollen, und in denen Fremdarbeiter, sowie deutsche Frauen und Kinder vor der totalen Luftoffensive Schutz finden können.

Die Reichsregierung hat diese Nachricht von den Plänen der Anglo-Amerikaner durch einen hochgestellten neutralen Gewährsmann erhalten, der seit längerer Zeit bemüht ist, die Leiden der deutschen Zivilbevölkerung unter den Einwirkungen des totalen Luftkrieges zu lindern.

Die Mitteilung durch den neutralen Gewährsmann erfolgte, kurz nachdem General Eisenhower die Ruhr und das Gebiet Frankfurt-Mannheim-Ludwigshafen zu Vernichtungszonen erklärt hatte.

Die sieben Zufluchtszonen

Nach den Informationen des neutralen Gewährsmannes sollen zunächst folgende Gebiete des Reichs von den Alliierten zu bombensicheren Zufluchtszonen erklärt werden, wo die Zivilbevölkerung die letzte Phase des totalen Kriegs überleben kann:

1. Das Sauerland, zwischen Kreuzthal, Menden, Scherfede, und Marburg. Dazu das gesamte Gebiet des früheren Fürstentums Waldeck.
2. Der gesamte Landkreis Northeim im Gau Südhannover-Braunschweig.
3. Das gesamte Gebiet des früheren Fürstentums Schwarzburg-Sondershausen.
4. Ganz Oberhessen ostwärts von Giessen.
5. Das Grabfeld und die Hassberge in dem Dreieck Meiningen - Koburg - Bad Kissingen.
6. Der gesamte Landkreis Bamberg.
7. Der gesamte Landkreis Ansbach in Bayern.

Nach den Informationen des neutralen Gewährsmanns sollen diese Zufluchtsgebiete, in denen sich zur Zeit keine kriegswichtigen Ziele für die anglo-amerikanische Luftwaffe befinden, bombenfrei bleiben, solange die deutsche Führung keine Rüstungsbetriebe, militärische Anlagen oder Dienststellen der Wehrmacht und Partei dorthin verlegt.

Im Falle eines Missbrauchs der bombensicheren Zufluchtszonen durch die deutsche Führung werden die angloamerikanischen Streitkräfte die totale Vernichtungsoffensive gegen diese Gebiete mit voller Wucht aufnehmen.

FORTSETZUNG von S.1

Die Ruhr steht in Flammen

schliessen sich in der allgemeinen Verwirrung den Flüchtlingstrecks an, die aus der Todeszone um jeden Preis entkommen wollen.

Auf allen Strecken, auf Bahnhöfen, Abstellgleisen und Umschlaganla_en sieht man brennende und schwelende Güterwagen und Lokomotiven, aufgerissene Gleise und Bahndämme.

Auf den Strassen liegen Hunderte von Lkw.s und Panzern, die für die kommende Abwehrschlacht auf dem Ostufer des Rheins herangeschafft werden sollten und von den alliierten Jägern im Tiefangriff mit Raketen und Bordwaffen kaputtgeschossen wurden.

10-Tonnen-Bomben

Auch gestern fielen wieder Zehn- und Fünf-Tonnen-Bomben auf Reichsgebiet als schwere britische Bomber mit Jagdgeleit im Laufe des Tages konzentrierte Angriffe gegen drei lebenswichtige Eisenbahnbrücken durchführten, über die fast der gesamte Verkehr von Nordwest- und Mitteldeutschland nach dem Westen gehen muss. Die Eisenbahnbrücke über die Weser in Bremen, die Weser-Brücke in Bad Ocynhausen and die Eisenbahnbrücke nordöstlich Bielefeld, über die die meisten Züge nach Norddeutschland rollten.

Ein Volltreffer mit einer 10-Tonnen-Bombe zerschmetterte den Südbogen der Weserbrücke in Bremen, die, ebenso wie die beiden anderen angegriffenen Eisenbahnbrücken, jetzt für den Verkehr ausgeschaltet ist.

Andere alliierte Bomberverbände warfen gestern Bomben auf die Honsel-Aluminiumwerke A.G in Meschede in Westfalen, in der Aluminiumteile für Düsenjäger hergestellt wurden.

Vom Süden her führten die Alliierten gestern ebenfalls Bombenangriffe gegen das deutsche Verkehrsnetz.

Drei Brücken der Brennerbahn wurden zerstört, sowie die Brücke über den Inn bei Brixlegg auf der Strecke Innsbruck-Salzburg-Wien.

Der Abwehrkampf der Marinebatterie Maes

In den Abwehrkämpfen um Gotenhafen hat die abgeschnittene Besatzung der Marineflakbatterie Pfalzendorf den Gegner an taktisch wichtiger Stelle aufgehalten und sich erst nach Verfeuern der letzten Granate und Zerstörung ihrer Geschütze auf die eigenen Linien zurückgekämpft.

Der Batteriechef, Kapitänleutnant der Marineartillerie Maes fand hierbei den Tod

Auch ein Weg, der aus Danzig wegführte

Eine Druckposten als Reisebegleiter des Reichsjustizministers Thierack hat sich Gauamtsleiter Erich Willers aus Danzig gesichert.

Pg. Willers ist zwar Hauptmann der Reserve, hat den Krieg aber vorwiegend in Danzig überstanden.

Er hat sich beim Näherkommen der Russen ins Innere abgesetzt und bereist jetzt zusammen mit Reichsminister Thierack als dessen Begleiter die Justizbehörden im Reich.

Todesruhe liegt über gebombten Ruhrstädten Essen und Dortmund

Fast zwei Wochen nach den bisher schwersten Luftangriffen des Krieges sind Dortmund und Essen nach wie vor tote Städte in denen nicht einmal der Versuch gemacht werden kann, Produktion und Verkehr wieder in Gang zu bringen.

Nicht einmal die wichtigsten Durchgangsstrassen können von den meterhohen Trümmerhaufen geräumt werden, weil nicht genug Räumpflüge vorhanden sind

Viele Todesopfer

In Dortmund liegen immer noch Tausende von Toten unter den Bombentrümmern Bergungsarbeiten waren selbst in grossen LS-Bunkern nicht möglich, die von den Bomben der Alliierten in Trümmer gelegt wurden. So mussten Hunderte von Frauen und Kindern, die im öffentlichen LS-Bunker in Hörde verschüttet wurden, ihrem Schicksal überlassen werden.

Die Gesamtzahl der Todesopfer bei dem einen Angriff auf Dortmund in der Nacht vom 12. zum 13. März wird jetzt auf 34 000 geschätzt.

Ungefähr die gleiche Zahl von Todesopfern forderte der Luftangriff auf Essen in der Nacht vorher.

Die beiden Angriffe auf Dortmund und Essen werden im Ruhrgebiet jetzt allgemein als Generalprobe für die totale Vernichtungsoffensive angesehen, die General Eisenhower anlässlich der Erklärung des Ruhrgebiets zur Todeszone angekündigt hat.

Massenflucht

Seit der Ankündigung dieser Vernichtungsoffensive ist die Bevölkerung allein im Regierungsbezirk Arnsberg durch eine neue Massenflucht von 2 600 000 auf weniger als 1 Million gesunken. Das ganze Wirtschafts- und Verwaltungsleben ist völlig zum Erlahmen gekommen.

Fast alle Banken und die meisten Wirtschaftsämter haben zugemacht. Die Lebensmittelkrise verschärft sich von Tag zu Tag.

Die Partei ist fort

Schon jetzt musste in vielen Städten des Ruhrgebiets die Gültigkeitsdauer der Lebensmittelkarten über den 9. April in die nächste Zuteilungsperiode verlängert werden, und die zurückgebliebene Bevölkerung kann schon jetzt nichts auf ihre Abschnitte bekommen.

Jede Kontrolle, wieviele Arbeiter von ihren Arbeitsplätzen wegbleiben, oder sich von ihrer Dienstpflicht im Volkssturm drücken, ist unmöglich geworden, da fast alle Arbeitsämter und die Dienststellen der Partei mit ihren Volkssturmerfassungslisten aus der Vernichtungszone Ruhrgebiet wegverlegt worden sind.

Als einer der letzten hochgestellten Parteiführer, die die Todeszone mit ihrer Dienststelle verlassen haben, hat sich nun auch der Präsident des Gauarbeitsamtes Westfalen-Süd, Reichstreuhänder der Arbeit, Dr. Helmut Baller mit seinem Stab aus Bochum in den Lippscher Wald begeben.

Schweizer Freihafen

Frankreich hat in Übereinstimmung mit seinen Alliierten der Schweiz für ihren Ein- und Ausfuhrhandel einen Freihafen in Toulon angeboten.

1 116 061 Mann gaben auf

Am 22. März haben wieder 25 560 Wehrmachtangehörige im Westen Schluss gemacht. Damit haben sich seit Beginn der Offensive der Alliierten am 23. Februar 205 278 Mann den Anglo-Amerikanern ergeben.

Seit Beginn der Invasion haben 1 116 061 Wehrmachtangehörige im Westen den Kampf eingestellt und sich gefangen gegeben.

Das entspricht dem Mannschaftsbestand von mehr als 112 kampfstarken Divisionen.

Briten über den Rhein

FORTSETZUNG von S.1

General Schemm die Durchbruchsversuche der Engländer vorläufig allein mit seinen vier Fallschirmjäger-Divisionen und vier Infanterie-Divisionen abwehren muss.

Ungewöhnlich schwer sind bei dieser neuen Offensive die Verluste unter der deutschen Zivilbevölkerung im Kampfraum selbst und im Gebiet hinter der Front.

Besonders tragisch ist das Schicksal ungezählter Zivilpersonen, die trotz aller Warnungen im Kampfraum geblieben waren und dann in letzter Stunde fort wollten.

In Dorsten wurden über 300 Frauen und Kinder auf dem Bahnhof bei einem Tiefangriff raketenfeuernder Jäger getötet. Auch in Hamborn, Dorsten und vielen anderen Ortschaften erlitt die Zivilbevölkerung sehr hohe Verluste. Bunker und LS-Keller waren dem schweren Bombardement nirgends gewachsen.

Diese in Deutschland abgeworfene gegnerische Zeitung hat Schutzzonen bezeichnet. Darin wird u. a. der Landkreis Northeim als Schonungsgebiet angegeben. Dennoch wurde gerade Northeim in den letzten Kriegstagen besonders hart getroffen.

Der letzte Kriegsmonat

Die 9. US-Armee stand am 1. April 1945 in Kämpfen mit restlichen deutschen Verteidigern am Teutoburger Wald. Innerhalb einer Woche stießen die Amerikaner bis Hildesheim vor. Auch das schnelle Vorgehen bei schwachem Widerstand hielt sie nicht davon ab, noch in der letzten Phase des Krieges massive Bombenangriffe gegen Städte zu fliegen, die zwar vor der Frontlinie lagen, aber als Verteidigungsort unbedeutend waren. Leider hatte sich das in den letzten Wochen im Falle von Paderborn, Minden und Hildesheim ergeben. Nicht minder wurden Tiefangriffe geflogen, wenn auch jetzt in erster Linie der Nachschub gestört werden sollte.

Holzminden, das bisher verschont geblieben war, sollte unverständlicherweise einige Tage vor der Besetzung auch einen Angriff erleben. Am 3. April 1945 zerstörten US-Bomber 40 Wohnhäuser, 300 wurden beschädigt. Da die Bomben die Stadt unvorbereitet trafen, gab es etwa 200 Tote.

Auch Hameln wurde an diesem Tage nochmals angeflogen. Das Elektrizitätswerk Wesertal erhielt Treffer, so daß die Stromversorgung im gesamten Bereich ausfiel.

Die Stadt Detmold erlitt eigentlich nur am Tage der Besetzung durch amerikanische Truppen Luftkriegsschäden von Bedeutung. Um 16.30 Uhr am 4.4.1945 griffen Tiefflieger das Stadtinnere mit Phosphorbomben an. Die Straßen waren zu dieser Zeit von Passanten vollkommen leer, auch Soldaten hielten sich dort nicht auf. Verteidiger waren nur am Teutoburger Wald in Richtung Horn/Bad Meinberg eingesetzt. Getroffen wurde das Gebiet der unteren Langen Straße; starke schwarze Qualmwolken bildeten sich hier. Mehrere Geschäftshäuser erhielten Treffer. Bereits nach einer Stunde befanden sich die ersten amerikanischen Panzer in der Stadt.

Auflockernde Bewölkung schaffte am 5. April 1945

Das Gehöft Wilhelm Meier in Obernkirchen am Stiftswald erlitt schwere Schäden, als ein Flakzug in unmittelbarer Nähe am 5. April 1945 bombardiert wurde.

Bahnhof Northeim nach dem Angriff vom 7.4.1945.

gute Voraussetzungen für Tieffliegerangriffe. Besonders im Weserbergland, wo an diesem Tage die Weser überschritten werden sollte, griffen Jagdbomber in das Geschehen ein und beschossen alles, was sich ostwärts der Frontlinie bewegte:

In Sülbeck vor Stadthagen wurde eine Militärkolonne zusammengeschossen, 28 Tote blieben zurück,

Eisenbahnwaggons mit Flakgeschützen, die auf der Strecke Rinteln — Obernkirchen standen, wurden bombardiert; das in unmittelbarer Nähe befindliche Gehöft Wilhelm Meier "Zum Stiftswald" erlitt starke Schäden, 6 getötete Soldaten vom Flakzug ruhen auf dem Friedhof in Obernkirchen.

In Hasperde beschossen Jabos eine Kriegsgefangenenkolonne, es gab 3 Tote. Eine leichte Flakstellung, die sich in der Nähe befand, verlor 2 Soldaten.

Russische Gefangene befanden sich in Hohnsen auf Transport. Sechs Tote, die unbekannt blieben, ruhen noch heute auf dem Friedhof.

In Höfingen/Kr. Hameln kamen 6 Einwohner durch Bomben um. Ein deutscher Panzer war das Ziel.

Bordwaffenfeuer tötete 2 Soldaten in Coppenbrügge.

In Ahrenfeld traf Jabobeschuß 2 Russen und den

deutschen Wachmann.

Eine leichte Flakstellung wurde bei Lauenstein durch Bomben getroffen. Uffz. Fritz Fitzner starb.

In Northeim stürzten sich Tiefflieger um 8.30 Uhr auf einen abfahrenden Zug. Ein Jugendlicher wurde durch Kopfschuß getötet.

Bei dem Einsatz von 1.304 Viermots und über 250 Jagdflugzeugen der 8. US-Luftflotte am 7. April 1945 auf Raffinerie-Anlagen, Flugplätze und Munitionsfabriken entwickelten sich östlich des Steinhuder Meeres heftige Luftkämpfe. Es waren noch einmal verfügbare deutsche Jagdflugzeuge in den Kampf geworfen worden. Auch die eingesetzten Me 262 konnten das Kriegsglück nicht mehr wenden. Eine Anzahl Jagdfliegerpiloten ging zum Rammen über. Sie erzielten noch eine beachtliche Anzahl Abschüsse, nicht ohne eigenen hohen Blutzoll.

Luftlagemeldungen vom 7.4.1945 besagen:

12.14 Uhr: 7 Feindjäger bei Bremervörde-Zeven. Weitere Jagdgruppen im Raum Wilhelmshaven, Oldenburg und Wildeshausen.

12.18 Uhr: 80 Feindbomber über Oldenburg, Kurs Ost, weitere 200 westlich Oldenburg, Kurs Ost.

Lettow-Vorbeck-Kaserne Leer (Ostflügel des Blockes U I von Osten gesehen).

Lettow-Vorbeck-Kaserne Leer: Verwaltungsgebäude.
Haupttor.

Cuxhavener Presse

Cuxhavener Presse

Post Cuxhaven

12.23 Uhr: *Verbände aus Raum Oldenburg nehmen Kurs Südost, Spitzen bei Syke.*

12.27 Uhr: *Ein Bomberverband aus dem Raum Leer bei Oldenburg, ca. 100 Luftziele.*

12.35 Uhr: *Bomberverband Oldenburg jetzt bei Sulingen, Kurs Südost. Im Raum Bederkesa, Cuxhaven, Bremen und Oldenburg mehrere Feindjäger mit wechselndem Kurs. Über Wesermünde Tieffliegergefahr.*

12.41 Uhr: *Eingeflogene Bomberverbände aus dem Raum Leer — Rheine haben sich vereinigt, stehen bei Hannover — Fallingbostel, Kurs Ost.*

12.47 Uhr: *Bomberverbände im Raum Munster — Braunschweig, Kurs Ost.*

12.53 Uhr: *Bomberverbände haben im Raum Uelzen — Braunschweig Kurs Ost oder Nordost.*

13.02 Uhr: *Bomberverbände ostwärts Hamburg, Kurs Nord, dort Feindtätigkeit.*

13.07 Uhr: *Alle Bomberverbände aus dem Raum Munster, Uelzen, Braunschweig haben Kurs Nord genommen. Durchflüge durch den Raum ostwärts Hamburg. Spitzen bei Lübeck, Kurs Nord.*

13.15 Uhr: *Ein Bomberverband bei Glückstadt, Kurs West.*

13.22 Uhr: *Mehrere Feindjäger im Raum Wesermünde, Kurs Südwest. Bomberverbände im Raum Rendburg, Neumünster, Glückstadt, Kurs West, ein weiterer bei Brunsbüttel, Kurs West.*

13.32 Uhr: *Mehrere Feindjäger überfliegen den Raum Wesermünde, Kurs Südwest. Bomberverbände über Schleswig-Holstein, Kurs West, Nordwest. Im Raum Neumünster, Glückstadt, Elmshorn starke Feindtätigkeit.*

13.43 Uhr: *Laufend Abzüge aus dem Raum Schleswig-Holstein, Kurs West. Noch Feindtätigkeit ö. Neumünster. Weitere Bom-*

berverbände aus dem Raum Braunschweig mit Nordkurs bei Uelzen.

13.53 Uhr: Laufend Durchflüge von einzelnen Jagdgruppen durch den Raum Wesermünde — Cuxhaven. Noch Feindtätigkeit im Raum Neumünster. Weitere Bomberverbände aus dem Raum Uelzen — Braunschweig, jetzt im Raum Schwerin, Kurs Nord. Rückwärtige Begrenzung bei Wittenberge.

13.58 Uhr: Feindjäger bei Wesermünde, Kurs West, Südwest. Es besteht weiterhin Tieffliegergefahr. Gemeldete Bomberverbände aus dem Raum Schwerin haben Ostkurs genommen. Spitze bei Parchim.

14.00 Uhr: Sonderspruch: Tieffliegergefahr für den Raum Bremervörde und ostwärts Wesermünde.

14.05 Uhr: Zur Zeit mehrere Feindjäger bei Zeven, Kurs Süd.

Die Feintätigkeit im nordwestdeutschen Raum hält auch am Nachmittag noch an.

Flaktreffer haben zwei Motoren in Brand gesetzt. Eine B-17 im Sturz am 7. April 1945.

Die Luftüberlegenheit war bereits zu groß, als dieser Düsenjäger Me 262 Ende 1944 zum Einsatz kam.

Nach der Besetzung des Fliegerhorstes Rheine durch britische Truppen beginnen Aufräumungsarbeiten, um von dort starten zu können.

An der Häftlingskleidung zu erkennen ist diese angeschwemmte Leiche.

Während an diesem 7. April 1945 die amerikanischen Truppen vor Hannover standen, griffen US-Bomber noch nicht besetztes Gebiet an. Zweimotorige Bomber vom Typ "Marauder" lassen Bomben auf Güterbahnhof und Umgebung von Lüneburg fallen. Das Gebiet am Bahnhof wird in eine Kraterlandschaft verwandelt. Auch Hilfslazarette werden getroffen, die Patienten befanden sich aber in Sicherheit.

Jagdbomber griffen nachmittags den Bahnhof Soltau an, auf dem mehrere Transportzüge und ein Lazarettzug hielten. Vier Güterwagen mit Kraftfahrzeugen der Wehrmacht brannten aus, außerdem der Güterschuppen. (2 Tote, 15 Verwundete).

Tieffliegerangriff auf einen Lazarettzug bei Tiegen (Strecke Walsrode — Soltau), der von Walsrode infolge Frontnähe evakuierte Verwundete beförderte.

Nur 20 Kilometer vor den Truppen griffen an diesem 7. April 1945 die US-Bomber die Stadt Northeim gleich zweimal an, und zwar vormittags um 10.00 Uhr mit schweren Bomben den Bahnhof, ein weiteres Mal nach 16.00 Uhr. Umfangreiche Verwüstungen entstanden.

Im letzten Kriegsmonat konzentrieren sich die Luftangriffe, in erster Linie Tiefangriffe, auf das ständig kleiner werdende Restdeutschland. Gerade nach hier haben sich Einheiten der Wehrmacht abgesetzt und leisten angesichts des Untergangs nur noch geringen Widerstand. In den letzten Apriltagen waren nur Teile von Ostfriesland, Schleswig-Holstein und Bayern unbesetzt. Alliierte Jabos starteten inzwischen von westdeutschen Flughäfen und konnten so in kürzester Zeit ihre Ziele erreichen. In Fassberg wohnten die britischen Flieger jetzt in den komfortablen Luftwaffenunterkünften mit Schwimmbad, Kegelbahnen, Kino und guten Möbeln, während in England die Royal Air Force jahrelang nur in Wellblechhütten lebte.

Von morgens bis abends greifen Tiefflieger in das letzte Kriegsgeschehen ein. Auch die Flüchtlingstrecks werden beschossen. Hier sollen nur noch einige Bombenangriffe angeführt werden:

8. April 1945: Angriff auf Halberstadt. 215 Bomber warfen 504 t Bomben, dazu 50 t Brandbomben. Schwere Zerstörungen erlitt diese wehrlose Stadt ohne militärische Bedeutung.

Abends Bombenangriff auf Sögel. Eine Reihe von Häusern völlig zerstört. Dreizehn Ziviltote, drei Soldaten getötet.

8./9. April 1945: In der Nacht Bombenangriff auf Stade. Nach 22.00 Uhr Tannenbäume, dann Einschlag auf Einschlag in der Südstadt. 47 Tote.

10. April 1945: Am späten Nachmittag fielen einige Sprengbomben in Braunschweig. Es sind noch 12 Personen getötet und 2 schwerverletzt worden. Zur gleichen Zeit wurde mit Parlamentären über die Übergabe der Stadt verhandelt. Die 2. US-Panzer-Division hatte den Stadtrand erreicht.

11. April 1945: 24 Bomber griffen mit Jagdschutz Soltau an. Vier Bombenteppiche. (Walsroder Straße, Louis-Harms-Straße u. a.). Es sind schätzungsweise 200 Sprengbomben gefallen. Die Trichter haben einen Durchmesser von 8 m und 3-4 m Tiefe, 60 Häuser sind zum Teil völlig zerstört.

An diesem Tag auch Angriffe auf die Bahnhöfe Celle und Uelzen. Es werden 58 Ziviltote gezählt, hinzu kommen 7 Soldaten.

Ohne jegliche Verteidigung wurde am 8. April 1945 der Fliegerhorst Wunstorf mit zahlreichen einsatzbereiten Flugzeugen den Briten überlassen.

Ein am Bahnhof Emmingen/Soltau stehender Ölzug (ca. 20 Waggons) in Brand geschossen; riesige schwarze Qualmwolken des verbrennenden Öls verdunkeln die Umgebung weithin. Anschließend wurden die drei Angreifer von einem deutschen Jäger abgeschossen bzw. gerammt. Das deutsche Flugzeug mußte notlanden.

15. April 1945: In Visselhövede fallen 6 Bomben. Fabrikgebäude Von Deylen & Söhne getroffen.

16. April 1945: Gegen 14.30 Uhr Jaboangriff auf Soltau und Umgebung. Heranfliegende Jagdbomber warfen Bündel von Splitterbomben.

16./17. April 1945: Luftangriff auf Cuxhaven.

18. April 1945: Tiefangriff auf einen Zug zwischen Ahausen und Winsen. Fahrzeuge, die Flüchtlinge beförderten, wurden beschossen. Auch abends noch Angriffe, die Tote und Verwundete zurücklassen.

19. April 1945: Größerer Bomberverband griff die Stadt Leer/Ostf. an. Drei Blocks der Kasernenanlagen zerstört bzw. schwer beschädigt. Barackenlager vollkommen zerstört. Etwa 360 - 400 Angehörige der Wehrmacht und Zivilangestellte fanden dabei den Tod. In einem Gemeinschaftsgrab fanden sie die letzte Ruhestätte.

24. April 1945: Jagdbomber warfen gegen 10.15 Uhr 225 Sprengbomben auf Flugplatz Bremen. Ein Angriff am Nachmittag auf Bremen verursacht 37 Tote und 99 Verwundete.

Auch Stade erlebt in der Mittagszeit einen Jaboangriff britischer Flugzeuge auf das Bahnhofsviertel; 10 Tote. Ein Tiefflieger wurde durch die Flak abgeschossen.

25. April 1945: Letzter Luftangriff gegen Bremen ohne Vorankündigung am Mittag. (Borgfelder- und Magdeburger Straße). Gegen 17.00 Uhr fielen nochmals — nach Alarmgebung — einige Bomben in die Augsburger Straße. Sieben Personen wurden getötet; sie standen vor einem Bunker und waren von Splittern durchsiebt.

27. April 1945: Um 0.40 Uhr Luftangriff auf Esens. Zwei Frauen getötet.

3. Mai 1945: In der Lübecker Bucht liegen 3 Schiffe, auf denen einige Tausend Gefangene aus deutschen Konzentrationslagern zusammengedrängt auf ihre Befreiung warten.

In der letzten Phase des Krieges wurden diese neuen Nachtjäger JU 88 C 6 wegen Spritmangel nicht mehr eingesetzt. Hier eine Gruppe des NJG 4.

Acht "Typhoon" -Jäger der 263. britischen Staffel stiegen morgens vom Fliegerhorst Ahlhorn auf, um ihren Auftrag, deutsche Schiffe in der Lübecker Bucht anzugreifen, auszuführen. Jede Maschine hatte 8 Raketen unter den Tragflächen. Das Logbuch enthält folgendes Ergebnis: "Luftangriff auf Schiffe, Flugzeit 1 Std. 30 Min., Raketen abgefeuert, gelandet auf Feld B 150. 2. Angriff: 1 Std. 20 Min., gutes Feuer, aufgeflammt." Befehle an weitere britische Geschwader lauteten: Greifen Sie militärische Transporte im Gebiet von Schleswig an.

Tatsächlich wurden zahlreiche Schiffe mit deutschen Flüchtlingen und KZ-Häftlingen vernichtet. Das bezeugen die zahlreichen Leichen, die noch bis zum Spätsommer an Ostseeständen antrieben. Diese Vernichtung mußte bedauerlicherweise noch am 3. Mai 1945 geschehen, als bereits der Nachfolger Hitlers, Großadmiral Dönitz, Bevollmächtigte in Montgomerys Hauptquartier in der Lüneburger Heide zu Waffenstillstandsverhandlungen entsandt hatte.

In den Rückspiegel sehen

Waffenstillstand — Mai 1945. Die Waffen ruhten an allen Fronten. Hunderttausende deutscher Soldaten gingen in Gefangenschaft. In den unzähligen Lagern in zahlreichen Ländern begann für sie eine schwere Zeit. Hunger, Krankheit und Tod herrschten vor. In den zerbombten Städten trafen sich allmählich Übriggebliebene. Es waren in erster Linie Frauen und Greise, die mit den ersten Aufbauarbeiten begannen. Man sprach von den "Trümmerfrauen", die Ziegelsteine reinigten, um Baumaterial zu beschaffen. Später kamen die ersten entlassenen Gefangenen hinzu.

Noch immer waren die Lebensmittel rationiert. Erst 1948 mit der Währungsreform änderte sich einiges. In der Folgezeit zeigte sich besonders in den Großstädten eine Änderung des Stadtbildes, die Straßenzüge waren nicht wiederzuerkennen.

Angriffe gegen die deutsche Bevölkerung, die erstmals im Kriege aus der Luft erfolgten, sind in erster Linie dem britischen Premierminister Churchill und dem Luftmarschall Arthur Harris zuzuschreiben. Von ihnen ist in der Nachkriegszeit kein Wort des Bedauerns aufgekommen, im Gegensatz zu einigen beteiligten einfachen Soldaten. Churchill hat im Gegenteil sein Handeln in seinen in der Nachkriegszeit erschienenen Erinnerungen als richtig hingestellt. Der noch lebende Arthur Harris nimmt noch 40 Jahre nach seinen Terrorangriffen, die hunderttausenden Frauen und Kindern das Leben gekostet haben, in Großbritannien Ehrungen entgegen. Ein britischer Historiker schreibt dagegen unter Hinweis auf die Terrorangriffe: Wenn deutsche Generäle an den Planungen der Luftangriffe mitgewirkt hätten, wären sie nach dem Krieg vor ein Gericht gestellt worden.

Die Kriegsspuren sind inzwischen völlig verwischt. Allzuoft aber werden jetzt nach 40 Jahren noch Bomben aus dem Erdreich geborgen. Allein im

Frühere Gegner, Adolf Galland und Robert Stanford-Tuck beim freundschaftlichen Gespräch beim Ball der Luftwaffe am 10.1.1969.

Frankfurter Rundschau 4/83

Ehrung für Marschall Harris

Königinmutter eröffnet Bomber-Ausstellung der Air Force

LONDON, 13. April (dpa) — Am Vorabend seines 91. Geburtstags wurde Sir Arthur Harris, der wegen der Flächen-Bombardierungen deutscher Städte im Zweiten Weltkrieg zu den umstrittensten Militärführern der Geschichte gehört, in London mit einer besonderen Ehre bedacht: Königinmutter Elizabeth eröffnete eine ständige Bomber-Ausstellung im Museum der Royal Air Force. Harris, in voller Marschalluniform, war Ehrengast.

In den vergangenen Jahren hatten Mitglieder der Königsfamilie mehrfach Einladungen des Museums ausgeschlagen — nach Überzeugung vieler alter Offiziere, weil sie nicht mit Harris zusammentreffen wollten. Der „Bomber" hatte sogar während des Krieges in Großbritannien Stürme der Entrüstung ausgelöst, als er im Rundfunk ankündigte, er werde Deutschland „von einem Ende bis zum anderen" verwüsten. Er ging bei Kriegsende geächtet nach Südafrika und wurde erst Jahre später zum Baronet ernannt.

Im vergangenen Jahr machte er von sich reden, als er auf dem Höhepunkt der Falkland-Begeisterung die britische Militärführung mit der Bemerkung lobte, er selbst hätte „genau so gehandelt". Der neuerstandene Hurra-Patriotismus auf der Insel hat jetzt offenbar dazu geführt, daß auch das Königshaus seine Vorbehalte aufgab.

Harris, der Fragen nach den Zehntausenden von Toten des Luftangriffs auf Dresden noch Jahrzehnte nach dem Krieg mit der Bemerkung „warum um den Feind weinen?" zurückwies, zeigte sich auch am Dienstag ungebeugt: Mit seiner Art der Kriegsführung und mit den Opfern unter den britischen Bomberpiloten sei verhindert worden, sagte er im Fernsehen, daß Großbritannien heute „ein Sklavenstaat" sei.

Jahre 1982 fand man im Bundesgebiet 5.400 Blindgänger. Die Zahlen aus den ersten Nachkriegsjahren waren wesentlich höher. Die Kampfmittelräumdienste werden auch in Zukunft noch bergen müssen. Für sie ist noch Krieg, wenn man an ihre Gefahren denkt. Das deutsche Volk lebt aber im vertragslosen Friedenszustand, wobei leider durch Deutschland eine Grenze Deutsche von Deutschen trennt. Längst haben sich auch Kriegsveteranen versöhnt. Begegnungen in der Bundesrepublik mit früheren Feinden gab es oft. So trafen sich im Mai 1982 Bielefelder Luftwaffenhelfer mit 7 früheren britischen Bomberpiloten und Besatzungsmitgliedern. Ortsbesichtigungen und ein Besuch der früheren Flakstellungen bei Ladbergen (südlich Osnabrück) beinhaltete der Aufenthalt. Die Gastgeber, Bielefelder Flakhelfer, schossen von November 1944 bis April 1945 bei Ladbergen mit ihren 10,5-cm-Geschützen auf angreifende britische Bomber. Die Gemeinde Ladbergen gab nach 37 Jahren den früheren Feinden einen Empfang. Während der Begegnung wurde hervorgehoben, daß sie alle in der damaligen Zeit ihrer Pflicht nachkommen mußten und es so möglich war, daß sie sich als

Der frühere Bomberpilot beim Besuch in Bielefeld am 25. Mai 1982.

Zwei britische Flieger, die am 1. Jan. 1945 mit ihrer Lancaster abstürzten.

Feinde beschossen haben. Abends trafen sich die Beteiligten in einem Bielefelder Lokal, um in gemütlicher Atmosphäre nicht nur über den Krieg zu reden. — Dieser wurde vergessen, es kamen vielmehr freundschaftliche Verbindungen zustande. Sehr zufrieden mit ihrer Aufnahme kehrten nach mehreren Tagen die früheren Flieger der 5th RAF-Bomber Group 227 SQDM nach England zurück. Mögen in derartigen Besuchen der Versöhnung Ansätze für die Kontakte großer Politiker gesehen werden, damit uns der Friede bewahrt bleibt.

Erläuterungen:

FW 190	=	Deutsches Jagdflugzeug, Focke-Wulf 190
Fortress	=	US-Bomber "Boeing" B-17, auch "fliegende Festung"
Halifax	=	Britischer 4-mot. Bomber, ca. 320 km/h
JG	=	Jagdgeschwader, deutsch
Lancaster	=	Britischer 4-mot. Bomber
lb	=	engl. Gewicht, 1 lb = 453,59 Gramm
Liberator	=	US-Bomber "Boeing" B-24, ca. 320 km/h
Lightning	=	Amerikanischer Jagdbomber, zweimotorig
Me 109	=	Messerschmitt Bf 109, deutsches Jagdflugzeug
Me 110	=	Messerschmitt Bf 110, deutscher Zerstörer
Mosquito	=	Britischer Nachtjäger, zweimotorig
NJG	=	Nachtjagdgeschwader, deutsch
P-47 Thunderbolt	=	Amerik. Jagdflugzeug, einmotorig
P-51 Mustang	=	Amerik. Jagdflugzeug, einmotorig
SD	=	Sicherheitsdienst
Spitfire	=	Britisches Jagdflugzeug, einmotorig
US-BG	=	Amerikanische Bombergruppe
ZG	=	Zerstörergeschwader, deutsch

Literatur- und Quellenverzeichnis

Ungedruckte Quellen:

Nieders. Hauptstaatsarchiv Hannover
Staatsarchiv Bückeburg
Staatsarchiv Detmold
Staatsarchiv Osnabrück
Stadtarchiv Hannover
Stadtarchiv Bremen
Stadtarchiv Herford
Stadtarchiv Kassel
Bundesarchiv — Militärarchiv — Freiburg

Gedruckte Quellen:

Girbig, Werner:	Start im Morgengrauen
Kloes, Erhard:	Der Luftkrieg über Deutschland 1939—45
Kurowski, Franz:	Der Luftkrieg über Deutschland
Obermeier, Ernst:	Die Ritterkreuzträger der Luftwaffe, Jagdflieger 1939—45
Knoke, Heinz:	Die große Jagd

Fotonachweis:

Imperial War Museum, London
Stadtarchiv Hannover
Stadtarchiv Kassel
Staatsarchiv Osnabrück

Ortsverzeichnis